JN342010

마가복음 강해서 4

하나님의 아들, 예수 그리스도

하나님의 아들 예수 그리스도

마가복음 강해서 4

안병만 박사 지음

Expository Sermons:
The Gospel according to St. Mark

도 서
출 판

Acknowledgments

저자(著者)의 변(辯)

제1권 『하나님의 복음』이라는 제목의 마가복음 강해서 첫 권을 출간 한지도 벌써 10년의 세월이 되었습니다. 첫 권은 마가가 선언하고 있는 '복음의 시작'(1:1)이라는 첫 구절을 중심으로 제목을 정했고, 제 2권은 예수님의 사역의 길을 예비하기 위해 왔던 세례요한의 외침의 주제와 그리스도께서 선언하신 그의 통치와 민왕의 왕 되심(The kingship)에 초점을 맞추어 『하나님의 나라』로 정했습니다. 이 주제는 성경 전체에 도도히 흐르고 있는 핵심진리이기도 하지만 그리스도의 오심 자체가 하나님 나라의 시작이요, 통치라고 할 수 있습니다. 제3권은 『하나님의 계명』으로 당신의 백성이 무엇을 표준 삼아 살아야 하는지를 그리스도의 교훈을 중심으로 제목을 정했고, 마지막 제4권은 『하나님의 아들, 예수 그리스도』라는 제목으로 그분의 지구 종말에 대한 대예언과 그의 고난과 죽으심 그리고 부활과 승천에 대한 기사를 담고 있습니다. 제1-3권까지는 책 출판이 몇 년 걸리지 않았지만, 제4권이 세상에 나오기까지는 6년이라는 세월이 걸렸습니다. 신봉동 현 위치에 새 예배당을 건축하고 쉐마 초등학교를 시작하여 수년이 정신없이 후딱 지나가는 바람에 좀 늦게 출판이 되었습니다. 그것도 작년(2021) 무처럼의 6개월의 안식월을 허락받아 미국에서 혼자 조용히 연구하고 묵상하는 가운데 마무리 작업을 할 수 있었습니다. 얼마나 다행한 일인지 모르겠습니다. 코로나19가 아니었다면 불가능했을 텐데 그래도 저에게는 코로나가 좋은 글쓰기 기회를 준 셈입니다.

네 복음서 중에서 특히 예수님의 지상 사역을 간단명료하게 그려주고 있는 복음서의 원본(Original-사복음서 중에 제일 먼저 기록된 책)인 마가복음 강해를 시작 할 수 있었던 것은 본인에게 있어서 더 없는 기회였고, 교회적으로는 강단에서 선포되는 시리즈 강해 설교를 통해 예수 그리스도의 출생부터 승천까지인 다큐멘터리로 큰 은혜를 얻을 수 있는 특별한 시간이었습니다. 왜냐하면, 마가복음에 자세하게 기록되지 않은 사건과 이야기를, 다른 복음서를 연구함으로써 종합적인 예수 그리스도의 일대기에 나타난 진리를 선포할 수 있게 되어 성도들이 일맥요연한 예수 그리스도의 전기를 이해함으로 인하여 기쁨과 소망을 얻고 행복할 수 있었기 때문입니다.

본인은 '**존 스토트의 설교의 원리와 반법**'(Principles and Methods in Homiletics of John R.W. Stott) (프리셉트)을 연구하여 박사학위(Th.D)를 받고 귀국한 후 뉴밀레니엄이 시작될 때 수지에 열방교회를 개척하여 목양하면서 성경적인 원리와 정신 그리고 신학적 원리를 현실적으로 어떻게 접목하고 실현할 것인가를 10여 년 동안 고민하는 중 먼저 요한 일서의 강해집 - 『하나님의 사랑』(영문출판사)을 출간하였고, 다음으로 후학들에게 설교의 지침서가 될 '맛 설교학'을 발간하여 신학생들과 설교에 어려워하는 목회자들에게 도움이 되었고, 그리고 실제 현장에서 설교를 어떻게 할 것인가에 대한 모범 사례가 되도록 마가복음 강해 시리즈를 출간하게 되었습니다. 이러한 강해서가 한국교회 강단을 건강하게 하고 성경 말씀이 바르게 선포되는 일에 지침서가 되었으면 하는 소박한 바람이었습니다. 이 시리즈는 주일 강단에서 강해 설교한 것을 모아서 엮은 것이기에 학술적이지 않고 쉬운 언어와 문체를 사용하였고 건물의 창이라고 할 수 있는 에화노 다수 포함되어 있습니다. 왜냐하면, 목회자뿐 아니라 일반 성도도 쉽게 읽고 이해함으로써 함께 은혜를 누리도록 하기 위함이었습니다.

지금까지 강해 설교집 출간을 포기하지 않고 긴 여정 가운데 완간할 수 있도록 크게 위로가 되고 용기를 북돋아 준 것은 조셉 엡스타인의 글쓰기의 노동에 관한 다음과 같은 재치 있는 멘트였습니다. '만약 작가들에 관하는 드라마가 최소한이라도 사실이라면 어떤 이는 어째서 그들이 그처럼 고된 소명을 붙잡고 있는지 궁금해 할 것이다. 내가 틀릴 수도 있겠지만, 저술작업의 복잡성과 어려움에도 불구하고 작가들이 그 일을 그만둘 수 없는 이유는 거기에 투자한 수고를 뛰어넘는 보상이 주어지기 때문일 것이다'. 책을 저술하는 작업은 고역일지 모르나 출판 후에는 분명 ㄱ 이상의 부상이 따르는 법입니다.

끝으로, 감사한 것은 이 책 출간을 위해서 기꺼이 후원해 주신 열방교회와 정지웅 장로님, 김지자 최재분 유국희권사님께 감사를 드리며, 특히 함께 설교학을 전공한 선배 정근두 목사님의 따뜻한 추천서와 백석대 부총장을 역임하셨고, 지금 이스라엘포럼의 대표로써 중책을 맡아 분주하신 중에도 추천서를 써 주신 김진섭 박사님 그리고 앞서 목회의 모범을 보이신 정주채 목사님, 박은조 목사님, 현창학 교수님, 그리고 미국 에반겔리아 대학의 총장이신 김성수 목사님께 진심으로 감사를 드립니다. 또한, 이 책의 내용을 꼼꼼하게 살피면서 수정과 교정을 세밀하게 봐 준 열방교회 전성근 목사님과 이덕희 집사님께 진심으로 감사를 드립니다. 이 시리즈의 출판을 위해 직접 수고를 아끼지 아니하신 영문출판사 김수관 장로님의 은혜를 기억하고 감사하게 됩니다.

특별히 항상 곁에서 기도로 내조하며 용기를 북돋아 격려를 아끼지 않았던 사랑하는 아내(허순덕)와 든든한 버팀목이 되어 준 하나님의 상급인 자녀들(보혜/서정훈, 희락, 보은/박종구)에게 감사의 마음을 전합니다. 그리고 우리 가정의 삼대의 유산인 손주들 박인우, 선우, 노을이도 글을 쓰는 저의 마음에 기쁨의 청량제가 되어주었습니다. 감사합니다.

Soli Deo Gloria(하나님께만 영광)

2022. 4. 1
삼대(三代)가 행복한 열방교회 목양실에서...
안병만 목사

Acknowledgement

It has been ten years since I published my first expository sermon on Mark under the name "God's Gospel." The title of that book was based on the first verse, "The Beginning of the Gospel" (John 1:1) which was proclaimed by Mark. The second book was titled "Kingdom of God." It focused on the theme of John the Baptist setting the way for the reign and the kingship later declared by Christ himself. The theme itself is the core truth that runs throughout the Bible: The coming of Jesus Christ is the beginning of God's kingdom and reign. The third book's heading is "God's Commandment." Its central idea is how God's people should live based on Jesus' lesson.

The final book is titled "God's Son, Jesus Christ." It discusses the great prophecy, the apocalypse, his death, resurrection, and ascension. It did not take long to publish the first three books, but the fourth book took six years. I was mostly preoccupied with the construction of the church and the establishment of Shema School. In 2021, I was able to take some time off to conduct research and meditate on the last book in the United States. If it weren't for the COVID-19 pandemic, this book never would been completed; it allowed me the valuable time I needed to complete this project.

It was a great opportunity for me to start the expository sermons on the very first Gospel, Mark, which describes the ministry of Jesus Christ on Earth. It was a wonderful experience for our congregation to see the chronicle of Jesus Christ from his birth to his ascension. Additionally, I was able to study the other Gospels to find details that were left out in the book of Mark. These details proclaim the essence of truth that appeared in the chronology of Christ. Through this, I believe, our congregation was able to find happiness and hope.

I have studied and written, "Principles and Methods in Homiletics of John R.W. Stott" and received my Th.D in South Africa. After I returned to Korea, I planted a church in the town of Suji, and spent ten years devising ways to actualize biblical principles. I began compiling a book which is titled 1 John Expository Sermon Book, "God's Love." I wrote my next book, "Flavorful Homiletics," to use as a guide for seminary students and preachers who find preaching difficult.

Lastly, I wrote my expository books on Mark to display how to preach in the actual field. It is my wish that these books would become a valuable reference to help strengthen churches throughout Korea. The book contains sermons with a simple language and literary style, along with plenty of anecdotes for easy understanding. These books are not just for preachers. They may also be shared by every member of the congregation.

A witty quote by Joseph Epstein motivated me to continue writing the books in this long journey: "If there is one bit of truth in the dramas written by authors, then some may wonder why they hold onto such an arduous calling. I may be wrong, but the reason writers can't quit despite the complexity and the difficulty in writing is that they are rewarded beyond the effort invested in it." Writing a book is surely laborious but it is rewarding.

I would like to thank All Nations' Community Church and several donors Cheong Jiwoong, Kim Jija, Choi Jaebun and Yu Gukhee, who have supported this book. My special thanks to our senior Pastor Cheong Gundoo who majored in homiletics, and to Dr. Kim Jinseop who wrote me a letter of recommendation even in the midst of being in charge of the Israel Forum. I would also like to thank my mentors, Pastor Cheong Joochae, Pastor Park Eunjo, Pastor Hyun Changhak, and the President of Evangelia University in Los Angeles., Dr. Kim Seongsoo.

I must also thank the editors who were dedicated to revising the entire book, Pastor Jeon Seongkun and Mrs. Lee Dukhee. Elder Kim Soogwan, the chief editor of Yeongmoon Publishing Company, for publishing the entire series.

Most importantly, I could not have done anything without the help of my family. My wife, Hur Soondeog, has been there for me, giving encouragement with her prayers. As for my children, their spouses, and my grandchildren who are truly the source of my joy and life, all I can say is this: Thank you.

Soli Deo Gloria

1 April 2022
All Nations' Community Church Office
Pastor An Byeongman

주 천 사

주부라면 누구나 밥을 짓듯이, 목사라면 누구나 설교를 해야 합니다. 하지만 주부라고 누구나 밥을 잘 할 수 있는 것도 아니고, 목사라고 누구나 설교를 잘 하지는 않습니다. 그러나 주부의 요리 솜씨가 탁월하지 않아도 식구들은 집에서 먹는 음식을 선호합니다. 그것은 파는 음식에서 기대할 수 없는 사랑과 정성이라는 양념이 주부의 음식에는 들어있기 때문입니다. 그래서 인류가 존속하는 한 모든 사람이 음식점에서 음식을 사 먹는 비극이 일어나지 않기를 바라고 있습니다. 마찬가지로 가장 탁월한 한 설교자의 설교를 모든 사람이 다 듣도록 강요당하는 시대가 오지 않을 것이라는 믿음을 가지고 있습니다.

저자 안병만 목사는 같은 교단에 속해 있을 뿐 아니라 동시에 같은 나라 남아공화국 포체프스트룸 대학교에서 유학한 공통점을 가지고 있습니다. 내가 로이드 존스(Martyn Lloyd-Jones)의 원리와 방법을 전공한 것과 같이 그는 존 스토트(John R. W. Stott)의 설교의 원리와 방법을 전공했습니다. 그래서 그의 설교집은 또 한 권의 설교집이 아닙니다. 한 편의 설교마다 본문이 말하는 내용을 담아 내기 위한 설교학을 전공한 사람의 고민이 묻어나고 있습니다. 그의 설교를 읽어보면 한 편 한 편의 내용이 거저 평범하지 않다는 것을 알게 될 것입니다. 첫 권에서는 하나님의 복음에 대한 생생한 이야기들로 가득 차 있어 독자들에게 큰 도전과 감동이 있었습니다. 제 2권은 하나님의 나라에 대해 이해하게 되었고, 제 3권은 하나님의 계명이 마음과 뜻과 정성을 다하여 하나님을 사랑하는 것과 이웃을 네 몸처럼 사랑하라는 율법과 선지자의 대강령을 이해하게 되었고, 마지막인 제 4권은 하나님의 아들 예수 그리스도의 종말에 대한 예언의 말씀과 그의 고난, 죽음, 부활, 승천까지를 담고 있습니다. 그러므로 제 1-4권으로 완성된 강해서가 많은 사역자와 평신도에게 맛깔나는 요리처럼 말씀의 감칠맛을 북돋워 주리라 확신하게 됩니다.

지금은 하늘에서 쉬고 있는 하용조 목사님의 마태복음 연속설교집이 일찍 나왔고, 아직도 끝맺음을 못한 추천인의 누가복음 강해 설교집이 계속 나오는 것처럼, 그리고 김서택 목사님의 요한복음 연속 강해 설교집의 대열을 이어서 안 목사님의 마가복음 강해 설교집이 또 하나의 이정표를 쓰게 되었습니다. 왜냐하면, 그것은 각 사람이 자기 시대의 자기 청중에게 영원한 복음을 전해야 할 사명이 있기 때문입니다. 안 목사님의 마가복음 설교집은 밥 짓는 일이 계속되듯이 설교를 매주 준비해야 하는 사역자들에게 큰 도움이 될 것으로 생각합니다.

부디 이 책을 읽는 동역자들과 일반 독자들은 안 목사님을 통해서 마가가 전하려고 했던 복음의 그 단순 명료하고 힘 있는 능력을 접하게 되기를 바랍니다. 그리하여 시대마다 신실한 종들에 의해서 천국의 진리가 더 널리 전파되는 일에 이 책이 귀한 디딤돌이 되기를 바랍니다. 그리하여 이 세상 나라를 우리 주 하나님과 그리스도의 나라가 되어 그가 세세토록 왕 노릇하는 그날이 속히 임하기를 소원합니다. "아멘 주 예수여 오시옵소서"

구주대망 2022년 3월 1일

정 근 두 목사
(에스라성경대학원대학교 총장/울산교회 원로)

차례

저자(著者)의 변(辯) / 5
Acknowledgments / 10
추천사 / 13

Chapter 1 성전 파괴에 대한 경고   막 13:1-8 ················· 18
(The Warning of Jerusalem Temples Destruction)

Chapter 2 끝까지 견디는 자, 구원   막 13:9-13 ················· 36
 (He Who Stands firm to the End will be Saved)

Chapter 3 종말의 징조와 성도의 반응   막 13:14-20 ················· 47
(The Signs of the Last Days)

Chapter 4 마지막 날에 다시 오실 예수님   막 13:21-27 ················· 61
(The Second Coming of Jesus Christ)

Chapter 5 종말의 때를 사는 성도의 자세   막 13:28-37 ················· 73
(The Attitude of Saints on the Last Days)

Chapter 6 진품 향유 한 옥합   막 14:1-9 ················· 86
(An Alabaster Jar of Real Perfume)

Chapter 7 유다의 배신과 유월절 만찬 준비   막 14:10-16 ················· 97
(The Betrayal of Judas and the Preparation of the Passover)

Chapter 8 유다에 대한 예수님의 마음   막 14:17-21 ················· 115
(The Thought of Jesus Toward Judas Iscariot)

Chapter 9 주님의 최후 만찬   막 14:22-27 ················· 128
(The Last Supper)

16 마가복음 강해서 4 하나님의 아들, 예수 그리스도

Chapter 10 베드로의 부인 예고 막 14:28-31 ·················· 144
(Jesus' Prediction of Peter's Denials)

Chapter 11 십자가와 기도 막 14:32-42 ·················· 159
(The Prayer for His Death on the Cross)

Chapter 12 체포되신 예수 그리스도 막 14:43-52 ·················· 174
(The Arrest)

Chapter 13 심문 받으시는 예수 그리스도 막 14:53-65 ·················· 196
(The Interrogation)

Chapter 14 빌라도의 딜레마와 최종 판결 막 15:1-15 ·················· 207
(The Dilemma and Judgment of Pontius Pilate)

Chapter 15 십자가에 못 박히신 예수 그리스도 막 15:16-32 ·················· 225
(The Crucifixion)

Chapter 16 예수님의 가상칠언(架上七言) 막 15:33-37 ·················· 238
(The Seven Words)

Chapter 17 하나님의 아들, 예수 그리스도 막 15:33-39 ·················· 265
(Jesus Christ, the Son of God)

Chapter 18 무덤에 안장된 예수 그리스도 막 15:40-47 ·················· 282
(Jesus Christ Laid in a Sepulcher)

Chapter 19 그리스도의 부활 막 16:1-8 ·················· 291
(The Resurrection)

Chapter 20 부활 후의 예수님 막 16:12-13 ·················· 310
(The Post Resurrection)

Chapter 21 부활 후 열한 제자에게 막 16:14-18 ·················· 324
나타나신 예수님
(The Appearance of Jesus Christ to the Disciples)

Chapter 22 예수 그리스도의 승천 막 16:19-20 ·················· 339
(The Ascension of Jesus Christ to the Disciples)

Chapter 1

성전 파괴에 대한 경고
(The Warning of Jerusalem Temples Destruction)

마가복음 13:1-8

예수께서 성전에서 나가실 때에 제자 중 하나가 이르되 선생님이여 보소서
이 돌들이 어떠하며 이 건물들이 어떠하니까 예수께서 이르시되 네가 이
큰 건물들을 보느냐 돌 하나도 돌 위에 남지 않고 다 무너뜨려지리라 하시니
라 예수께서 감람 산에서 성전을 마주 대하여 앉으셨을 때에 베드로와 야고
보와 요한과 안드레가 조용히 묻되 우리에게 이르소서 어느 때에 이런 일이
있겠사오며 이 모든 일이 이루어지려 할 때에 무슨 징조가 있사오리이까 예
수께서 이르시되 너희가 사람의 미혹을 받지 않도록 주의하라 많은 사람이
내 이름으로 와서 이르되 내가 그라 하여 많은 사람을 미혹하리라 난리와 난
리의 소문을 들을 때에 두려워하지 말라 이런 일이 있어야 하되 아직 끝은 아
니니라 민족이 민족을, 나라가 나라를 대적하여 일어나겠고 곳곳에 지진이 있
으며 기근이 있으리니 이는 재난의 시작이니라

네네족(ne ne族)이라는 신조어가 등장했는데 이 말은 일도 공부
도 하지 않으려고 하는 15-35세의 젊은 세대를 비꼬는 말입니다.
네네(ne ne)는 이탈리아 말로 'A도 B도 아니다' 라는 의미에서 유
래되었습니다. 이들은 일이나 공부 같은 책무는 다하지 않고 부모
님의 그늘에 있으려고 하면서 오히려 자신의 행동을 정당화하고 당

당해 하는 태도가 특징입니다. 이탈리아는 2008년 경세 위기로 청년 실업이 지속되자 미래에 대한 불안과 절망으로 학업과 취업을 포기하는 젊은이들이 늘어나면서 네네족이 폭증했습니다. 이탈리아에 청년실업이 사회적 문제로 대두한 이유는 대졸자 숫자에 비해 취업 시장은 인턴 혹은 비정규직이 대다수를 차지했기 때문입니다. 전 세계적으로 경제 위기가 지속되면서, 구직난과 열악한 취업 환경을 견디지 못해 사회 진출과 독립을 포기하는 젊은이들이 이탈리아, 스페인, 영국, 미국 등지에서 점차 늘고 있는 실정입니다. 직업뿐만 아니라 결혼, 자녀 양육, 더 나아가 부모 부양까지 책임져야 하는 젊은 세대, 즉 미래 세대는 더 큰 부담감으로 내일을 걱정하고 있습니다. 이렇게 모든 사람은 미래에 대한 두려움과 불안감을 가지고 살아가고 있습니다. 왜냐하면 미래는 아직 가보지 않은 미지의 세계이며 예측하기 힘듦으로 인하여 걱정과 근심에 쌓여 불안감을 가지기 때문입니다. 개인과 가정 뿐 아니라 교회, 더 나아가 이 빈속의 미래에 대해서도 불안과 초조 그리고 우려의 마음이 큽니다. 저는 저희 교회와 한국교회, 지구촌 구석구석에 있는 교회의 미래에 대한 두려움이 있습니다. 어떤 분은 그래도 교회는 세상의 희망이고, 소망이 있다고 말하지만 지난 2000년의 역사를 보면 그렇게 낙관적이지만은 않습니다.

이러한 미래에 대한 염려와 불안은 이 세상을 살아가는 사람들에게 여러 가지 반응으로 나타납니다. 상황이 좋아도 불안하고 안 좋아도 불안한 것이 우리 인간의 마음인 것 같습니다. 좋은 것은 더 좋아져서 지키려고 하는 마음에 불안하고, 안 좋은 것은 없어지거나 더 안 좋아질 것이라는 염려 때문에 불안한 것입니다.

본문에 예수님께서 유월절 절기에 성전에서 헌금 넣는 사람들에 대해 교훈하시고 난 후 성전에서 나가시면서 성전 건물에 대해서 묻는 제자의 질문에 앞으로 그 건물이 어떻게 될 것인지 자세하게 설명하시면서 예견하고 계시는 모습을 볼 수 있습니다.

질문하는 제자

예수님께서는 여전히 예루살렘 성전에서, 유월절을 지키러 온 많은 사람의 틈바구니 속에 계셨습니다. 12장에서 살펴본 대로 바리새인들이나 서기관, 사두개인들이 예수님께 와서 시비 걸때에 이런저런 질문에 답하신 후에 예수님께서는 성전 밖으로 나오셨습니다. 밖에서 보니 성전의 웅장함과 아름다움이 더욱 돋보였습니다. 그래서 제자 중 하나가 "이 돌들이 어떠하며 이 건물들이 어떠하니이까?"(1)라고 예수님께 묻습니다. 이 제자의 말은 두 가지 의미가 함축된 질문이라고 생각합니다. 즉 이 성전이 얼마나 멋집니까 하며 자랑하고 싶은 마음과, 이것이 다시 파괴되지 않을까 하는 우려에서 나온 질문입니다. 실제로 이 당시의 성전은 아주 아름다웠다고 합니다. 예루살렘 성전은 사상 먼저 다윗에 의해서 구상되고 준비되어 그의 아들 솔로몬 왕 때에 지어졌습니다. 솔로몬 성전(BC 959년, 왕상 6장), 그 뒤에 BC 586년에 신 바벨론에 의한 유다의 멸망으로 찬탈을 당합니다. BC 538년 고레스 칙령 때 재건을 시작해서 (스 1:1-4, 6:3-5) BC 516년 스룹바벨, 학개, 스가랴의 운동으로 성전을 완공합니다(스 6:15). 그리고 이 성전 터 위에 헤롯 대왕이 BC 20년경에 재건축을 시작해서 예수님 당시까지 완공을 못하였고 AD 63년에 완공하고 AD 70년에 로마에 의해 다시 완전히 파괴되었습니다. 그 중 서쪽의 벽이 지금도 남아 있는데 그것을 '통곡의 벽'이라고 부릅니다. 예수님께서 처형 당하시고 난 후 로마군은 예루살렘을 공격하여 많은 유대인을 죽였는데, 이 같은 비극을 지켜본 이 성벽은 밤이 되면 통탄의 눈물을 흘렸다고 합니다. 그래서 붙여진 이름인데, 중세 유대인들은 성전이 파괴된 날이라는 아빕월(유대력 5월) 9일에 이 벽 앞에 모여 성전 파괴와 예루살렘 함락을 슬퍼하고 그 회복을 기원하였습니다. 제 2차 세계대전 후 예루살렘이 이스라엘과 요르단으로 분할되면서 이 성벽은 요르단 측에 속하였으나, 1967년 6월의 제 3차 중동전쟁에서 이스라엘이 예루살렘 구 시가지를 점령하여 이 성벽은 이스라엘로 다시 환원되었습니다.

누가복음 21장 5절에 보면 **'아름다운 돌과 헌물'**로 꾸민 것이라는 표현이 나옵니다. 이 성전은 헤롯이, 로마와 결탁하여 권력을 탐하는 자신을 공격하는 유대인들과 종교지도자들을 회유하고 환심을 얻기 위해서 엄청난 재정을 투입하여 아름답게 지었다고 합니다. 그러나 외형만 화려했지 속은 그렇지 못했습니다. 11장에서 살펴본 것처럼 성전 뜰에서 소와 양을 팔며 돈을 바꾸는 환전소가 버젓이 설치 운영되어 강도의 굴혈을 만들었습니다. 그 건축의 건설 동기인 흑막(黑幕)대로 믿음과 상관 없는 건축물에 불과했습니다.

헤롯 대왕이 성전을 화려하게 다시 짓기 시작했는데 대다수 유대인들은 그것을 좋게 여겼고 자랑스럽게 생각했습니다. 그러나 그들은 예루살렘 성전의 진정한 존재 목적을 알지 못한 채 그 자체가 하나님께 영광이 될 것이라는 착각을 하고 있었습니다. 예수님의 제자들 역시 처음에는 그와 같은 생각을 완전히 떨쳐버리지 못하고 있었던 것으로 보입니다. 하지만 당시 예루살렘 성전 건물이 다시 지어지고 수리가 된 것은 메시아를 맞이하기 위한 준비 작업과 연관된 것으로 이해해야 합니다. 비록 헤롯 대왕과 유대인들이 그 사실을 전혀 인식하지 못하고 있었다 할지라도 부지중에 하나님의 놀라운 경륜 가운데 그 일이 진행되었던 것입니다. 제자들도 예루살렘 성전을 통하여 메시아가 와서 새로운 다윗 계통의 왕국을 건설할 것으로 기대하고 있었는데 예수님의 평소 가르침은 그들이 생각하고 있는 것과는 사뭇 다른 것이었습니다. 예수님의 가르침과 제자들의 기대감은 동상이몽이었습니다.

그래서 성전에 관해서 진지한 질문을 하게 된 것입니다. 실제 제자들도 유대인들이 성전에 대해서 생각하고 있는 범주를 넘어서지 못하고 있었던 것 같습니다. 신 바벨론 제국에 의해서 파괴된 예루살렘 성전은 당시 모든 유대인들에게 매우 아픈 기억으로 남아 있었습니다. 성전 파괴를 앞두고 예레미야 선지자를 비롯한 여러 선지자들이 그것에 대한 예언을 했지만 배도에 빠진 유대인들은 그 말을 귀담아 듣지 않았습니다. 그 결과 우상숭배로 하나님을 등진 백성들에 대한 하나님의 심판은 성전 파괴로 이어졌습니다. 이는 당시 대다수 이스라엘 백성들이 성전의 진정한 의미를 모르고 있었기 때문입니다. 솔로몬이 건축한 성전이 바벨론에 의해 완전히 파괴되었을 때 그들의 소망은 완전히 끊어지는 듯 했습니다. 하지만 그것은 선민에 대한 하나님의 사랑의 표시였고 그들은 그것을 통해 성전의 본질적인 참된 의미를 깨달을 수 있었습니다.

대답하신 예수님

예수님께서 그 제자의 질문에 대해서, 그들의 기대와는 다르게 **"네가 이 큰 건물들을 보느냐 돌 하나도 돌 위에 남지 않고 다 무너뜨려지리라"**(2)고 하셨습니다.

예수님께서 이렇게 대답하신 의도가 무엇이겠습니까? 실제 이것이 어떻게 이루어지게 되었는지 우리는 알고 있습니다. 예루살렘 성전이 파괴될 것이라고 하는 예수님의 말씀은 당시 일반 유대인뿐 아니라 제자들에게도 상당히 충격적인 발언이었습니다. 로마 제국의 압제 가운데 있던 유대인들이 온마음과 힘을 다하여 건축한 성전 건물이 돌 하나도 돌 위에 남지 않을 만큼 철저하게 파괴된다는 사실은 충격적이지 않을 수 없었습니다. 당시 유대인들은, 성전이 파괴되다는 식의 표현은 곧 하나님을 모독하는 것으로 이해하고 있었습니다. 예수님을 십자가형에 처해지도록 한 뭉태힌 죄목 가운데 하나는 그가 예루살렘 성전과 하나님을 모독했다는 것이었습니다. '성전을 헐라 내가 삼일 만에 일으키리라'는 말씀의 신성모독죄를 유대인들이 십자가에 달리신 예수님을 향하여 던진 말을 보면 알 수 있습니다(막15:29-"**아하 성전을 헐고 사흘에 짓는다는 자여**"). 예수님의 제자들도 성전 파괴에 대한 그 예언의 말씀을 듣고 상당한 충격을 받았음이 분명하지만 예수님께서 하나님을 모독하고 있다는 생각은 전혀 하지 않았습니다. 그것은 지극히 당연한 일임에도 불구하고 하나님의 은혜가 아니면 소유할 수 없는 마음이었습니다. 그러므로 제자들이 그 일이 언제 이루어질 것인지, 그리고 그 징조는 무엇인지에 대한 궁금증을 가지게 되었던 것은 너무나 당연한 것이었습니다. 더구나 제자들은 그 놀라운 일이 하나님의 놀라운 뜻과 경륜에 따라 이루어지게 된다는 사실을 알고 있었습니다. 그들이 '주의 임하심과 세상 끝'이라고 한 말은 오늘날 우리가 생각하는 것과 다소 차이가 있습니다. 그 당시에는 아직 예수님께서 부활 승천하시기 전이었으므로 우리가 알고 있는 예수 그리스도의 재림이 아니라 세상적인 심판을 염두에 두고 있었던 것으로 여겨집니다.

우리는 돌로 지어진 예루살렘 성전의 실제적인 파괴를 기억해야 합니다. 예수님의 십자가 사역과 로마제국에 의한 성전 파괴 사이의 40년의 기간은 구속사적인 특별한 의미를 지니고 있습니다. 그러므로 AD 30년경 십자가에 달리신 예수님의 몸은 AD 70년경 발생한 예루살렘 성전 파괴를 필연적으로 불러오게 됩니다.

그 두 사건은 구약시대에 예언되었던 모든 예언들이 성취되었음을 말해주고 있습니다. 그러므로 하나님의 예언이 성취된 것을 두고 악한 세상은 심하게 발악할 수밖에 없습니다. 예수 그리스도의 몸이 십자가에 달린 사건과 헤롯이 건축한 성전이 최종적으로 파괴된 사건은, 솔로몬이 건축한 첫 번째 예루살렘 성전이 파괴될 당시 이스라엘 민족 가운데 벌어졌던 끔찍한 사건을 회상하게 합니다. 그리고 하나님의 성전 안에 안티오쿠스 4세에 의해 '가증한 것'(단 11:31) 곧 '멸망의 가증한 것'(마24:15)이 세워진 후 어떤 일이 발생했는지 기억하게 됩니다.

역사적으로 디도 장군의 로마 침략으로 멸망하게 되었는데, 멸망의 가증한 것(14)인 '브델뤼그마'(βδελυγμα - detestable thing)라는 말은 구약에서 '토에바' 즉 역겨운 것이라는 뜻입니다. 이 단어의 원 뜻은 '악취로 인해 구토를 일으키다', '혐오스럽다' 란 의미입니다. 성경에서 가증하다고 할 때는 이방 우상과 거짓 사슬을 말합니다. 역사적으로 안티오쿠스 에피파네스가 주전 178년경 세웠던 제

우스 신상 즉 성전을 역겹게 한 것을 또한 다시 반복적으로 언급하고 있습니다. 셀류쿠스 왕국의 안티오쿠스 에피파네스 4세는 셀류키드 왕조의 8대 왕인데, 이 사람은 이집트를 공격한 후 돌아오는 길에 예루살렘까지 침공하고, 예루살렘과 유대 도시들에 칙령을 내렸습니다. 칙령의 내용이 미가비 1서에 나옵니다. **"유대인들은 이교도들의 관습을 따를 것, 성소 안에서 제사를 드리지 말 것, 안식일과 절기들을 지키지 말 것, 성소를 모독할 것, 이교의 제단과 신당을 세울 것, 돼지와 부정한 동물들을 제물로 잡아 바칠 것, 남자 아이들에게 할례를 베풀지 말 것, 율법을 저버리고 모든 규칙을 바꿀 것, 이 명령을 따르지 않는 자는 사형에 처할 것"** 등등(마카비 1서1:44-50) 정말 신성모독적인 권력을 휘둘렀습니다. 예수님께서 말씀하신 것처럼 디도 장군에 의해서 로마군이 독수리상을 가지고 예루살렘을 포위했을 때 유대인들은 성전에 들어가면 살 것으로 생각하고 그곳에 들어갔으나 죽었고, 예수님의 말씀을 듣고 에돔 산으로 도망한 많은 그리스도인들은 살았다고 합니다.

오래 전에 가본 곳 입니다만 참 인상이 깊이 남아 있습니다. 필리핀 마닐라에서 남쪽으로 버스를 타고 10시간 정도 내려가면 레가스피라는 지역이 자리잡고 있는데 그곳에는 유명한 성당이 땅속에 묻혀 종탑만 그 자리를 지키고 있습니다. 1814년 2월 1일 레가스피 지역의 마욘화산이 폭발하였고 이 지역 주민들은 카그사와(Cagsawa) 성당으로 대피를 하였다고 합니다. 그러나 산에서 흘러내린 용암이 '성딩을 넢져 무려 1200여 명이 목숨을 잃게 되었고 높이 치솟아 있는 종탑만 지금 우뚝 서 있습니다. 어떤 장소나 공간이 우리를 보호하고 안전하게 하는 것이 아닙니다. 이 땅에는 안전지대가 없습니다. 오직 하나님만이 우리의 영원한 안전지대인 줄 믿습니다. 미신적인 신앙에서 탈피하여 행동하는 신앙으로 무장된 그리스도인이 되어야 그것이 우리를 안전하게 지켜주는 방편이 됩니다.

거룩함이 훼손되고 인본주의가 그 자리를 차지하게 될 때 우리는 세속적인 것에서부터 초월해야 하고 순결하고 거룩한 것이 그 자리를 지키도록 해야 합니다. 만일 그렇지 않으면 피해야 하고 도망가야 합니다. 장소만이 아니라 윤리적이고 도덕적인 것과 모든 비즈니스와 인간관계에 있어서도 가증한 삶, 불결하고 거짓된 삶을 살아서는 안 됩니다. 이사야 33장 15-16절에 **"오직 공의롭게 행하는 자, 정직히 말하는 자, 토색한 재물을 가증히 여기는 자, 손을 흔들어 뇌물을 받지 아니하는 자, 귀를 막아 피 흘리려는 꾀를 듣지 아니하는 자, 눈을 감아 악을 보지 아니하는 자, 그는 높은 곳에 거하리니 견고한 바위가 그의 요새가 되며 그의 양식은 공급되고 그의 물은 끊어지지 아니하리라"** 하셨고, 야고보서 1장 27절에는 **"하나님 아버지 앞에서 정결하고 더러움이 없는 경건은 곧 고아와 과부를 그 환난중에 돌보고 또 자기를 지켜 세속에 물들지 아니하는 그것이니라"**고 했습니다.

예수님께서는 제자들에게 얼마 있지 않는 장래에 일어나게 될 자신의 십자가 사역과 돌로 지어진 성전 파괴에 관한 예언을 하시면서, 첫 성전 파괴와 더불어 역사에 연관된 총체적인 교훈을 주고 계시는 것입니다. 이는 성전의 본질적인 실체인 예수 그리스도의 십자가 사역과 헤롯 성전의 파괴로 말미암아 도래하게 될 새로운 질서가 동시에 예언되고 있는 것입니다. 이 말씀 가운데는 또한 배도한 인간들에 대한 최종적인 심판과 자기 자녀들에 대한 구원의 의미가 포함되어 있습니다.

성전 파괴의 때와 징조

예수님께서는 성전 파괴가 일어나는 시기와 징조에 대해서 묻는 제자들(베드로, 야고보, 요한, 안드레)에게 여러 가지 징조를 통해 그때를 암시해 주셨습니다.

먼저 예수님의 이름을 빙자하여 성도들을 미혹하는 강한 역사가 일어날 것을 말씀하시면서 미혹을 받지 않도록 주의할 것을 당부하셨습니다. '미혹 받지 말라'(5, 6, 22)는 말은 헬라어로 '플라나오'(πλαναω – seduce)인데 사람들의 감언이설에 마음이 빼앗기는 것을 의미합니다. 예루살렘의 멸망, 즉 세상에 종말이 올 때에는 극에 달한 환란과 함께 자칭 구세주라 하는 자들이 이곳저곳에서 우후죽순처럼 일어납니다. 특히 역사의 격변기에 정치와 종교, 그리고 사회가 혼란해지면 이단들은 극도의 신비주의와 유토피아적인 환사상을 주장하며 마치 자신만이 이 어려운 난세를 바로잡을 수 있고 세상을 구원할 수 있다고 떠들어댑니다. 한국 내에서도 자칭 구세주라고 하는 가짜 예수가 약 300여 명이나 된다고 합니다. 그중에서 우리에게 너무나 잘 알려진 전도관 신앙촌의 박태선, 통일교의 문선명은 그들 나름대로의 종교적 형태를 갖추고 커다란 세력으로 성장하였습니다. 특히 통일교는 막대한 금권으로 정치와 재계에 진출하면서 심지어는 정치자금으로, 기존 교회 목회자들에 대한 원조금으로, 자기들의 왕국 건설을 위해 물불을 가리지 않았습니다. 통일교가 우리 교계에 침투해 들어오는 방법과 방식은 너무나 교묘하고 철저해서 자신도 모르게 성직자들까지도 그들의 속셈에 속았습니다. 또한 미국의 몰몬교, 여호와의 증인 등도 무시 못할 세력으로 현재까지 존재하고 있는 이단 사이비 종파입니다. 이들은 다 공히 하나님을 믿으며, 예수 그리스도를 인정하면서도 또 다른 의미의 구세주로 자기네 종파의 교주를 절대적으로 신봉하고 있는 사늘입니다. 예를 들면, '예언이다, 계시다'라고 하면서 극단적인 종말론에 흔들리면서 (홍혜선 전도사, 2014년 12월 전쟁설) 미혹을 받아 올바른 신앙생활에서 떠나게 됩니다. 우리는 굳건한 신앙을 가지고 다른 사람의 말에 미혹을 받아서는 안 됩니다. 이상한 목회자를 소개하거나 예언 받았다는 말을 주의하십시오. 하나님의 말씀을 통해 미혹 받지 않는 신앙을 가지기 위해서는 날마다 말씀을 묵상하고 견고하게 서서 자립적인 신앙으로 성숙해야 합니다. 즉 말씀을 읽고, 말씀을 통해서 강해지고 힘을 얻는 신앙을 회복해야 합니다.

그 다음은 난리와 난리의 소문(전쟁), 민족과 나라가 서로 대적하여 일어나겠고 지진과 기근이 있으면서 재난이 시작될 것인데 두려워하지 말라고 하셨습니다. '두려워하지 말라'(7절)는 말은 원문에 충실하게 번역하면 "내면으로 동요하지 말라"(드로에오-Θροεω)는 의미인데, 이것은 단순히 '무서워하다, 겁먹는다' 는 의미보다는 내면적으로 동요해서는 안 된다는 의미입니다. 전쟁설, 그리고 세계대전, 앞으로도 세계는 여러 가지 문제로 재난과 환난이 예비되어 있는데 이런 상황에서 '죽으면 죽으리라' 는 각오와 순교적 신앙이 필요합니다. 그리고 어디서든지 환난이 있으니 주님과 함께함으로 견고히 서 있는 신앙을 반드시 확인해야 합니다.

1, 2차 세계대전이 20세기에 일어났습니다. 소련이 붕괴되고 그 안에서 민족 간 전쟁이 많았습니다. 우리나라만 해도 일제의 억압과 독립전쟁, 6 · 25 한국전쟁, 월남전의 참전 그리고 이라크의 파병도 있었습니다. 최근 덴마크에서 마호메트를 테러분자로 풍자한 만화가 나오면서 서구와 이슬람권 전체의 세력 충돌이 일어나고 있습니다. 가난한 아프리카의 빈곤문제를 해결하기도 바쁜데 부족간의 다툼이 왕성하여 나라가 불안정한 곳이 많습니다. 자연재해도 많이 일어나고 있습니다. 소련이 붕괴된 이유 중 하나가 장기간의 기근 때문입니다. 이런 것들은 지구 온난화의 현상 중 하나로 기상변화가 불러온 재앙입니다. 한 해 동안 아프리카에서 굶주리는 사

람이 3천4백만 명, 매일 2민5천 명이 기아로 숙어가고 있습니다. 유전자 공학으로 식물을 복제해서 식물을 과대생산하고 있는 21세기에 굶어 죽고 있는 사람들이 이렇게 많습니다. 미국과 중국, 러시아와 일본 등이 군사적 우위를 유지하기 위해서 사용하는 군사 비용을 아프리카의 기아 문제를 해결하는 방법으로 사용하면 더 좋을 것인데 그렇지 못해서 안타깝습니다. 종말에 가까운 이러한 현상들이 있지만 아직 종말의 끝은 아닙니다.

하나님께서 로마제국을 통해 친히 관여하신 '거룩한 성전'의 파괴는 세상에 대한 궁극적인 승리를 선포하는 의미를 지니고 있습니다. 여기서 말하는 성전은 그것이 상징하는 본질적 내용인 예수 그리스도의 몸과 그 그림자가 되는 건축물인 성전을 동시에 의미하고 있습니다. 실체적 성전인 예수님의 육신의 죽음은 궁극적인 승리를 나타내고 있으며, 돌로 지어진 예루살렘 성전의 파괴도 역시 그와 연관됩니다.

예루살렘 성전이 파괴되기 전 건축물이 건재할 때에는 예수님께서는 친히 그 성전을 청결케 하셨습니다. 배도한 유대인들이 더럽힌 성전을 청결하게 하신 후 거룩한 자신의 몸을 그 성전을 통해 하나님의 화목 제물로 드리셨습니다. 이는 참 성전이신 예수 그리스도를 통해 그림자였던 돌로 된 성전의 진정한 의미를 밝혀주는 역할을 합니다. 가시적인 예루살렘 성전은 참 성전이신 그리스도의 모형이었습니다.

Chapter 1_ 성전 파괴에 대한 경고 **31**

하나님의 거룩한 성전이 파괴되는 것은 구약성경에 예언된 약속의 성취라고 보아야 합니다. 하나님께서는 그것을 위해 특별히 택하신 선지자들을 통해 오랜 세월 동안 메시아 예언을 해오셨습니다. 이는 또한 다른 일시적인 갈등과 심각한 전쟁을 예고하고 있습니다. 성전 파괴로 인한 하나님의 승리 신포에 대해 세상을 장악하고 있던 사탄의 세력이 마냥 침묵하고 있을 리 만무하기 때문입니다.

그것으로 말미암아 천하를 호령하는 최종적인 승리가 즉시 완성된 것이 아니라 오히려 하나님의 백성들에게 엄청난 환난이 닥치게 됩니다. 이는 일반적인 경우로는 쉽게 납득하기 어렵지만 성전 파괴를 전후로 동반되는 환난은 남은 자의 구원과 선악의 분리를 위한 것입니다. 그 환난은 과거의 인간 역사 가운데 볼 수 없었던 엄청난 사태와 규모로서 난리와 전쟁, 기근, 지진 등을 동반하게 됩니다. 참과 거짓에 대한 옥석을 가리고 알곡과 쭉정이를 구분 하는 시금석이 됩니다. 이는 성도들을 환난에 빠뜨릴 뿐 아니라 전반적인 사회 혼란이 야기되리라는 사실을 말해주고 있습니다.

한편 그 환난은 세상에 존재하는 하나님의 몸 된 교회와 그에 속한 성도들을 신앙적으로 심하게 어지럽히며 혼란케 합니다. 그때가 되면 그리스도의 이름을 빙자한 적그리스도들과 거짓 선지자들이 여기저기 등장해 활발한 종교 활동을 펼치는 양상이 두드러집니다. 그렇게 되면 순진하고 무지한 성도들은 그에 미혹될 위기에 놓이게 됩니다. 예수님은 미혹에 대한 이야기를 먼저 언급하고 있습니다 (5). 미혹을 받지 않도록 성도들에게 주의보를 발령하고 있습니다. 많은 사람들이 자기가 예수님으로, 그리스도로, 재림 주로 자처할 것이라고 했습니다(6). 그런 거짓 종교인들은 많은 사람들이 보는 앞에서 엄청난 기적을 행하기도 하여 신앙이 어린 교인들은, 그들이 마치 참된 그리스도와 선지자들인 양 속아 넘어갑니다. 왜냐하면 어리석은 자들은 말씀의 본질을 믿고 의지하는 것이 아니라 눈에 보이는 종교적인 현상에 치중하기 때문입니다. 예수님께서는 제자들에게 성전 파괴와 더불어 앞으로 그런 끔찍한 일이 발생하게 되리라는 사실을 분명히 말씀하고 계시는 것입니다. 마태는 다음과 같이 언급하고 있습니다. "이는 그 때에 큰 환난이 있겠음이라 창세로부터 지금까지 이런 환난이 없었고 후에도 없으리라 그 날들을 감하지 아니하면 모든 육체가 구원을 얻지 못할 것이나 그러나 택하신 자들을 위하여 그 날들을 감하시리라 그 때에 사람이 너희에게 말하되 보라 그리스도가 여기 있다 혹은 저기 있다 하여도 믿지 말라 거짓 그리스도들과 거짓 선지자들이 일어나 큰 표적과 기사를 보여 할 수만 있으면 택하신 자들도 미혹하리라 보라 내가 너희에게 미리 말하였노라 그러면 사람들이 너희에게 말하되 보라 그리스도가 광야에 있다 하여도 나가지 말고 보라 골방에 있다 하여도 믿지 말라 번개가 동편에서 나서 서편까지 번쩍임 같이 인자의 임함도 그러하리라 주검이 있는 곳에는 독수리들이 모일 것이니라"(마 24:21-28).

예수님의 이 말씀은 일거에 이루어지는 승리를 기대하던 제자들이 쉽게 납득하기 어려운 의외의 교훈이었지만 예수님께서는 성전 파괴와 연관되어 그런 시대가 반드시 도래하게 되리라는 사실을 말씀하신 것입니다. 물론 그 내용들은 최종적인 하나님의 승리를 앞눈 시섬에서 일시직으로 빌'생히게 될 사'건들입니다. 그러므로 하나님의 백성들은 끝까지 인내하며 그 환난을 이겨내야 합니다. 끝까지 견디는 성도들에게 하나님의 구원이 약속되어 있기 때문입니다.

결론적으로, 우리는 앞에서 예루살렘 성을 안타깝게 바라보시며 탄식하시는 예수님의 모습을 살펴보았습니다. 그 이유는 하나님께서 직접 선택하여 보내신 선지자들을 죽이고 돌로 쳤기 때문입니다(마23:37). 선지자들의 외침에도 불구하고 그들이 죄에서 돌이켜 하나님께 돌아오는 것을 끝내 거절했기 때문입니다. 이러한 예루살렘 성을 향하여 예수님께서는 심판을 예언하셨습니다. **"보라 너희 집이 황폐하여 버려진 바 되리라"**(마 23:38). 이 말씀을 통하여 우리는 회개하지 않고 하나님과 예수 그리스도의 복음을 끝내 거부한 사람들의 종말이 어떠함을 대략 짐작할 수 있습니다. 성전 파괴에 대한 경고와 예언은 바로 참 성전 자체가 되시고 새로운 신앙의 중심인 교회의 머리가 되실 그리스도의 새 시대를 예고하신 것이었습니다. 눈에 보이는 지상의 성전과 교회당은 없어지지만 예수 그리스도께서 이루어 놓으신 십자가의 죽음과 부활을 통해 이루어진 그의 왕국은 더 견고하게 될 것입니다. 어떤 미혹과 유혹이 다가와도 흔들리지 말고 그리스도만을 붙잡고 믿음으로 승리하는 남은 자들이 될 수 있기를 주의 이름으로 축복합니다.

"살아도 살지 아니함이 있고
죽어도 죽지 아니함이 있으니
살아도 오릇 살면 죽음만 같지 않고
잘 죽으면 오히려 영생한다"(이준 열사)

Chapter 2

끝까지 견디는 자, 구원
(He Who Stands firm to the End will be Saved)

마가복음 13:9-13

너희는 스스로 조심하라 사람들이 너희를 공회에 넘겨 주겠고 너희를 회당에서 매질하겠으며 나로 말미암아 너희가 권력자들과 임금들 앞에 서리니 이는 그들에게 증거가 되려 함이라 또 복음이 먼저 만국에 전파되어야 할 것이니라 사람들이 너희를 끌어다가 넘겨 줄 때에 무슨 말을 할까 미리 염려하지 말고 무엇이든지 그 때에 너희에게 주시는 그 말을 하라 말하는 이는 너희가 아니요 성령이시니라 형제가 형제를, 아버지가 자식을 죽는 데에 내주며 자식들이 부모를 대적하여 죽게 하리라 또 너희가 내 이름으로 말미암아 모든 사람에게 미움을 받을 것이나 끝까지 견디는 자는 구원을 받으리라

기독교는 환난과 핍박 속에서 성장한 공동체입니다. 문명이 발달하고 지식이 높아지고 물질이 풍요로울 때는 그 기세가 오히려 퇴보하고 부패하고 타락했습니다. 기독교 정신과 우리의 믿음은 주변 환경이 거칠고 힘들고 환난이 찾아올 때 더 힘있게 솟아오르곤 했습니다. 사람이 어려움이 없으면 안일하게 되고 하나님을 찾지 않으며 의지하지 않는 경향이 있습니다. 하나님께서는 우리의 성향을

너무나 잘 아시기 때문에 편안함이 아니라 불안과 육체적인 고통을 통해서 이 땅이 우리가 살 영원한 처소가 아니라는 것을 뼛속 깊이 체험하게 하셔서 하늘에 소망을 두고 살아가게 하십니다. 특히 종말의 때가 되면 더욱 그럴 것 이라고 하셨습니다. 유명한 정신과 의사 스콧 펙(Scott Peck)은 인간이 시련과 고통을 통하여 성숙한다고 말했습니다. 다시 말하면 시련을 이겨낸 인생만이 가치 있다는 것입니다. 옛날 어떤 왕이 한 도자기 공장을 방문했습니다. 그 도자기 공장에는 두 개의 꽃병이 특별하게 전시되어 있었습니다. 그것은 같은 원료로 만들고 같은 무늬가 새겨졌으면서도 거기서 풍겨져 나오는 느낌은 전혀 달랐습니다. 하나는 윤기가 흐르고 생동감이 넘치는 데 비하여 다른 하나는 아주 무르고 연약해 보였습니다. 왕은 도공에게 그 두 가지 물건을 함께 전시한 까닭을 물었습니다. 그러자 도공이 이렇게 대답했습니다. '전하! 하나는 뜨거운 불 속에서 구워 졌지만 다른 하나는 불 속에 들어가지 않은 것입니다. 두 그릇을 보면서 우리 도공들은 인생의 교훈을 얻고 있습니다'.

우리는 이 땅에서 부를 누리며 행복하게 살기를 원하지만 하나님께서는 다른 의도를 가지시고, 이 땅에 뿌리를 내리고자 하는 안일한 생각이 들 때마다 태풍과 같은 고통, 시련 그리고 환난의 칼 바람을 보내셔서 우리를 정화시키고 마음을 튼튼하게 하여 중심을 하나님께 두도록 하십니다.

끝까지 신앙의 정조를 지키며 믿음으로 싸워 승리하는 자에게는 구원의 면류관을 보장해 주시는 것입니다. 중도에 포기 없이 믿음의 절개를 지키시기를 원하시는 예수님의 마음을 다시 한번 깨우치고, 힘들고 어렵지만 이 나그네 길을 굳건하게 서서 걸어가는 우리 모두가 되었으면 합니다.

스스로 조심하라

환난의 때, 종말의 때를 '스스로 조심하라'(watch out for yourselves)고 예수님께서는 말씀하십니다. 9절 말씀에 "**너희는 스스로 조심하라 사람들이 너희를 공회에 넘겨주겠고 너희를 회당에서 매질하겠으며 나로 말미암아 너희가 권력자들과 임금들 앞에 서리니 이는 그들에게 증거가 되려 함이라**"고 했습니다.

이러한 핍박에 대한 예고는 제자들에게 가장 힘들어 하는 어려움입니다. 핍박은 제자들 자신에게 임하는 것이기 때문입니다. 제자들은 예수님이 경험한 것을 거의 그대로 경험하게 되는데, 반대자들에 의해 공회에 넘겨져 재판을 받고 회당에서 매질 당할 것이며, 결국 최종 재판을 받기 위해 권력자들과 임금 앞에 서게 될 것이라는 말씀입니다. 이것이 신앙인의 확실한 증거가 될 것이라고 하셨습니다. 믿음이 없고, 세상의 흐름에 따라 사는 사람들은 재판을 받을 필요도 없고 핍박과 어려움을 당할 이유도 없는데, 단지 예수 그리스두를 믿는 신앙 때문에 내적사늘의 앞에서 심문을 당하고 억울한 재판을 받게 될 것이라는 말씀입니다. 실제 제자들과 신실한 믿음의 선인들은 예수님의 예언처럼 핍박과 고난을 당하고 순교했습니다.

오늘날도 신앙의 정절을 지키려고 하면 온갖 모욕과 어려움을 당하고 심지어는 비기독교인들에게 몰매를 맞을 수도 있는 것이 현실입니다. 육체적인 매질만이 핍박이 아니라 정신적이고 영적인 핍박과 모욕은 더 견딜 수 없는 고통입니다. 예를 들면, 전 국무총리 후보로 물망에 오른 문창극 장로님은 교회에서 간증한 내용을 매스컴에서 임의로 짜깁기하여 보도하므로 안티 기독교도들에 의해서 청문회도 한번 서 보지 못한 채 낙마하고 말았습니다. 그의 낙마는 개인적인 문제에서 끝나는 것이 아니라 큰 틀에서 보면 기독교에 대한 공격이고 신실한 그리스도인들에 대한 핍박이요, 박해였다는 생식이 듭니다.

우리는 믿지 아니하는 사람들이 가지고 있는 인생관과 세계관 그리고 가치관과는 완전히 다릅니다. 그들이 가지고 있는 가치관과 타협할 수도 없고, 함께할 수도 없습니다. 그들과 타협하는 순간 우리의 신앙 순결을 잃어버리게 됩니다. 신앙의 정조를 지키기 위해서는 그들과 다른 삶을 살아야 하고 다른 삶 때문에 미움을 받을 수밖에 없습니다. 그것이 복음 증거의 산 표적이 됩니다. 이 표적은 아무리 회유하고 고문하고 죽여도 신앙을 포기하지 않는 정절입니다. 일제 강점기 때도 믿음의 선배들은 수많은 회유와 공갈 협박이 있어도 신앙을 포기하지 않고 감옥으로 혹은 죽음으로 순교의 길을 걸어갔기 때문에 일본 사람들이 기독교를 참된 종교로 인정해 주었습니다. 반면 다른 종교들, 불교, 천주교 등은 신사 앞에 무릎을 꿇었고, 일본 정부가 주도하는 식민통치에 협조 했습니다.

신앙은 자기 스스로 지켜가야 할 개인적인 차원의 것입니다. 물론 가족과 교회 공동체가 도와줄 수 있지만 최종적인 책임은 자기 스스로 지는 것인 만큼 늘 믿음의 성숙을 이루어 자기 자신을 지켜가는 것이 중요합니다. 세상에 발을 붙이고 사는 성도는 늘 세상적인 유혹에 노출되어 있기 때문에 주님께서는 스스로 조심하라고 하시면서 경계심을 놓지 말아야 할 것을 주문 하셨습니다.

복음이 만국에 전파될 것

삽입구처럼 10절 말씀인 **"또 복음이 먼저 만국에 전파되어야 할 것이니라"**는 핍박 또는 순교와 별개의 말씀 같지만 결국 순교의 피를 통해서 열국에 피 묻은 복음이 증거 될 것이라는 예언적 말씀을 하신 것입니다. 이 말씀을 예수 그리스도께서 승천하시면서 제자들에게 내리신 마지막 지상명령으로 모든 교회들은 받아 들입니다. 그래서 교회마다 선교에 많은 노력을 기울입니다. 그만큼 많은 예산과 인력을 동원하면서 국내외를 가리지 않고 활동합니다. 초기 선교사들은 많은 어려움을 겪었습니다. 복음을 전하는 그 자체 보다도 불신자들이 자행하는 핍박을 견뎌내는 것만으로도 큰 고통이었습니다. 사실 사도 바울도 너무나 많은 매를 맞고 감옥에 갇히는 핍박과 수모를 당했습니다. 결국은 로마에서 순교 당하는 것으로 그의 일생이 마쳐 졌습니다. 사도 바울은 선교 비용 후원도 제대로 안 될 때가 많아서 천막을 제작해서 그 수입으로 자신의 선교 비용을 충당하기도 했습니다.

오늘의 선교도 비슷합니다. 지금도 여전히 선교사가 이러한 처지에서 핍박과 어려움으로 선교하는 분들이 많습니다. 개중에는 그렇지 않는 분들도 있지만 대부분의 선교사님들은 생명을 담보로 복음을 전하는 일에 헌신하고 있습니다. 실제 복음은 그들의 희생과 순교의 피 위에서 힘있게 증거 되는 것입니다. 우리가 선교하면서 전해야 히는 것은 예수 그리스노의 십자가의 복음입니다. 바울도 '나는 그리스도의 십자가를 전한다' 고 자신의 선교를 함축해 표현했습니다. 십자가의 복음, 십자가의 길을 가신 예수님을 전한다면 핍박과 환란이 기다리고 있을 수밖에 없습니다. 예수님께서 제자들에게 9절에서 너희들이 공회나 회당 같은 공개적인 장소에서 핍박을 당할 것을 말씀하시고, 12절에 이르러서는 가족과 형제에게도 핍박을 당하고 외면을 당하는 어려움을 겪게 될 것이라고 말씀하십니다. 기독교의 복음 전파는 세상적 물질의 힘이나 재능이나 정치적인 힘을 가진다고 되는 것이 아니라, 핍박 즉 서러움과 조롱과 무시당하는 가운데서도 복음을 버리지 않고, 끝까지 예수 그리스도의 복음을 가장 소중히 여기면서 그 복음만을 붙들고 살았던 그 삶 자체가 가장 중요한 선교의 방법입니다. 복음을 듣는 자들로부터 핍박을 받고 놀림을 당하고 무시 당하지만, 그래도 믿음이 중심이 흔들리지 않고 변함없는 믿음의 길을 걸어가는 그 자체가 가장 중요한 선교적인 삶임을 예수님은 말씀하고 계십니다. 우리의 삶이 믿지 않는 사람들처럼 부유하고 편안한 삶이 아니더라도 주어진 곳에서 순수한 믿음으로 사는 삶 자체가 전도와 선교가 된다는 것을 명심해야 합니다.

대언(代言)자 성령님

예수님께서 원수와 대적자들이 예수 믿는 사람을 공회에 끌고 가서 심문할 때 우리가 무슨 말을 할까 미리 염려하지 말고 성령님의 인도를 받아야 한다고 말씀하셨습니다. 실제 말하는 자는 전도자 개인이 아니라 우리 안에 거하시는 성령님이시라는 것입니다. 예수님께서 제자들에게 성령님께서 오시면 우리를 모든 진리 가운데로 인도하게 될 것이라고 말씀하십니다(요 16:13). 진정한 복음 증거 사역은 궁극적으로 내 안에 계신 성령님이십니다(요일 5:6). 하나님은 성령의 힘으로 세상을 구하려 하시지만, 세상은 그 성령의 힘을 덧입고 증거히는 자들을 미워하고 핍박합니다. 하나님께서 세상을 구하시려는 마음이 변하지 않듯, 세상도 하나님으로부터 구원받는 것을 절대 원하지 않습니다. 그렇기에 과거에 복음전도자들이 순교했던 것처럼 지금도 순교자가 나오는 것이고 앞으로도 그럴 것입니다. 아니 더 많은 순교자가 나올지도 모릅니다. 그만큼 세상의 힘도 강력해지고 그 세상을 구하시려는 하나님의 도움도 커지고 있습니다. 성령과 세상과의 싸움이 점점 더 치열해질 것이라고 예상합니다. 이러한 세상에서 두드러지게 세상과 맞서 싸우지 않는다는 것 자체가 세상에 속해 있다는 증거일 수도 있습니다. 우리는 성령의 힘으로 세상과 싸워 끝까지 승리하는 그리스도인들이 되어야 합니다.

이것은 우리의 삶을 주도적으로 인도하시는 분이 성령님이라는 사실을 강조하는 말씀이면서, 어려움을 당할수록 성령님은 더 강하게 역사하시고 믿는 자들의 대언자가 되어 주십니다. 성령의 다른 이름인 보혜사(파라클레토스-παρακλητος)라는 말에 '도와주시는 분, 대변자'라는 의미가 함축되어 있습니다. 그러므로 성도는 늘 성령님으로 충만하고 그분을 전적으로 의지하면서 살 때 내 의지가 아닌 성령님의 전적인 인도를 통해서 복음의 사명을 잘 감당하고 일상의 삶 속에서 하나님의 뜻에 부합한 생활을 하게 됩니다.

실제 영적 전쟁터인 세상에서 승리하는 비결은 성령의 충만함을 받아 그분의 통치 속에 사는 것입니다. 사도바울은 성도에게 **"술 취**

하지 말라 이는 방탕한 것이니 오직 성령으로 충만함을 받으라"(엡 5:18)고 명령하고 있습니다. 성도의 삶은 내가 주도적으로 이끄는 삶이 아니라 성령님의 인도로 사는 삶임을 기억해야 합니다. 평범한 일상의 삶이든지 어려움을 당하는 환난의 시기든지 혹은 어느 때에든지 그분의 도우심으로 사는 삶이기 때문에 마음 속에 평안함이 있습니다. 평소에 성령 충만한 삶을 사는 자는 영적인 내공인 영성이 쌓이면서 환난의 때를 자연스럽게 인내하면서 극복하는 삶을 살 수 있습니다. 그래서 평소에 늘 성령충만 속에 사는 것이 중요합니다.

종국에는 구원 받음

핍박이 극에 달하면 가족애가 깨어지고 잘 믿는 가족을 죽음의 자리에 내어주고 자식들은 부모를 대적하고 예수님 때문에 모든 사람들에게 미움을 받게 됩니다. 이렇게 배도의 때가 되고 가족들 조차도 미워하게 됩니다. 이러한 상황에서도 신앙을 포기하지 않고 끝까지 견디는 자에게 하나님께서 구원을 선물로 주시는 것입니다. 이것은 육체적, 정신적, 그리고 영적인 입체적 구원을 포괄적으로 담고 있습니다.

하나님의 백성으로 구별된 삶을 추구하며 살아가는 자에게는 분명히 고난이 있습니다. 바르게 살고 거룩하게 살고 주님의 말씀에 순종하며 살기 때문에 세상으로부터 미움과 불이익을 당할 수밖에 없습니다. 이 모든 것이 나의 욕심이나 명예가 아니라 예수님 때문이라고 주님은 말씀하고 있습니다. 나의 잘못 때문에 실수 때문에 당하는 고난이 아니라면 어떤 고난이든지 이기게 되고 반드시 승리할 것입니다. 그들에게 구원의 약속을 주셨습니다. **"끝까지 견디는 자는 구원을 얻으리라."** 확실한 보장의 말씀입니다. 보증 수표와 같은 약속의 말씀입니다. 시작은 잘 하였지만 중간에 당하는 혹독한 고난과 핍박으로 인하여 중도에 하차하는 것을 예수님은 안타깝게 여기시고 어떤 어려움과 환난에도 흔들리거나 굴하지 않고 끝까지 견디어 승리해야 할 것을 당부하셨습니다. 혼자서 고군분투하기를 바라는 것이 아니라 성령님이 함께하시고 대변자가 되어 주시기에 넉넉하게 이기게 될 것을 말씀하신 것입니다. 항상 이 말씀을 기억하고 성령님의 도움으로 구원의 완성자가 되어야 할 줄 믿습니다.

마지막 때가 되면 그리스도인들에게 육체적이고 정신적이고 영적인 고통의 때가 옵니다. 바울은 디모데에게 이렇게 말하고 있습니다. **"너는 이것을 알라 말세에 고통하는 때가 이르러 사람들이 자기를 사랑하며 돈을 사랑하며 자랑하며 교만하며 비방하며 부모를 거역하며 감사하지 아니하며 거룩하지 아니하며 무정하며 원통함을 풀지 아니하며 모함하며 절제하지 못하며 사나우며 선한 것을 좋아하지 아니하며 배신하며**

조급하며 자만하며 쾌락을 사랑하기를 하나님 사랑하는 것보다 더하며 경건의 모양은 있으나 경건의 능력은 부인하니 이같은 자들에게서 네가 돌아서라"(딤후 3:1-5).

환난의 때에 성도들은 배척을 당하고, 물리적 핍박을 받으면서 정신적으로 혼미스러운 고통에 괴로워합니다. 세상에 동화되거나 타협하지 않으면 반드시 이와 같은 어려움에 직면하게 됩니다. 그러나 어떤 상황에서도 믿음의 정조를 지키면 하나님께서 우리의 영혼을 책임져 주시고 구원해 주실 것입니다.

Chapter 3

종말의 징조와 성도의 반응
(The Signs of the Last Days)

마가복음 13:14-20

멸망의 가증한 것이 서지 못할 곳에 선 것을 보거든 (읽는 자는 깨달을진저) 그 때에 유대에 있는 자들은 산으로 도망할지어다 지붕 위에 있는 자는 내려 가지도 말고 집에 있는 무엇을 가지러 들어가지도 말며 밭에 있는 자는 겉옷을 가지러 뒤로 돌이키지 말지어다 그 날에는 아이 밴 자들과 젖먹이는 자들에게 화가 있으리로다 이 일이 겨울에 일어나지 않도록 기도하라 이는 그 날들이 환난의 날이 되겠음이라 하나님께서 창조하신 시초부터 지금까지 이런 환난이 없었고 후에도 없으리라 만일 주께서 그 날들을 감하지 아니하셨더라면 모든 육체가 구원을 얻지 못할 것이거늘 자기가 택하신 자들을 위하여 그 날들을 감하셨느니라

교회 집회를 마치고 늦은 시간에 아내와 함께 운전해서 집으로 오면서 마지막 때에 대한 이야기를 나눈 적이 있습니다. 그리고 '고대가'를 함께 불렀습니다. 이 노래가 몇 절까지 있는지도 모르고 1, 2절을 섞어가면서 불러 보기도 했습니다. 옛날 부모님들이 이 노래를 부를 때 상당히 오랜시간 불렀던 기억이 있습니다. 나중에 확인해 보니 가사가 무려 6절까지 있는 곡이었습니다.

1. 낮에나 밤에나 눈물 머금고 내 주님 오시기만 고대합니다
   가실 때 다시 오마 하신 예수님 오 주여 언제나 오시렵니까

2. 고적하고 쓸쓸한 빈 들판에서 희미한 등불만 밝히어 놓고
   오실 줄만 고대하고 기다리오니 오 주여 언제나 오시렵니까

3. 먼 하늘 이상한 구름만 떠도 행여나 내 주님 오시는가 해
   머리 들고 멀리멀리 바라보는 맘 오 주여 언제나 오시렵니까

4. 내 주님 자비한 손을 붙잡고 면류관 벗어 들고 찬송 부르면
   주님 계신 그곳에 가고 싶어요 오 주여 언제나 오시렵니까

5. 신부 되는 교회가 흰옷을 입고 기름 준비 다 해놓고 기다리오니
   도적같이 오시마고 하신 예수님 오 주여 언제나 오시렵니까

6. 천년을 하루같이 기다린 주님 내 영혼 당하는 것 볼 수 없어서
   이 시간도 기다리고 계신 예수님 오 주여 이 시간에 오시옵소서

현대 그리스도인들은 주님의 오심에 대해 '조금만 더 계시다가 오십시오'하면서 현실의 삶을 즐기며 안주하려 하지 않을까 생각해 봅니다. 그렇지 않기를 간절히 바라면서도 쓸쓸한 마음이 가시지를 않습니다. 종말론적 신앙을 가지고 사는 사람들은 삶에 있어서 두 가지에 집중하며 예민하게 반응한다는 것을 오늘 본문이 분명하게 이야기합니다. 첫째는 복음이 온 땅에 증거 되기 위해서 전도와 선교에 깊은 관심을 가지고 동역하는 것이고, 다른 하나는 끝까지 신앙을 지키면서 갑자기 그 일이 일어날 때에 당황하지 않도

록 기도의 끈을 놓지 않는다는 것입니다. 현실에 집착하여 이 세상의 낙을 추구하며 사는 사람들은 땅의 것을 더 많이 소유하려고 전도나 복음 전파에는 아무런 관심이 없으며, 더욱이 기도하는 일은 특별한 사람들의 전유물로 생각하고 전혀 기도하지 않는다는 것입니다.

본문은 장차 닥칠 환난을 성도들이 어떻게 대처해야 하는지에 대한 교훈의 말씀입니다. **'멸망의 가증한 것이 서지 못할 곳에 선 것을 보거든'**(14절)이라는 말씀은 당시 이스라엘이 역사적으로 경험하게 되는 사건의 예언이기도 하지만 궁극적으로는 예수 그리스도께서 재림하실 때에 징조로 나타나는 한 현상을 이야기하는 것이기도 합니다. 이러한 때에 성도들이 취해야 할 구체적이고 실제적인 자세를 말씀해 주시고(14-16절), 모든 성도들이 환난을 잘 이겨내도록 용기를 북돋아 주고 있습니다. 주님께서 종말의 때에 일어날 사건들과 그 교훈이 무엇인지 함께 생각해 보고자 합니다.

세상적인 것에 집착하지 마십시오.

본문 15-17절까지의 말씀은 세상의 것에 너무 집착하지 말아야 할 것을 경고합니다. 본문을 함께 봅시다. **"지붕 위에 있는 자는 내려가지도 말고 집에 있는 무엇을 가지러 들어가지도 말며 밭에 있는 자는**

겉옷을 가지러 뒤로 돌이키지 말지어다 그 날에는 아이 밴 자들과 젖먹이는 자들에게 화가 있으리로다."

목숨을 건져야 하는 긴박한 상황, 즉 구원을 받아야 하는 순간에는 세상적인 것에 집착하여 욕심을 부리면 안 됩니다. 롯의 아내는 그러한 일에 하나의 좋은 모델이라고 할 수 있습니다. 그리스도께서 우리에게 말씀하십니다. **"롯의 처를 기억하라"**(눅 17:32). 성경에서 이보다 더 엄중한 경고는 아마 몇 안 될 것입니다. 롯의 아내는 신앙을 고백하는 사람이었고, 그녀의 남편인 롯은 의인으로 불렸습니다(벧후 2:8). 소돔이 파괴되던 날, 그녀는 남편과 함께 그 도시를 떠났는데, 남편의 뒤를 따라가다가 하나님의 명령을 거역하여 뒤 돌아 도시를 쳐다보는 바람에 그만 순식간에 소금 기둥이 되고 말았습니다. 예수 그리스도께서는 그녀를 지목하여 교회를 향한 경고의 말씀을 던지셨습니다. 물질에 눈이 어두워 하나님의 말씀을 하찮게 생각하고 자기가 누렸던 세상 것에 미련을 버리지 못하여 결국 비참한 종국을 맞게 되었습니다.

마지막 때에는 성도들이 세상의 것에 집착하면 안 되는데 특히 물질이나 재물에 마음을 빼앗겨서는 안 됩니다. 항상 천성 가는 길에 세상의 무거운 짐을 내려놓아야 합니다. 요나가 탄 배가 지중해를 항해할 때 하나님이 대풍을 일게 하여 배가 일엽편주(一葉片舟)와 같았습니다. 당시 선장은 배 안에 있는 화물들을 모두 바다에 던지라고 지시했습니다(욘 1:5). 왜 그랬을까요? 배를 가볍게 하여 가라앉지 않게 하려는 깃이었습니다. 살고 보려는 궁여지책이었습니다. 생명을 살리기 위한 수단이며 재물을 포기하고서라도 사람을 살려야 한다는 절박감 때문입니다. 생각해 보면 그 화물선에는 많은 가치의 상품들이 실려 있었을 것이며 그것들은 선장이나 혹은 화물주들의 목숨만큼 귀한 재산이었을 것입니다. 그러나 생사의 위기 앞에서 그들은 선택의 여지가 없었습니다. 과감하게 재물을 바다에 버린 것입니다. 이런 일화는 사도행전 27장에도 기록되어 있습니다. 바울 사도가 탄 알렉산드리아 호가 역시 지중해를 항해하던 중에 유라굴로 태풍을 만나 침몰 위기에 처했을 때 선장과 선원들은 배 안의 화물들을 모두 바다에 던졌습니다. 덕분에 그들의 목숨은 건졌습니다.

참 신앙은 버릴 것을 버리는 것입니다. 스스로 버리지 않을 때 하나님이 개입하십니다. 예수님의 부르심에 베드로, 안드레, 야고보, 요한은 배와 그물을 버리고 주님을 따랐습니다(눅 5:10-11). 이스라엘 백성들은 애굽에서 시슷지긋한 삶을 떨쳐버리고 과감하게 가나안을 향하여 떠났습니다. 그들의 순종으로 오늘의 이스라엘이 있게 되었습니다. 고난은 우리의 욕심들을 포기하게 합니다. 그리스도인의 삶의 무게는 가벼워야 합니다. 우리 주님은 우리의 짐을 가볍게 해주시는 분입니다. **"수고하고 무거운 짐 진 자들아 다 내게로 오라 내가 너희를 쉬게 하리라 나는 마음이 온유하고 겸손하니 나의 멍에를 메고 내게 배우라 그리하면 쉼을 얻으리니 이는 내 멍에는 쉽고 내 짐은 가벼움이라 하시니라"**(마 11:28-29).

또한 마지막 때에는 지혜롭게 행동해야 합니다. 예수님께서 종말의 때에는 세상의 것에 집착하지 말라는 말씀과 더불어 지혜롭게 처신해야 할 것을 말씀하셨습니다. 예화 하나를 소개합니다. 한 선비가 한양을 다녀오는 길에 이웃 마을에 사는 친한 친구의 외아들을 나루터에서 만났습니다. 선비는 내렸고 선비 아들은 배에 올랐습니다. 그런데 그 배가 강 한 가운데 가더니 뒤집혔고 배에 탄 사람들은 한 사람도 살아남지 못했습니다. 이 선비는 집으로 돌아와 친한 친구를 찾아갔습니다. 하지만 차마 친구의 아들이 물에 빠져 죽은 것을 말할 수 없었습니다. 그렇게 계속 침묵하고만 있을수도 없는 노릇이었습니다. 한참을 망설인 후에 무겁게 입을 열어 "자네의 아들이 물에 빠져 죽는 것을 내가 보았네. 차마 이 말을 할 수 없어서 많이 망설였네." 그러자 선비의 친구는 크게 웃으면서 "걱정말게 내 아들은 살아 돌아올 걸세. 그러지 말고 나와 술이나 한 잔하세" 라고 말했습니다. 아들의 사망 소식을 가지고 온 선비는 친구의 그런 행동에 대하여 의아하게 생각하며 술을 마시고 있는데 물에 빠져 죽었던 아들이 문을 활짝 열고 들어오는 것이었습니다. 깜짝 놀란 선비는 자초지종을 물었습니다. 그러자 친구의 아들이 말하기를 "아버님께서는 언제나 저에게 위험한 일을 피하라고 가르치셨습니다. 선장이 정원을 크게 초과하여 사람들을 태우는 것을 보고 저는 그 배를 타지 않고 내렸습니다." 이런 교육이 살아있는 교육일 것입니다.

어려운 때일수록 지혜롭게 처신해야 합니다. 위기나 위험에서 하나님이 지켜주실 것이라고 믿고 아무렇게나 하는 행동은 믿음이 아니라 만용입니다. 하나님께서는 성도들에게 지혜, 총명, 명철, 직관력, 통찰력, 분별력, 결단력 등을 주셨습니다. 이런 사고와 행동은 우리들 앞에 펼쳐지는 상황들을 타개할 수 있는 능력의 기초가 되며 분별하여 선택하고 지혜롭게 행동할 수 있는 은사들입니다. **"너희 중에 누구든지 지혜가 부족하거든 모든 사람에게 후히 주시고 꾸짖지 아니하시는 하나님께 구하라 그리하면 주시리라"**(약 1:5). 짐이 무거울 때면 짐을 조금 내려놓을 수도 있고, 씀씀이를 줄일 수도 있고, 시작하려던 사업을 뒤로 미룰 수도 있고, 힘들고 어렵더라도 하던 일을 계속하면서 더 참고, 견디고, 극복하는 것도 삶의 지혜일 것입니다.

바울 사도는 참 지혜로운 분이었습니다. **"내가 궁핍하므로 말하는 것이 아니니라 어떠한 형편에든지 나는 자족하기를 배웠노니 나는 비천에 처할 줄도 알고 풍부에 처할 줄도 알아 모든 일 곧 배부름과 배고픔과 풍부와 궁핍에도 처할 줄 아는 일체의 비결을 배웠노라 내게 능력 주시는 자 안에서 내가 모든 것을 할 수 있느니라"**(빌 4:11-13). 그 어떤 상황에도 적응할 수있는 지혜의 소유자였습니다. 이런 사람은 사막에서도 살아남을 수 있고 절벽에서도 살아 돌아올 수 있고 우주에서 미아가 되어도 지구로 돌아올 수 있을 것입니다. 하나님께 지혜를 많이 구하시기 바랍니다. 그리스도인 중에서 많은 특권과 은혜를 누리고 살아가면서도 물질에 눈이 어두운 사람은 영적 자각증세가 없습니다. 종국에는 불신 세상이 심판 받아 멸망 당할 때 함께 지옥의 불쏘시개가 되고 말 것입니다. 탐욕으로 물질에 너무 집착하면 영적인 것에 관심이 없어지면서 에서와 같은 육체의 사람이 됩니다. 에서는 육신적으로 뛰어난 삶을 살았지만 위로부터 오는 지혜를 얻지 못하여 영적으로는 어리석은 삶을 산 대표적인 인물입니다. 이처럼 세상 것에 너무 집착하다 보면 더 중요한 영적인 것을 잃어버리고 불행하게 되는 경우가 많습니다. 먼저 하나님의 나라와 그의 의를 구할 때 세상적인 것은 부수적으로 따라오게 마련입니다. 예수님께서 **"너희는 먼저 그의 나라와 그의 의를 구하라 그리하면 이 모든 것(의식주)을 너희에게 더 하시리라"**(마 6:33)고 하신 말씀을 기억하십시다. 종말의 끝인 마지막 때가 이를수록 성도를 유혹하는 것은 바로 물질에 대한 욕구입니다. 탐욕을 과감하게 버리고 주님 가신 그 길을 묵묵하게 따라가는 성숙한 성도가 되어야 할 것입니다.

기도해야 합니다.

본문 18절에 **"이 일이 겨울에 일어나지 않도록 기도하라"**고 예수님은 우리에게 요청합니다. 특히 겨울에 재앙이 일어나지 않도록 기도하라고 부탁하고 계십니다. 겨울은 너무 춥고 견디기 어려운 최악의 여건을 의미하는 것입니다. 긴박한 상황이 가장 어려울 때 일어나지 않도록 깨어 기도하라고 부탁하고 있습니다. 추운 날씨에 얼어 죽고 굶어 죽을 수 있기 때문에 할 수만 있으면 많은 사람이 덜 고통 당하고 덜 죽도록 기도하라는 것입니다. 그렇게 하면 하나님께서 그 기도를 들으시고 고통을 감하여 주실 것이라는 약속이기도 합니다.

하나님께서 행하시는 일들이 언제 일어날지 모르지만, 그것이 최악의 상황에 일어나 성도들이 어려움을 당하지 않도록 미리 기도하라고 하십니다. 하나님께서 하시는 일은 언제든지 일어날 수 있는데 성도들의 기도를 통해서 그 일을 미루거나 때에 맞게 성취하실 것을 암시하고 있습니다. 마치 독감 예방 주사를 미리 맞고 나면 겨울철에 독감이 유행하여도 걸리지 않고 건강을 유지할 수 있는 것 처럼, 습관을 따라 규칙적인 기도의 삶을 살면 그 어떤 위기와 종말의 때가 닥쳐도 능히 승리할 수 있다는 말씀입니다.

그렇습니다. 기도는 하나님의 마음을 움직이는 성도들의 강력한 무기입니다. 엘리야 선지자의 기도와 히스기야 왕의 기도가 바로 그런 예 이기도 합니다. 그들의 기도가 어려운 상황을 역전시켜 하나님의 살아계심과 역사를 세상 사람들에게 보여주고 경험하게 한 것입니다. 상황을 반전시켜 하나님의 능력을 드러내도록 하는 도구가 바로 기도입니다. 하나님의 힘을 빌려 결국 승리에 이르게 하고 끝까지 자신의 자리를 지키면서 하나님의 영광, 즉 존재를 드러내게 됩니다.

오늘날도 마찬가지입니다. 성도들이 현실 속에서 어렵고 힘든 상황을 만나면 당황하지 말고 조용히 하나님께 나아와 아버지의 뜻을 묻고 간청하는 기도의 태도가 필요합니다. 기도 없이는 그 어떤 일도 좋은 결과를 가져 올 수 없습니다. 그러나 기도하면 그 어떤 악조건의 상황과 형편이라도 나중에 가서는 합력하여 선을 이루는 결과를 도출해 냅니다. 하나님께서는 종말의 때가 될수록 더욱더 엎드려 기도해야 할 것을 말씀 하십니다. 가정에 어려움을 만난 성도가 있다면 소상하게 하나님께 나아와 기도하십시오. 그 근본적인 문제를 하나님께서 해결해 주시고 온 가족들이 하나님을 믿고 가정이 기도의 공동체가 되어 영광을 하나님께 돌려 드리는 결과를 가져 오게 될 것입니다. 기도는 하나님의 보좌를 움직이는 마스터 키와 같습니다. 현대인들은 너무 바쁘다는 핑계로 하나님과의 기도시간을 등한히 하면서 다른 일에 시간을 많이 빼앗기고 있는 것이 현실입니다. 이제 기도시간에 우선순위를 두고 더 깊은 기도의 골짜기인 겟세마네 동산으로 나아가야 할 때입니다. 그렇게 함으로서 시험을 이기고 고통의 때를 슬기롭게 이겨낼 수 있을 것입니다.

거짓을 삼가야 합니다.

마지막 때에 일어나는 두드러진 현상은 자칭 그리스도가 많이 나타나게 된다는 것입니다. "어떤 사람이 너희에게 말하되 보라 그리스도가 여기 있다 보라 저기 있다 하여도 믿지 말라"(Take heed to yourselves)라고 하면서 거짓 그리스도와 거짓 선지자들이 일어나 이적과 기사를 행하며 택한 성도들을 유혹하게 될 것이라고 말씀하십니다.

'그때에'(At that time)는 종말의 때를 지칭합니다. 마지막 그 날에 자칭 그리스도라고 하는 사람과 거짓 선지자들이 우후죽순처럼 곳곳에서 일어날 것을 예언하고 있습니다. 참된 것이 가치를 발할 때는 항상 모조품이 나타나 참된 것을 오인하도록 하는 것을 볼 수 있습니다. 진리가 힘을 발휘하고 믿는 사람들이 많이 돌아오게 될 때는 가짜 예수, 가짜 목사나 예언자들이 성도들을 유혹하여 이단의 집단으로 끌고 가게 되는데 그때 조심하여 미혹되어서는 안 된다는 것입니다. 왜냐하면 그들은 큰 표적을 보이고 기사를 행하기 때문입니다. 불안한 시대일수록 눈에 보이는 것을 더 크게 여기기 때문입니다. 할 수만 있다면 이미 믿는 자들 조차 미혹할 정도로 교묘한 속임수로 신앙을 위협합니다. 자기들이 최고요, 진짜라고 말합니다. 진짜는 진짜라고 우기지 않는데 가짜는 진짜라고 목청을 높입니다.

그러나 예수님께서 미리 당부하신 것처럼 미혹되지 않아야 합니다. 인자는 번개가 동에서 나서 서편까지 번쩍임 같이 모두가 알 수 있도록 임하게 될 것입니다. 대부분 재림 주로 자칭하는 자들은 영으로 오지 육으로 오지 않는다고 하여 영안이 어두운 사람들은 재림주를 알 수 없다고 거짓말을 합니다.

내가 바로 그 그리스도라고 주장하는 사람들, 내가 하나님께서 특별히 보낸 선지자라고 주장하는 사람들, 마지막 때가 되면 이러한 사람들이 수 없이 일어나 거의 비슷한 것 같지만 결국 믿는 이들의 신앙을 위협하여 부서쩨 쭌들여 눟고 맙니다. 지금 한국에도 자신이 자칭 재림 예수라고 주장하는 사람들이 있습니다. 그리고 성경을 들고 다니며 교묘하게 미혹하는 이단들이 있습니다. '할 수만 있다면 택하신 자들도 미혹 하리라' 말씀하셨는데 어떻게 분별할 수 있겠습니까?

하나님의 말씀에 대한 지식이 없고, 주님을 만난 경험이 부족할지라도 주께서는 우리를 교회공동체에 속하게 하셔서 보호받게 하셨습니다. 마지막 때가 되면 큰 표적과 기사들로 문제들을 해결하며 능력을 나타내 보여줌으로써 그가 혹시 다시 오실 그리스도가 아닐까 착각하게 하는 순간에도 속지 않고 바르게 분별할 수 있는 지혜와 분별력을 주시기를 기도해야 합니다.

왜냐하면 성경에 많은 사람이 나타나 자기를 그리스도로, 재림주로 자청할 것이라고 했습니다. 그런 거짓 종교인들은 많은 사람들이 보는 앞에서 엄청난 기적을 행하기도 하여 신앙이 어린 교인들은, 저들이 마치 참된 그리스도와 선지자들인 양 속아 넘어가기 십상입니다. 어리석은 자들은 말씀의 본질을 믿고 의지하는 것이 아니라 눈에 보이는 종교적인 현상에 치중하기 때문입니다.

"이는 그 날들이 환난의 날이 되겠음이라 하나님께서 창조하신 시초부

터 지금까지 이런 환난이 없었고 후에도 없으리라 만일 수께서 그 날들을 감하지 아니하셨더라면 모든 육체가 구원을 얻지 못할 것이거늘 자기가 택하신 자들을 위하여 그 날들을 감하셨느니라"(막 19-20).

예수님께서는 예루살렘의 멸망이 가장 비참하고 극심한 환난이 될 것이라고 예견 하셨습니다. 그러나 그 중에서 살아 구원 얻는 사람들이 있을 것을 말씀하고 있습니다. 환난의 날이 길어지면 살아날 자가 없지만 그 날들을 감해서 택한 믿음의 사람들을 구원하실 것을 말씀 하십니다. 끝까지 견디는 자는 구원을 얻게 됩니다(마 24:13).

종말의 시대를 살아가는 우리가 어떤 경각심을 가지고 살아야 할 것인지 우리 주님께서 친히 말씀하셨습니다. 자신을 늘 살피면서 세상적 위협과 핍박에 지혜롭게 대처하는 것이 필요합니다. 왜냐하면 그리스도인의 삶을 통해서 온 민족 가운데 피 묻은 복음이 증거 되도록 해야 하기 때문입니다. 너무 다른 민족의 종교나 문화를 자극함으로 복음에 대한 거부감을 가지지 않도록 해야 합니다. 주님의 말씀에 대해서 무심한 우리가 현실에 안주하면서 영적 생활에 게을러지고 세상의 풍조를 따라가고 있지는 않는지요? 그 하나의 징후가 하나님과 깊이 교제하는 기도의 삶에서 점점 멀어지고 있다는 것입니다. 시간과 공간을 초월하여 기도에 매진할 때 이 시대의 달콤한 유혹으로부터 자유할 수 있을 것입니다. 누가가 우리에게 주는 메시지를 겸허하게 받아야 합니다. "너희는 스스로 조

갑자기 그물이 잡으려 하던대로 좋자됨고 생들이 영계로 마등이 든어서지
고 들에에 그 물이 물가 끝이 나에이기 않으리라"(눅 21:34).

Chapter 4

마지막 날에 다시 오실 예수님
(The Second Coming of Jesus Christ)

마가복음 13:21-27

그 때에 어떤 사람이 너희에게 말하되 보라 그리스도가 여기 있다 보라 저기 있다 하여도 믿지 말라 거짓 그리스도들과 거짓 선지자들이 일어나서 이적과 기사를 행하여 할 수만 있으면 택하신 자들을 미혹하려 하리라 너희는 삼가라 내가 모든 일을 너희에게 미리 말하였노라 그 때에 그 환난 후 해가 어두워지며 달이 빛을 내지 아니하며 별들이 하늘에서 떨어지며 하늘에 있는 권능들이 흔들리리라 그 때에 인자가 구름을 타고 큰 권능과 영광으로 오는 것을 사람들이 보리라 또 그 때에 그가 천사들을 보내어 자기가 택하신 자들을 땅 끝으로부터 하늘 끝까지 사방에서 모으리라

기독교의 역사는 시작과 종국이 있는 직선형 도식으로 이어집니다. 다른 종교나 철학자들이 말하는 돌고 도는 순환의 원형 역사가 아닙니다. 그렇기 때문에 인류 역사의 종말은 예수님의 재림으로 막을 내리게 됩니다. 성도들의 기대와 최대 관심은 예수님이 이 땅에 다시 오시는 것입니다. 주님께서 재림하기 전에 일어날 여러가지 징조와 현상들에 대해서 살펴보겠습니다. 과거 예수님이 승천하시고 난 후에 얼마 있지 않아서 일어날 일과 이후 지구의 종말의 때

에 일어날 사건에 대해서 뚜렷이 선을 긋지 않고 포괄적으로 광범위하게 말씀하셨습니다. 역사적이고 정치적인 예루살렘 멸망에 관한 현실적인 예언과 더불어 궁극적으로 인류에게 임할 마지막 종말에 대한 징조를 통합해서 말씀하고 계시는 것입니다. 왜냐하면 종말이라는 개념이 예수님의 초림 때부터 재림 사이 기간 전체를 나타내는 것이기 때문입니다. 주님께서 종말의 때에 일어날 일들에 대해서 말씀하시는 가운데 오늘 본문이 우리에게 주는 교훈이 무엇인지 함께 생각해 보고자 합니다.

천체의 변화

예수님은 종말의 때에는 인간 마음의 타락 뿐 아니라 삶의 여러 가지 현상 중에 배교와 천체의 변화를 예고하고 있습니다. 성경 여러 곳에서 그러한 현상을 언급하고 있는데, 사도행전에 나온 말씀은 요엘서 2장 10절을 인용한 구절입니다.

"또 내가 위로 하늘에서는 기사를 아래로 땅에서는 징조를 베풀리니 곧 피와 불과 연기로다 주의 크고 영화로운 날이 이르기 전에 해가 변하여 어두워지고 달이 변하여 피가 되리라"(행 2:19-20). **"그 날 환난 후에 즉시 해가 어두워지며 달이 빛을 내지 아니하며 별들이 하늘에서 떨어지며 하늘의 권능들이 흔들리리라"**(마 24:29).

본문 말씀에는 **"그 때에 그 환난 후 해가 어두워지며 달이 빛을 내지**

아니하며 별들이 하늘에서 떨어지며 하늘에 있는 권능들이 흔늘리리라"
(막 13:24-25). "일월성신에는 징조가 있겠고 땅에서는 민족들이 바다와
파도의 성난 소리로 인하여 혼란한 중에 곤고하리라 사람들이 세상에 임
할 일을 생각하고 무서워하므로 기절하리니 이는 하늘의 권능들이 흔들리
겠음이라"(눅 21:25-26).

세 복음서의 기자(마태, 마가, 누가)들이 예수님께서 천체의 변화
의 조짐에 대해서 언급하고 있지만 그 현상을 조금씩 다르게 표현
하여 기록하고 있습니다. 분명한 핵심 내용은 종말의 때와 환난의
때에 이러한 변화가 반드시 일어날 것이라는 사실입니다. 공통적
핵심을 분석해 보면 "빛을 잃을 것"을 말씀하고 있습니다. 또 "하늘
의 권능"이 흔들릴 것을 말씀하셨습니다. 바다와 파도의 우는 소리
로 많은 사람들이 기절할 정도로 무서운 날이 될 것을 기록하고 있
습니다.

그리스도는 구름을 타고 오신다고 하셨습니다. 물론 구름은 그리
스도의 재림을 상징하는 표현이기도 합니다. 혹자는 성령으로 보는
사람 또는 심판으로 보기도 합니다. 이 말씀이 상징적인 의미로만
하신 말씀인가 아니면 실제 있을 사건인가?에 대한 부분이 관건이
될 것입니다. 하나님의 권능의 손이 이 우주 만물을 붙드심으로 물
체들이 질서 있게 그 궤도를 일정한 법칙으로 돌고 있음을 우리는
과학을 통해 배웠고 사진과 영상을 통해 보았습니다. 한편 궤도를
벗어난 별들은 블랙홀에 빨려 들어가 존재가 없어지는 것을 볼때
하나님의 섭리하심이 얼마나 상세한지 알 수 있습니다.

이 지구를 공간에 있게 하신 분이 하나님이십니다. 지금도 하나님은 보이지 않는 힘으로 일정하게 태양을 중심으로 이 지구를 운행하고 계시며 그 라이프 존을 벗어나지 않고 일정한 궤도로 진행하도록 하십니다. 하늘의 권능이 흔들린다는 것은 하나님의 진노의 날이 시작되는 것을 말하며 은혜의 때가 끝났음을 증명하는 것입니다. 곧 재림을 말씀하고 있습니다. 이 온 지구상에 이런 일은 처음 있으며 많은 먹구름이 온 세상을 덮을 것이며 빛이 없는 암흑의 때가 전개될 것입니다. 또 무시무시한 번개와 천둥 소리(우뢰)를 듣게 되며 사람들의 가슴을 두렵게 할 것입니다. 온 세상이 암흑으로 변할 것을 '해와 달과 별이 빛을 잃는다' 또는 '별이 떨어진다'고 표현한 것입니다. 바다에는 파도의 우는 소리가 날 것이며 해일이 일 것이며 순식간에 많은 사람들이 죽거나 사라지는 일이 있을 것입니다. **"이 날은 온 지구상에 거하는 모든 사람에게 임하리라"**(눅 21:35).

전 세계적으로 대공황 상태가 될 것이며 혼란을 틈타 많은 그리스도인들이 천사들에 이끌려 공중으로 휴거되는 일들이 전 세계적으로 동시다발적으로 일어날 것입니다. **"그 때에 두 사람이 밭에 있으매 한 사람은 데려가고 한 사람은 버려둠을 당할 것이요 두 여자가 맷돌질을 하고 있으매 한 사람은 데려가고 한 사람은 버려둠을 당할 것이니라"**(마 24:40-41). **"내가 너희에게 이르노니 그 밤에 둘이 한 자리에 누워 있으매 하나는 데려감을 얻고 하나는 버려둠을 당할 것이요 두 여자가 함께 맷돌을 갈고 있으매 하나는 데려감을 얻고 하나는 버려둠을 당할 것이니라"**(눅 17:34-35).

이런 일이 일어난 후에 모든 국가가 서로 협력하여 재난을 복구하는 일들이 있을 것이며 세계적인 평화 무드가 조성되며 결국 평화가 찾아올 것입니다. 세계인들은 기상 이변으로 죽은 많은 사망자들에게 애도를 표할 것입니다.

오늘날 일어나고 있는 이상 기온으로 인한 엘니뇨, 온난화, 홍수, 폭설 등은 이런 변화를 예고하는 서막이라고 할 수 있습니다. 마지막 때가 되면 우리가 상상하지 못했던 변화가 일어나고 결국 천체가 무너지면서 예수님께서 재림하게 되신다는 것입니다.

인자의 오심

예수님께서 **"인자가 구름을 타고 큰 권능과 영광으로 오는 것을 사람들이 보리라"**(26)고 했습니다. '인자'는 예수님의 아주 친숙한 칭호입니다. 우리는 인자($\tau o \nu$ $\upsilon i o \nu$ $\tau o \hat{\upsilon}$ $\dot{\alpha} \nu \theta \rho \dot{\omega} \pi o \upsilon$)라는 말에 주목할 필요가 있습니다. '인자'(the Son of man)는 예수 그리스도를 가리키는 하나님의 이름에 속합니다. '인자'(the Son of man)와 단순한 '사람의 아들'(a son of man)을 혼동하면 예수님을 하나님이 아닌 단순한 인간으로 오해하기도 합니다. 유대인들은 하나님은 사람의 아들(the son of man)이 아니심을 나타내는 민수기 23장 19절을 예수님께 잘못 적용하여 하나님이신 그분을 십자가에 못박았습니다. '인자'라는 용어는 예수님께서 자신을 가리켜 즐겨 사용하신 독특한 용어이기 때문에 성경 전체에 87번 나오고 사복음서에만 83번이나 언급되었습니다. 구약에서는 이 용어가 단 한 번 언급되는데, 이것이 이 의미를 알 수 있는 열쇠입니다. (성경에 나오는 모든 다른 용어도 그러하듯이 그 단어가 성경에서 처음 발견되는 곳을 주의 깊게 보아야 합니다. 그렇게 힘으로써 성령님께서 그 단어를 어떤 의미로 계속 사용하실지 우리는 알 수 있습니다.) "내가 또 밤 환상 중에 보니 인자 같은 이가 하늘 구름을 타고 와서 옛적부터 항상 계신 이에게 나아가 그 앞으로 인도되매 그에게 권세와 영광과 나라를 주고 모든 백성과 나라들과 다른 언어를 말하는 모든 자들이 그를 섬기게 하였으니 그의 권세는 소멸되지 아니하는 영원한 권세요 그의 나라는 멸망하지 아니할 것이니라"(단 7:13-14).

구약 선지서인 다니엘 7장을 보면 **"인자 같은 분"**은 옛부터 계신 분(하나님)으로 다스림과 영광과 왕국을 이어 받으실 분인데, 모든 백성과 민족들과 언어들이 그 분을 섬길 것이며, 그 분의 왕국은 멸망하지 않는 영원한 왕국이 될 것이라는 예언입니다. 이 '인자 같은 분'은 초림 때 메시아로 오셨지만 그 백성(유대인들)이 그 분을 받아들이지 않았기 때문에 이 일은 그리스도의 재림 때 온전히 성취될 것입니다. 특히 마태복음 25장 31-46절에서는 '인자'라는 말이 심판자와 연결되어 설명되었는데, 그 '인자'는 또한 다윗의 보좌인 '영광의 보좌'에 앉으십니다. 바로 예수 그리스도를 지칭하는 또다른 이름입니다. 그러므로 '다윗의 아들'과 '인자'라는 말은 각각 분리해서 생각할 수 없는 동일한 두 표현입니다.

세상 끝 날에 천국에서 중보의 기도와 더불어 천국을 완성하고 계시는 그리스도께서 구름을 타고 다시 오실 것입니다. 예수님께서는 인성을 가지신 분으로 우리와 동일한 성정을 갖고 계시고 다만 죄만 없으신 분 이십니다. '구름을 타고 오신다' 는 표현은 그 뒤에 따라 나오는 권능과 영광을 뒷받침하는 말씀입니다. 왕권을 가지시고 영광 가운데 오셔서 선악 간에 심판하시고 택한 자를 구원하시며 불의한 자와 믿지 아니하는 자는 영원한 지옥의 불에 던져 넣으시는 것입니다.

권능과 영광은 성경에 많이 나타나는 그리스도에게 관련된 특권입니다. 권능은 권세와 같은 말로써 두나미스(power) 즉 힘과 능력을 의미 합니다. 권세는 하나님의 위대하신 능력 입니다. 이 권세는 구원을 이루시는 하나님의 권세입니다. **"그의 힘의 위력으로 역사하심을 따라 믿는 우리에게 베푸신 능력의 지극히 크심이 어떠한 것을 너희로 알게 하시기를 구하노라"**(엡 1:19). 이 권능은 지금도 우리 삶을 지배하고 계십니다. 그 권세가 온전하게 행사되는 때가 바로 예수님의 재림의 때입니다.

하나님의 영광(δοξα)은 주기도문 초반부의 "이름이 거룩히 여김을 받으시오며!"와 같은 의미입니다. 이 말은 히브리어 카보드(כבוד)에서 온 말로 '빛이 비취는 것' 을 의미합니다. 즉, 빛이 비치면 모든 어두움이 물러가고 정의와 생명과 환희가 약동하듯이, 하나님의 영광은 하나님이 원래 가지고 계시는 거룩하고 영화로운 것들과 그 영광을 피조물에게 비춰 주시는 영화, 광휘, 찬란함을 뜻합니다. 우리도 그 영광에 참여할 수 있기를 원합니다.

초림 때에 인자는 인류의 죄 문제를 해결하기 위해서 겸손하게 낮은 자리에 오셨지만, 재림 시에는 큰 권능과 영광으로 오셔서 하나님 나라를 완성하시고 영원한 왕으로 등극하셔서서 새로운 영적 이스라엘을 세우시고 영원히 통치하시게 됩니다. 그것을 사도 요한은 미래에 일어날 일을 환상 가운데 보면서 이렇게 기록하고 있습니다. **"큰 음성으로 이르되 죽임을 당하신 어린 양은 능력과 부와 지혜와 힘과 존귀와 영광과 찬송을 받으시기에 합당하도다 하더라"**(계 5:12). **"내가 또 들으니 하늘 위에와 땅 위에와 땅 아래와 바다 위에와 또 그 가운데 모든 피조물이 이르되 보좌에 앉으신 이와 어린 양에게 찬송과 존귀와 영광과 권능을 세세토록 돌릴지어다 하니"**(계 5:13).

우리가 그의 나라가 회복되기를 바라면서 주님이 가르치신 기도문 마지막 부분에 **"나라와 권세와 영광이 아버지께 영원히 있사옵나이다** (For thine is the kingdom, and the power, and the glory, forever. Amen)"(마 6:13)라고 고백하며 주님의 완전 통치를 기대하고 있는 것입니다. 이 부분을 주기도문의 영광송(榮光頌, 榮光誦, 송영(頌榮) doxology)이라고 부릅니다. 인간의 모든 것들은 곧 사라지는 것입니다. 그러나 하나님의 나라와 권세와 영광은 영원, 영원한 것입니다! 그 영원함이 유한한 이 땅을 넘어 영원한 나라를 향해 가는 우리의 소망이 됩니다.

"지혜로우신 하나님께 예수 그리스도로 말미암아 영광이 세세무궁하노록 있을지어다 아멘"(롬 16:27). "주께서 나를 모든 악한 일에서 건져내시고 또 그의 천국에 들어가도록 구원하시리니 그에게 영광이 세세무궁토록 있을지어다 아멘"(딤후 4:18). "모든 선한 일에 너희를 온전하게 하사 자기 뜻을 행하게 하시고 그 앞에 즐거운 것을 예수 그리스도로 말미암아 우리 가운데서 이루시기를 원하노라 영광이 그에게 세세무궁토록 있을지어다 아멘"(히 13:21). "권능이 세세 무궁하도록 그에게 있을지어다 아멘"(벧전 5:11).

택함을 받은 자

본문 27절에 이 하나님께서 "천사들을 보내어 자기가 택하신 자들을 땅 끝으로부터 하늘 끝까지 사방에서 모으리라"고 했습니다. 마태복음 24상 31절입니다. "그가 큰 나팔소리와 함께 천사들을 보내리니 그들이 그의 택하신 자들을 하늘 이 끝에서 저 끝까지 사방에서 모으리라."

하나님의 구원의 역사는 그의 선택하심에서 시작합니다. 이 선택하심은 임시적인 것이 아니요 영원하신 경륜 가운데서 이루어진 것입니다. 그 선택하심이 "그런즉 원하는 자로 말미암음도 아니요 달음박질하는 자로 말미암음도 아니요 오직 긍휼히 여기시는 하나님으로 말미암음이니라"(롬 9:16)고 사도 바울은 주장하고 있습니다. 선택의 원인과 비결이 바로 절대주권자이신 하나님의 독자적이고 자의적인 사역입니다. 가장 강한 어조로는 "그 자식들이 아직 나지도 아니하고 무슨 선이나 악을 행하지 아니한 때에 택하심을 따라 되는 하나님의 뜻이 행위로 말미암지 않고 오직 부르시는 이로 말미암아 … 내가 야곱은 사랑하고 에서는 미워하였다 하심과 같으니라"(롬 9:11-13)는 말씀입니다.

이렇게 선택하시고 부르신 이들을 때가 되면 하나님께서 천사들을 보내어 그 택하신 자들을 땅 끝으로부터 하늘 끝까지 사방에서 모을 것이라 하십니다. 이는 하나님이 정하신 그때 구원하심과 심판하시는 여호와의 날이 이르기 전, 후에 무서운 환난이 릴레이식으로 닥칠 때 견디기 어렵기도 한 환난이 예고되기도 합니다. "하나님께서 창조하신 시초부터 지금까지 이런 환난이 없었고 후에도 없으리라 만일 주께서 그 날들을 감하지 아니하셨더라면 모든 육체가 구원을 얻지 못할 것이거늘 자기가 택하신 자들을 위하여 그 날들을 감하셨느니라"(막 13:19-20). 우리는 이 말씀을 앞에서 살펴 보았습니다. 하나님께서 환난과 고난의 시기를 감하시기까지 하면서 택하신 자를 완전한 구원의 자리로 인도하시겠다는 결정적인 말씀입니다. 결코 택하신 자를 유기하거나 팽개치지 않고 끝까지 책임 지시겠다는 하나님의 약속의 성취를 말씀하신 것입니다. 견디지 못할까 하여 그 날들을 감해 주셨는데 그 이유는 인간의 약함을 아시기 때문입니다. "사람이 감당할 시험 밖에는 너희가 당한 것이 없나니 오직 하나님은 미쁘사 너희가 감당하지 못할 시험 당함을 허락하지 아니하시고 시험 당할 즈음에 또한 피할 길을 내사 너희로 능히 감당하게 하시느니라"(고전 10:13). 바울은 이것을 친히 체험했기 때문에 이렇게 후대에게 격려하여 주고 있습니다. 택히신 자들을 위해서는 환난의 날을 감해주시고 또 감당치 못할 시험에는 피할 길을 열어준다고 하심은 택하신 자들에 대한 확실한 보증입니다. 어떤 환난이 와도 부르심을 입은 자와 택하심을 입은 선민에게는 아무런 문제가 없습니다. 마지막 때는 불의와 "**불법이 성하므로 많은 사람의 사랑이 식어지리라 그러나 끝까지 견디는 자는 구원을 얻으리라**"(마 24:12-13)고 약속하고 있습니다. 이런 예고가 두려움과 공포를 줄 수 있지만, 택함을 입은 자는 끝까지 견디는 힘을 주며 혹 "**몸은 죽여도 영혼은 능히 죽이지 못하는 자들을 두려워하지 말고**"(마 10:28)를 보아 설사 몸은 죽는다 해도 주를 위함 일 때는 순교함으로 그 지대한 영광이 있을 것입니다.

또한 택하신 자를 모으는 범위를 "**땅 끝으로부터 하늘 끝까지 사방에서 모으리라**"(27)라고 하셨는데 세계 만국에서 하나님을 신실하게 믿고 따르며 순종하는 자는 한 종족이나 민족에 국한하지 않으시고 한 곳에 모아 구원해 주시는 것입니다. 지구촌 전역에 어느 구석에서라도 구석구석 샅샅이 찾아 모은다고 하십니다. 원래 하나님께서 하신 일을 우리는 성경에서 보는데 "**네가 있기 전 하나님이 사람을 세상에 창조하신 날부터 지금까지 지나간 날을 상고하여 보라 하늘 이 끝에서 저 끝까지 이런 큰일이 있었느냐**"(신 4:32)고 하셨습니다.

"**네 쫓겨간 자들이 하늘 가에 있을지라도 네 하나님 여호와께서 거기서 너를 모으실 것이며 거기서부터 너를 이끄실 것이라**"(신 30:4). 선민을 구출하여 보호하심이, 또 쫓겨난 자들을 이끄심이 국부적이 아니라 전체적으로 하심을 말씀 하십니다. 이는 역사상에 나타난 일이며 최후에 택한 자들을 모으심도 이같이 하실 것을 말씀하신 것입니다. 하나님의 부르심에는 절대 후회가 없으시고 그가 택하신 자들은 반드시 구원을 책임지시겠다는 확실한 보장입니다.

끝으로 종말의 시대를 살아가는 우리가 어떤 경각심을 가지고 살아야 하는지에 대해 또한 그때 일어날 다양한 징조와 현상에 대해 예수님은 여러 각도에서 직접적 또는 비유적으로 말씀하셨습니다. 어떤 말씀은 우리가 이해하기 어려운 내용도 더러 있지만 분명한 것은 오늘의 역사는 종국을 향하여 달려가고 있고 그 종국에는 여러가지 현상들이 즐비하게 일어난다는 사실입니다. 그리스도인으로서 혹은 하나님의 백성으로서 역사의식을 가지고 우리 시대에 일어나는 여러가지 징조를 보면서 말씀으로 무장하여 잘 준비하는 삶을 살아야 합니다. 유비무환의 자세는 그리스도인들에게 특히 종말의 마지막을 사는 우리에게는 필수적인 것입니다.

Chapter 5

종말의 때를 사는 성도의 자세
(The Attitude of Saints on the Last Days)

마가복음 13:28-37

무화과나무의 비유를 배우라 그 가지가 연하여지고 잎사귀를 내면 여름이 가까운 줄 아나니 이와 같이 너희가 이런 일이 일어나는 것을 보거든 인자가 가까이 곧 문 앞에 이른 줄 알라 내가 진실로 너희에게 말하노니 이 세대가 지나가기 전에 이 일이 다 일어나리라 천지는 없어지겠으나 내 말은 없어지지 아니하리라 그러나 그 날과 그 때는 아무도 모르나니 하늘에 있는 천사들도, 아들도 모르고 아버지만 아시느니라 주의하라 깨어 있으라 그 때가 언제인지 알지 못함이라 가령 사람이 집을 떠나 타국으로 갈 때에 그 종들에게 권한을 주어 각각 사무를 맡기며 문지기에게 깨어 있으라 명함과 같으니 그러므로 깨어 있으라 집 주인이 언제 올는지 혹 저물 때일는지, 밤중일는지, 닭 울 때일는지, 새벽일는지 너희가 알지 못함이라 그가 홀연히 와서 너희가 자는 것을 보지 않도록 하라 깨어 있으라 내가 너희에게 하는 이 말은 모든 사람에게 하는 말이니라 하시니라

역사학자들은 크게 두 가지 역사관을 이야기합니다. 하나는 순환적 역사관이고 다른 하나는 직선적 역사관입니다. 전자는 계속 반복되어 돌아간다는 것이고, 후자는 시작했으면 끝이 있다는 종말론적 역사관입니다. 니체(Friedrich Nietzsche), 스펭글러(Oswald Spengler)와 토인비(Anold J. Toynbee)는 전자를 주장했고, 후자

는 기독교적인 역사관입니다. 역사는 결코 우연이나 자연적으로 만들어지는 것이 아닙니다. 마치 시간을 표시하는 시계 바늘이 돌고 있으나, 그 시계 바늘 자체가 도는 것이 아니라, 글자판 뒤에 숨겨져 있는 기계들이 그 시계 바늘을 돌리고 있듯이, 인류 역사의 배후에는 보이시 않는 하나님의 손길이 있습니다. 알파와 오메가이시고 시작과 마침이 되시는 전능하신 하나님께서 미래에 대하여 예언하시고, 그 예언을 성취하시는 방법으로 역사를 주관하시고 진행해 오셨고 목적을 향해 계속 운행하고 계십니다. 그러한 사실은 성경을 통해 더욱 분명히 알 수 있습니다. 이스라엘의 역사, 그들의 흥망성쇠는 우연히 일어난 것이기보다 선지자들을 통해 외치는 예언과 그 예언이 이루어지는 과정을 통해 하나님의 섭리와 하나님의 주권이 나타나고 있는 것입니다. 더욱 인류의 구세주가 되시고, 역사의 중심이 되시는 예수 그리스도에 대한 예언과 성취가 분명합니다. 성경은 이미 예수 그리스도께서 탄생하기 전부터 예수 그리스도의 탄생과 생애에 대해서 자세히 언급하고 있습니다. 그리고 그런 언급들은 예수님의 탄생과 생애, 죽으심과 부활까지 다 성취되었습니다. 우리는 그 예언 성취를 믿고 예수 그리스도를 하나님의 아들이요 우리의 구세주로 고백합니다. 그 말씀하신 바가 다 이루어졌다는 말씀은 우리에게 구원의 확신, 믿음의 확신을 주지만, 동시에 우리는 '다 성취되었다' 는 그 말씀에 두려움도 느낍니다. 왜냐하면 하나님께서 하신 말씀 가운데 아직 일어나지 않은 일이 있기 때문입니다. 그것이 바로 예수 그리스도의 재림입니다. 그래서 우리는 시대적으로 예수님의 재림의 나팔이 불기 일보직전 즉, 끝자락을 살아가고 있는 것입니다. 그러므로 말세지말에 사는 성도는 상당한 믿음의 분별력이 필요합니다. 오늘 본문은 예수님께서 직접적으로 성도들이 어떤 자세를 가지고 살아야 하는지 교훈합니다.

종말 의식

먼저 본문은 이렇게 말씀합니다. **"무화과나무의 비유를 배우라 그 가지가 연하여지고 잎사귀를 내면 여름이 가까운 줄 아나니 이와 같이 너희가 이런 일이 일어나는 것을 보거든 인자가 가까이 곧 문 앞에 이른 줄 알라 내가 진실로 너희에게 말하노니 이 세대가 지나가기 전에 이 일이 다 일어나리라"**(28-30)

종말에 일어날 여러 가지 사건에 대해서 말씀하시는 가운데 왜 무화과 나무의 비유를 배우라고 뜬금없이 말씀하시는 것일까요? 원래 무화과(헬-συκῆς 쉬케스)는 팔레스타인 지방에서 흔한 삼대 과일(포도, 무화과, 감람) 중 하나입니다. 일반적으로 알려지기에는 무화과는 꽃이 없는(無花) 실과 나무란 뜻인데 사실은 꽃이 제일 많이 피는 나무입니다. 이 무화과는 외형적으로 볼 때는 나무가 초라하고 또 꽃도 안보이지만 사실은 수많은 씨가 꽃이 되어 과일 속에서 피어 있습니다. 사사기 9장 11절을 보면 무화과나무가 말합니다. "나의 단 것과 나의 아름다운 열매를 내가 어찌 버리고…" 이 말씀대로 무화과는 단맛을 가지고 있습니다. 또 아름다운 열매라고 합니다. 단맛은 사실 다른 과일에서도 많이 맛볼 수 있지만 여기 성경에 소개되는 무화과는 특별히 속이 달고 아름다운 과일이기 때문에 말씀(성경)의 달고 오묘한 그 맛에 비유된 좋은 나무입니다.

그런데 예수님께서 본문에서 무화과나무 비유를 배우라고 하신 것은 무화과는 여름을 알리는 나무이기 때문에 종말의 때를 자연의 이치 이상으로 의식해야 할 것을 말씀하신 것입니다. 봄, 여름, 가을, 겨울은 자연의 순환에 의해서 조금도 흐트러짐이 없이 주기적으로 변화되어 갑니다. 이처럼 무화과 나무는 봄이 되면 꽃을 품은 열매가 먼저 맺히고 그 다음에 잎사귀를 내면서 열매가 자라고 점점 익어 갑니다. 무화과 나무의 모습이 변하는 것과 같이 종말의 사건들의 징조와 현상을 보면서 반드시 그리스도께서 다시 오시는 심판의 때가 온다는 것을 명심해야 합니다. 문 앞에 이르신 재림의 주님을 깊이 생각하는 종말 의식을 가진 삶을 살아야 할 것입니다.

말씀 중심

"내가 진실로 너희에게 말하노니 이 세대가 지나가기 전에 이 일이 다 일어나리라 천지는 없어지겠으나 내 말은 없어지지 아니하리라"(30-31). 이 두 구절에서 두 가지 진실과 마주하게 됩니다. 하나는 이 세대가 지나가기 전에 주님께서 말씀하신 마지막 종말의 징조가 디 이루어 진다는 사실과, 다른 하나는 천지(하늘과 땅)는 없어지지만 예수님 께서 말씀하신 예언의 말씀, 종말에 관한 말씀 그리고 성경 말씀은 변경되거나 없어지지 않고 영원히 상존한다는 말씀입니다.

예수님께서 당신이 사셨던 세대를 말하는 것보다 종말의 때를 살 아가는 마지막 세대를 강조하여 말씀하시고 계시는데, 역사는 반드 시 끝을 향해 달리고 있고 곧 종점에 도달하게 된다는 것입니다. 그 때 천지 즉 모든 피조 세계는 다 멸망 받아 사라지게 되지만 하나님 의 말씀은 변함없이 이루어지고 영원토록 그대로 보존된다는 것입 니다. 사람들은 하늘과 땅이 영원할 것처럼 하늘 영토를 차지하기 위해 보이지 않는 곳에서 전쟁을 벌이고 있고, 땅을 더 많이 확보하 기 위해서 혈안이 되어 있습니다. 일본이 독도를 그렇게 고집스럽 게 자기의 땅이라고 우기는 것은 영토를 넓히려는 야욕에서 비롯된 것이며, 중국이 대 합중국을 꿈꾸면서 티벳과 몽골 심지어 북한으 로까지 그 영토를 확장하려는 시도도 그 좋은 실례라고 할 수 있습 니다. 이 세상의 하늘과 땅은 예수님의 재림 시까지만 유효하고 그 이후에는 없어질 것입니다. 우리는 없어질 것에 목숨을 거는 어리 석은 삶을 살아서는 안 됩니다. 영원한 것 즉 하나님의 말씀을 붙 잡고 살아야 합니다. 영원한 말씀과 함께 우리는 영생을 보장받게 됩니다.

경각심과 기도

본문 32절에 "그 날과 그 때는 아무도 모르는데, 그 날은 반드시 이루어진다"고 말하고 있습니다. 그래서 사도 바울은 세상에 취해 있던 데살로니가교회 성도들에게 종말의식을 가지고 살도록 "그러므로 우리는 다른 이들과 같이 자지 말고 오직 깨어 정신을 차릴지라"(살전 5:6)라고 하신 것입니다.

그러면 어떤 삶을 살아야 할 것을 말씀하고 있습니까?

첫째, "주의하라"

"주의하라"(헬- Βλεπετε 블레페테) 무엇을 주의하라는 것입니까? 그것은 지금이 어느 때인가를 분별하고 알아야 한다는 것입니다. 마가복음 13장 1-2절에, 예수께서 성전에서 나가실 때 제자 중 하나가 예수님께 말하였습니다. "선생님 보십시오. 얼마나 굉장한 돌입니까! 얼마나 굉장한 건물들입니까?" 그러자 예수님은 "너는 이 큰 건물들을 보고 있느냐? 여기에 돌 하나도 돌 위에 남지 않고 다 무너질 것이다" 하고 대답 하셨습니다. 세상에! 성전이 무너지다니! 성전이 무너지는 것, 그것은 곧 이스라엘의 멸망을 의미합니다. 구약시대에 앗수르, 바벨론에 의해 성전이 파괴되었습니다. 그것은 곧 이스라엘의 멸망을 의미합니다. 그들은 나라를 잃었고 포로로 잡혀 갔습니다. 그런데 예수님의 말씀은 "성전의 돌 위에 돌 하나 남지 않고 다 무너질 것이다"라는 겁니다. 그래서 궁금하다 못해 감람산에서 성전을 마주보고 앉았을 때 베드로와 야고보와 요한과 안드레가 예수님께 물었습니다. "우리에게 말씀해 주십시오. 이런 일이 언제 일어나겠습니까? 또 이런 일들이 다 이루어지려고 할 때에는 무슨 징조가 있겠습니까?" 그래서 예수께서 대답해 주셨습니다. 적그리스도 출현, 민족이 민족을 나라가 나라를 대적(전쟁), 곳곳에 지진이 있고, 기근이 있을 것, 형제가 형제를 아비가 자식을 죽는 데 내어주고, 자식들이 부모에 대적하여 죽게 한다고 하셨습니다. 그러나 이런 일들은 재난의 시작이고, 환난이 지나면 해가 어두워지고, 달이 빛을 내지 아니하며, 별들이 하늘에서 떨어지며, 하늘에 있는 권능들이 흔들리리라 하셨습니다. 이것이 실제로 일어날 것인지에 대하여 한 마디로 단정하기는 어렵습니다. 그러나 분명한 것은 그 때는 곧 혼돈의 때라는 것입니다. 어둠의 때라는 것입니다.

사도 바울은 로마서 13장 11-14절에 **"또한 너희가 이 시기를 알거니와 자다가 깰 때가 벌써 되었으니 이는 이제 우리의 구원이 처음 믿을 때보다 가까웠음이라 밤이 깊고 낮이 가까웠으니 그러므로 우리가 어둠의 일을 벗고 빛의 갑옷을 입자 낮에와 같이 단정히 행하고 방탕하거나 술 취하지 말며 음란하거나 호색하지 말며 다투거나 시기하지 말고 오직 주 예수 그리스도로 옷 입고 정욕을 위하여 육신의 일을 도모하지 말라"**고 하셨습니다.

지금이 예수님의 재림이 가까워지고 있는 때라는 것입니다. 따라서 지금은 주의해야 할 때 입니다. 낮에 행동하듯이 신중하게 행해야 합니다. 호사한 연회와 술 취함, 음행과 방탕, 싸움과 시기에 빠지면 큰일납니다. 그런 것에 마음 빼앗기지 않도록 주의해야 합니다. 운전수가 사고를 예방하려면 특별히 좌우를 살피며 안전 수칙을 지키고 주의해야 합니다. 우리의 신앙, 우리의 삶을 걸고 넘어뜨리는 수많은 유혹이 예수님의 재림이 가까울수록 더욱 심화됩니다. 그럴수록 그리스도인들은 주의해야 합니다. 특히 마가복음 13장 21-23절에 예수님께서 **"그 때에 어떤 사람이 너희에게 말하되 보라 그리스도가 여기 있다 보라 저기 있다 하여도 믿지 말라 거짓 그리스도들과 거짓 선지자들이 일어나서 이적과 기사를 행하여 할 수만 있으면 택하신 자들을 미혹하려 하리라 너희는 삼가라 내가 모든 일을 너희에게 미리 말하였노라"**고 말씀하셨습니다.

둘째, "깨어 있으라"

"깨어 있으라"는 말은 헬라어로 아그리프네이테(αγρυπνειτε)인데 '잠에 푹 빠지지 말고 주시하라(watch)' 는 말씀입니다. 이 동사는 원래 시장에서 사용되던 단어였습니다. 시장에서 사람들이 어떤 목적을 가지고 긴장한 채로 모여 있는 모습에서 유래되었습니다. '기회를 놓치지 말고 세월을 아끼는 것' 과 같은 바울 사도의 에베소교회에 권면한 말씀과 같은 의미로, 긴장하면서 열심히 무언가를 살피면서 마음을 온통 그들이 하고 있는 장사에 쏠려 있게 마련인 상인들의 무리를 나타내고 있는 말입니다. 모든 능력을 총동원해서 정신을 바짝 차리고 있는 것을 의미합니다. 세상의 즐거움에 푹 빠지지 말고 정신을 차리고 살라는 뜻 입니다. 마태복음 24장 42절에

"그러므로 깨어 있으리 어느 날에 너희 주가 임할는지 너희가 알지 못함이니라"고 하셨습니다. 그러면서 비유(마 24:36-41)로 말씀하셨습니다. 노아 때 홍수 이전 시대에, 노아가 방주에 들어가는 날까지 사람들은 먹고, 마시고, 장가 가고, 시집 가며 지냈습니다. 홍수가 나서 그들을 모두 휩쓸어 가기까지 그들은 아무것도 알지 못하였습니다. 그 날 두 사람이 밭에 있을 터이나, 하나는 데려가고 하나는 버려둘 것입니다. 두 여자가 맷돌을 갈고 있을 터이나, 하나는 데려가고 하나는 버려둘 것입니다. "그러므로 깨어 있으라"라고 하십니다. 물론 먹고, 마시고, 장가 가고, 시집 가는 것, 그 자체는 문제가 안 됩니다. 그것은 죄된 생활이 아닙니다. 그러나 그런 일로 인해 세상에 마음을 쏟게 되어 주님을 잃어버린다면 그것은 죄가 됩니다. 깨어 있지 않았기 때문입니다. 먹고 마시든 무엇을 하든 주님께서 재림하신다는 이 사실 앞에서 경각심을 가지고 살아야 한다는 것입니다. 그것은 "무엇을 하든 주님 중심의 일을 생각하라"는 것입니다.

셋째, "기도하라"

비유를 말씀하시면서 주의하며 깨어 있으라는 말씀 속에는 기도하라는 의미가 함축되어 있습니다. 주님은 마가복음 14장 38절에서도 제자들에게 "시험에 들지 않게 깨어서 기도하라"고 하십니다. 여기서 "기도하라"(헬 - προσεύχεσθε 프로슈케스데)고 하신 것은 단지 제자들에게만 한정되는 것은 아니고 종말의 시대를 살아가는 모든 성도들에게 동일하게 주문하신 것입니다. 그럼 무슨 기도를 해

Chapter 5_ 종말의 때를 사는 성도의 자세 **81**

야 할까요? 임박한 예수님의 재림이 코앞에 다가왔다면 무슨 기도를 해야 할까요? 로마서 13장 12절에 "**그러므로 우리가 어둠의 일을 벗고 빛의 갑옷을 입자**"라고 하셨는데, 어둠의 일이 무엇입니까? 쾌락과 술 취함, 그리고 음행과 방탕, 싸움과 시기 등입니다. 빛의 갑옷을 입은 자는 누구입니까? 에베소서 5장 8-9절에 "**너희가 전에는 어둠이더니 이제는 주 안에서 빛이라 빛의 자녀들처럼 행하라 빛의 열매는 모든 착함과 의로움과 진실함에 있느니라**"고 했고, 뒤이어 15-20절에 "**그러므로 여러분은 어떻게 살아가야 할지를 조심하여 지혜롭지 못한 사람처럼 하지 말고 지혜로운 사람처럼 하십시오. 세월을 아끼십시오. 때가 악합니다. 그러므로 어리석은 자가 되지 말고, 주님의 뜻이 무엇인지를 깨달으십시오. 술에 취하지 마십시오. 거기에는 방탕이 있습니다. 성령의 충만을 받으십시오. 시와 찬미와 신령한 노래로 서로 화답하며, 여러분의 마음을 주님께 노래하며 찬송하십시오. 모든 일에 늘 우리 주 예수 그리스도의 이름으로 하나님 아버지께 감사를 드리십시오**"(현대어 성경). 이것이 기도하는 분들의 모습이요 태도입니다. 종말의 때를 사는 성도가 취해야 할 몇가지 태도는, 1) 세월을 아끼십시오. 언제 주님께서 오실지 모르니 순간순간 최선을 다해 살아야 합니다. 2) 주님의 뜻을 깨달으십시오. 이 시대에 주님께서 요구하시는 것이 무엇일까요? 그 주님의 뜻을 깨닫기 위해 쉬지 말고 기도해야 한다는 것입니다. 3) 술 취하지 마십시오. 이는 방탕한 것이기 때문입니다. 방탕은 죄 짓고 돌아다니는 것만이 아니라 될 대로 되라는 식의 태도도 방탕입니다. 4) 성령 충만을 받으십시오. 그래서 시와 찬미와 신령한 노래로 서로 화답하며 온 마음으로 주님을 찬송하는 삶을 계속해야 합니다. 5) 범사에 우리 주 예수 그리스도의 이름으로 하나님 아버지께 감사하십시오. 그것이 성령 충만한 삶입니다.

기도 없이는 종말의 때에 깨어 승리하는 삶을 살 수 없을 뿐 아니라 어리석은 처녀들처럼 주님의 재림 때 영광스러운 잔치에 참여하지 못하게 될 수도 있습니다. 기도는 주의하고 깨어 있는 성도의 지당한 태도이며 자세입니다. 등불과 기름을 같이 준비하여 한 밤중에 오는 신랑이라도 속히 맞이한 슬기로운 다섯 처녀처럼 기도의 기름, 성령의 기름을 준비하여 신랑 되신 예수님을 기쁨으로 맞이할 수 있는 성도의 삶이 종말의 시대를 지혜롭게 사는 삶입니다.

우리는 예수님의 재림을 준비하며 고대하며 이 찬양을 즐겨 부릅니다.

175상 (통162)-신랑 되신 예수께서

1. 신랑되신 예수께서 다시 오실 때 등불 들고 나갈 준비 됐느냐
   그 날 밤 (그날밤) 그 날 밤에 (그날밤에) 주님 맞을 등불 준비 됐느냐
2. 주를 나와 맞으라는 소리 들릴 때 기뻐하며 주를 맞이 할 수 있느냐
   그 날 밤 (그날밤) 그 날 밤에 (그날밤에) 주님 맞을 등불 준비 됐느냐
3. 항상 깨어 기도하며 거룩한 기름 준비하지 않고 주를 맞지 못하리
   그 날 밤 (그날밤) 그 날 밤에 (그날밤에) 주님 맞을 등불 준비 됐느냐

4. 그 날 밤에 영화로운 혼인 잔치에 기뻐하며 할렐루야 찬송 부르리

그 날 밤 (그날밤) 그 날 밤에 (그날밤에) 주님 맞을 등불 준비 됐느냐

(후렴) 예비하고 예비 하라 우리 신랑 예수 오실 때

밝은 등불 손에 들고 기쁨으로 주를 맞겠네

176장(통163) - 주 어느 때 다시 오실는지

1. 주 어느 때 다시 오실는지 아는 이가 없으니

등 밝히고 너는 깨어 있어 주를 반겨 맞으라

2. 주 오늘에 다시 오신다면 부끄러움 없을까

잘 하였다 주님 칭찬하며 우리 맞아 주실까

3. 주 예수님 맡겨 주신 일에 모두 충성 다 했나

내 맘 속에 확신 넘칠 때에 영원 안식 얻겠네

4. 주 예수님 언제 오실는지 한 밤에나 한 낮에나

늘 깨어서 주님 맞는 성도 주의 영광 보겠네

(후렴) 주 안에서 우리 몸과 맘이 깨끗하게 되어서

주 예수님 다시 오실 때에 모두 기쁨으로 맞으라

종말의 때에 일어날 현상에 대해서 예수님은 여러 각도에서 직접적으로 또는 비유적으로 말씀하셨습니다. 어떤 말씀은 이해하기 어려운 내용도 있지만 분명한 것은 지금 시계는 종국을 향하여 달려가고 있고 그 끝 날에는 여러 가지 현상들이 일어날 것인데, 그리

스도인으로서 혹은 하나님의 백성으로서 종말 의식을 가지고 이 시대에 일어나는 여러 가지 징조를 주의 깊게 관찰하면서 말씀으로 무장해야 합니다. 먼저 각자에게 주어진 직분에 따라 충성과 헌신이 있어야 하고, 둘째는 고난과 핍박에도 조금도 동요하지 않고 담대함과 용기를 가져야 하며, 마지막으로 언제나 주님의 재림을 소망하고 준비하면서 기도하는 삶을 사는 것입니다. 이러한 자세는 종말의 때를 사는 그리스도인들에게 선택이 아닌 필수입니다. 기도하는 것은 그 모든 것들보다 우선적이고 궁극적인 것입니다.

Chapter 6

진품 향유 한 옥합
(An Alabaster Jar of Real Perfume)

마가복음 14:1-9

이틀이 지나면 유월절과 무교절이라 대제사장들과 서기관들이 예수를 흉계로 잡아 죽일 방도를 구하며 이르되 민란이 날까 하노니 명절에는 하지 말자 하더라 예수께서 베다니 나병환자 시몬의 집에서 식사하실 때에 한 여자가 매우 값진 향유 곧 순전한 나드 한 옥합을 가지고 와서 그 옥합을 깨뜨려 예수의 머리에 부으니 어떤 사람들이 화를 내어 서로 말하되 어찌하여 이 향유를 허비하는가 이 향유를 삼백 데나리온 이상에 팔아 가난한 자들에게 줄 수 있었겠도다 하며 그 여자를 책망하는지라 예수께서 이르시되 가만 두라 너희가 어찌하여 그를 괴롭게 하느냐 그가 내게 좋은 일을 하였느니라 가난한 자들은 항상 너희와 함께 있으니 아무 때라도 원하는 대로 도울 수 있거니와 나는 너희와 항상 함께 있지 아니하리라 그는 힘을 다하여 내 몸에 향유를 부어 내 장례를 미리 준비하였느니라 내가 진실로 너희에게 이르노니 온 천하에 어디서든지 복음이 전파되는 곳에는 이 여자가 행한 일도 말하여 그를 기억하리라 하시니라

내가 소중하게 여기고 있는 것을 남에게 선뜻 내어주는 일이 쉽지 않은 것임을 잘 알고 있습니다. 제 생일에 어떤 분이 매우 귀한 선물을 주셨습니다. 몇 년 전에 구입하여 가보(家寶)처럼 소중히 보관하고 있던 것을 주신 것인데 그 선물 내용도 좋지만 '드리는 마

유'이 매우 순수하고 이름다웠습니다. 선물은 드리는 자의 마음이 담긴 것이며, 다른 사람에게 값진 것을 주는 것은 그를 지극히 사랑하는 마음에서 비롯된 것입니다. 그래서 선물은 그 사람이 상대방에 대해 가지는 사랑의 마음의 표현이라고 합니다. 사랑하지 않는 사람에게 좋은 것을 선물로 주는 것은 불가능 합니다. 사랑의 마음도 없는데 누군가에게 값진 것을 주는 것은 뇌물일 가능성이 높습니다. 오늘 우리가 함께 살펴볼 본문 내용은 성경 중에서 한 폭의 그림처럼 정말 아름답고 귀한 미담 입니다. 익명의 한 여인이 바로 주인공입니다. 그녀가 향유 옥합을 깨뜨려 예수님의 머리에 부은 사건은 오늘 우리에게 어떤 의미를 줍니까?

종교 지도자

유월절 이틀 전, 대제사장들과 서기관들은 축제가 시작되기 전에 예수님을 죽일 여러 가지 방도를 궁리하고 묘책을 짜고 있었습니다. 많은 사람들이 예수님을 따르고 있었기 때문에 섣불리 처단하지 못하고 기회를 노리고 있었습니다. 예수님을 잡아 죽이는 일로 인하여 민란이 일어나면 로마 정부에 대해 큰 부담이 되기 때문에 적절한 기회를 찾고 있었습니다. 식민지 하에서는 피 지배국 사람들이 데모를 통해 폭동이 일어나는 것을 제일 꺼려했기 때문에 지배국 입장에서는 종교적인 일로 피 지배국 사람들을 건드리지 않기 위해 매우 조심했습니다. 특히 유월절 축제 때에는 각국에서 많은 사람이 운집하기 때문에 더더욱 군중 폭동이 일어나는 촉진제 역할을 해서는 안 된다는 것이 당시 로마 정부 관리들과 종교지도자들의 동일한 생각이었습니다. 그렇다고 그들이 예수님께 대한 악의를 버린 것이 아니고 기회가 주어지면 눈엣가시와 같은 예수님을 죽일 계획은 여전히 가지고 있었습니다.

이렇게 예수님을 미워하는 감정이 누적되어 그들은 결국 유다와 작당을 하고 은 삼십에 예수님을 팔아서 십자가에 못박아 죽이게 됩니다. 예수님은 천국민들에게 6계명을 해석하여 가르치실 때 마음에 미운 감정을 품는 것 자체가 살인이라고 하시면서 아무리 원수라도 미워하지 말고 사랑하라고 하셨습니다. 생물학적 살인 즉 죽이는 것만이 살인이 아니라 마음에 미운 감정을 품는 자체가 살인이라고 하시면서 사람과의 관계를 늘 조심해야 할 것을 말씀 하셨습니다.

종교지도자들이 갖고 있던 잘못된 편견 더 나아가 하나님께 대한 섬김에 차이를 가진다고 해도 예수님을 없앨 마음만으로도 이미 그들이 살인죄를 범하고 있는 것입니다. 나와 다르다고 해서 틀린 것이 아니라는 진리를 우리는 늘 마음에 품고, 비 성경적이 아닌 것은 수용하고 서로 용서하고 관용하는 넓은 마음을 품어야 할 것입니다. 오해와 편견은 결국 새로운 진리를 받아들이지 못하고 사람을 수용하지 못하는 좋지 못한 결과를 초래하게 됩니다.

한 여인의 향유 옥합

이러한 갈등과 반목으로 죽음의 검은 손들이 보이지 않게 움직이고 있을 때 예수님은 병들고 지친 소외계층을 찾아 교제하시는 사역을 멈추지 않으셨습니다. 예수님은 베다니에 거주하는 한센병(나병) 환자였던 시몬의 초청으로 그의 집에서 식사를 하게 되었습니다.

베다니는 예루살렘에서 동쪽으로 약 4km 지점으로 시몬의 집은 나사로의 집과 같이 예수님께서 예루살렘을 방문하실 때 거처하던 곳이었습니다. 그는 한센병 환자였는데 일찍이 주님께서 치료해 주셨고 제자들 사이에서는 잘 알려진 인물이었다고 합니다. 시몬은 한센병을 앓다가 나음을 입은 수혜자입니다. 부정한 병으로 사회로부터 격리되어 살아야 할 운명에 처한 시몬에게는 예수님이야말로 은인 중에 은인이요, 너무 고마운 분이었을 것입니다. 그 은덕에 보납하고자 예수님을 초청한 것으로 여겨지고, 근사한 대접을 하게 되었던 것입니다.

식사 중에 향유를 갖고 온 한 여인은 익명의 여제자인 듯 합니다. 누가복음에서는 '죄 많은 여인'으로 소개하고 있습니다. 그 여인의 죄가 무엇인지 성경에서 밝히고 있지 않으며 정확한 그녀의 이름도 거명되고 있지 않습니다. 그런 이유로 본문의 여인에 대하여 추측들이 난무합니다. 막달라 마리아가 아닌 것은 분명합니다. 그녀는 일곱 귀신 들린 여인으로 나오기 때문입니다.

통설은 나사로의 여형제 마르다의 동생 마리아라고 하는데 그것도 정확하지는 않습니다. 옥합을 깨뜨려 기름 부은 사건이 복음서마다 소개되는데 그 정황과 인물이 서로 다르기 때문입니다.

그 여인이 가지고 와서 예수님께 쏟아 부은 나드 향유는 인도나 히말라야 고산지에서 자라는 나르드(강송향)라고 하는 나무의 뿌리에서 채취하여 만든 향유인데 여기 '순전한'(피스티케스 – πιστικός) 것이라고 했으니 백퍼센트의 진액이었던 것 같습니다. 구약성경 아가서에 보면 나드에 대한 언급이 몇 곳에 나옵니다. **"왕이 침상에 앉았을 때에 나의 나도 기름이 향기를 뿜어냈구나"**(아 1:12), **"네 게서 나는 것은 석류나무와 각종 아름다운 과수와 고벨화와 나도풀과"**(아 4:13), **"나도와 번홍화와 창포와 계수와 각종 유향목과 몰약과 침향과 모든 귀한 향품이요"**(아 4:14). 물론 이 구절들에는 '나도'로 언급되었지만 본문의 나드와 같은 향유입니다.

이 향유는 너무 비싸기도 하지만 쉽게 증발하는 특성이 있어서 뚜껑을 열었다 닫았다 할 수 있는 것이 아니라 아예 옥합 안에 밀봉되어 있어 한번 쓰려면 옥합을 깨뜨려야 했다고 합니다. 그러니까 이 나드 향유는 그야말로 아주 비싼 상품입니다. 삼백 데나리온은 당시 일일 노동자들의 일 년 품삯이니 이 향유가 상당히 비싼 것이었음을 짐작 할 수 있습니다.

어떻게 이렇게 비싼 향유를 예수님의 머리에 그냥 부을 수 있었을까요? 일반적으로 귀한 손님이 오면 그 집의 여주인이 향유 몇 방울을 떨어뜨려 주는 것이 팔레스타인 지역의 문화적 관습이었다고 하는데 그 집 여주인도 아닌 익명의 여인이 그녀가 가진 미래를 위한 값비싼 '소장품'을 한 번에 드릴 수 있었던 것은 문화를 뛰어넘는 초월적 행동이었습니다. 잘 이해 할 수 없지만 분명한 것은 예수님에 대한 사랑과 그 분이 바로 얼마 있지 않으면 인류를 위해 십자가에서 대속의 죽음을 당하실 것을 예견하고 행한 순수한 몸짓이 분명합니다. 동양에서는 죽은 사람의 몸을 목욕시키고 기름을 바르는 습관이 있었습니다. 우리 나라에서 죽은 시체를 알코올로 깨끗하게 닦고 난 다음에 수의를 입히는 것과 같은 문화입니다. 당시 몸에 기름을 바른 후에 향유가 들어 있던 항아리를 깨뜨려 무덤 속에 시체와 같이 그 파편을 놓아 두었다고 합니다. 그 여인이 의식적으로 계획하고 한 행동은 아니지만 결국 그 귀한 일을 감당하게 된 셈입니다.

장례를 위한 준비

그녀의 헌신적 행동에 대한 여러 사람들과 제자들의 반응은 1) 분노했습니다. 2) 향유를 허비한다고 여겼습니다. 3) 가난한 자들을 생각하는 척 했습니다. 4) 결국 그 여인을 책망했습니다. 참으로 엉

뚱한 반응이었습니다. 그들이 그 여인의 행동에 대해서 칭찬은 못할망정 그 여인의 행동을 싸잡아 비난하고 책망한 것은 상식 밖의 반응이었습니다. 이 여인이 예수님에 대해서 가지는 감정적 반응과 비난하는 사람들과의 반응은 대조적인 것을 볼수있습니다. 이 여인은 자기의 죄를 사하고 새로운 생명을 주신 예수님의 존재 가치를 말로 표현 할 수 없는 고마움을 느꼈기에 예수님에게 이 향유 옥합뿐만 아니라 이보다 더 비싼 것이라도 아까워하지 않고 부을 수 있었던 것입니다. 그러나 다른 사람들은 향유 자체의 가치를 생각하고 아까워하면서 그것을 팔면 가격이 어마어마할 것인데 허비한 것이라고 생각한 것입니다. 예수님에 대한 각자의 반응은 이처럼 다를 수 있습니다. 보이지 않는 것에 가치를 두는 성도는 보이는 것이 아무리 가치가 있어도 드릴 수 있지만, 보이는 것에만 가치를 두는 사람들은 무한한 가치를 드리는 사람들의 행위를 허비하는 것으로 여기며 정죄합니다. 신앙은 가슴으로 믿어야 진짜 살아 있는 신앙이 됩니다. 머리로 많이 알고 열심히 믿어도 이것이 가슴으로 와 닿지 않으면, 아무 소용이 없습니다. 가슴으로 감동이 될때 그리스도의 십자가 사랑에 감격하게 되며 그때 손과 발도 움직여지게 되는 것입니다. 지금 다른 사람들은 예수님의 사랑에 대해 머리로만 생각하는 것이고 이 여인은 실제로 체험했고 느끼는 것입니다. 체험하여 감격하는 성도는 가장 귀한 것을 가지고 주님께 드려도 아깝지 않습니다.

예수님께서는 그녀의 행동보다 그 행동을 유발시킨 마음의 동기를 아시고 '그냥 두어라'고 하시면서 그 여인이 한 행동은 바로 나의 장례를 미리 준비한 것이라고 칭찬해 주셨습니다. 그 행동에 대해서 다른 사람들은 시기하고 괴롭혔지만 우리 주님은 그 여인의 마음을 아시고 다음 날 당하실 십자가의 죽음을 위한 예비적인 헌신이었음을 인정해 주신 것입니다. 십자가 사건은 인류를 사랑하는 최고의 표현이기에 주님에 대한 그녀의 사랑의 헌신은 예수님의 사역을 빛내는 행동이었음을 칭찬하신 것입니다. 그리고 그 여인의 행동을 예수님께 대한 좋은 일이라고 평가해 주었습니다. 예수님께서 말씀하신 '좋은 일'은 헬라어에서 두 가지 단어로 사용되는데, 하나는 아가도스(αγαδοος)이고 다른 하나는 칼로스(καλος)입니다. 예수님이 사용하신 단어는 후자인 칼로스입니다. 전자는 좋은 일이지만 그 내용이 담고 있는 의미가 딱딱하고 매력이 없는 착한 일이라면(길거리에 앉아 구걸하는 사람에게 동전 몇 닢을 던져 넣은 일과 같은 것), 후자인 칼로스는 사람의 마음을 끌며 아름답고 매력이 있는 일(배 고픈 거지를 자기가 먹는 상으로 초청하여 함께 식사하면서 깊이 대화하며 교제하는 일 같은 것)이라는 뜻입니다. 결국 마음이 있는지에 따라 그 정의가 달라집니다.

우리 주님은 이 여인이 드린 행위를 그 어떤 것을 드려도 아깝지 않은 매력적인 사랑의 낭비로 평가하여 주신 것입니다. 그렇습니다. 헤아릴 수 없는 큰 사랑을 받은 자는 값을 계산하지 않고 드리는 헌신이 있는 것입니다. 부부 사이에도 사랑하면 모든 것을 다 주어도 아깝지 않는 사랑의 허비가 있습니다. 그것을 누가 낭비라고 말할 수 있겠습니까? 우리 주님을 위한 그 어떤 희생도 주님이 우리를 사랑해주신 것에 비하면 값으로 매길수 없습니다. 우리는 이 여인처럼 교회와 복음을 위해서 거룩한 낭비를 하는 사람들을 과소평가하거나 비난하지는 않습니까?

이 여인은 예수님께서 대속의 죽음을 죽으실 것을 말씀 가운데 깨닫고 다시 없을 한 번의 거룩한 사랑과 존경심을 행위로 드러냈습니다. 다른 사람들이 생각하는 것처럼 향유를 팔아서 가난한 자를 위하는 자선과 나눔은 살아가면서 얼마든지 할 수 있지만, 구원을 위한 십자가의 죽음은 단 한번 밖에 없는 호기라는 것을 이 여인은 잊지 않았습니다. 우리도 주님을 위한 헌신과 거룩한 사랑의 낭비가 단 한 번이라는 믿음으로 반응하고 행동해야 할 것입니다. 또다른 기회가 주어질 것이라고 생각하면 우리가 받은 은혜와 사랑은 하나의 충동으로 끝나고 말 것입니다. 그러나 이번 기회가 처음이자 마지막이라고 생각하면 우리는 과감하게 행동에 옮길 수 있습니다. 그것이 바로 주님의 십자가의 남은 고난에 동참하는 것이고, 그것을 통해서 인류의 구원이 성취되는 것입니다. 주님을 위한 헌신이 늘 있을 것이라고 생각하면 나중에 가서 모든 것을 잃고 난 다음에는 후회하게 됩니다. 예를 들면 선교에 동참하는 일입니다. 선교에 동참하고자 하는 성령의 감동을 받았음에도 불구하고 차일피일 미루게 되면 선교는 요원하게 되고 내가 모은 돈과 내가 가진 은사와 시간과 재능은 결국 바람을 맞게 되는 것입니다. 기도하며 믿음

94 마가복음 강해서 4 하나님의 아들, 예수 그리스도

으로 사는 사람들은 기회를 놓치지 않고 성령께서 주시는 마음을 행동으로 즉시 옮기는 것입니다. 이것을 예언적인 감각(prophetic sense)이라고 합니다.

마지막으로 예수님은 이 여인이 한 행동이 부끄러운 낭비가 아니라 복음 그 자체라고 하셨습니다(9). 복음이 증거 되는 곳마다 이 여인이 행한 일도 말하라고 하신 것은 이 여인이 행한 것 자체가 복음이라는 것입니다. 복음 사업이나 행사가 아니라 예수님을 믿고 죄사함 받고 인생이 변하는 것이라는 뜻 입니다. 그리고 예수님은 자신이 죽으심으로 이것을 다 해결하신 것입니다.

우리가 해마다 사순 절기를 맞이하면서도 어떻게 이 절기를 보내야 하는가에 대해 큰 관심을 가지지 않습니다. 이것은 주님의 십자가를 깊이 있게 깨닫지 못한 무지에서 비롯된 것입니다. 예수님을 한 인간의 선동자로 생각하고 죽이려고 하는 음모는 오늘도 일어나고 있습니다. 그리스도의 십자가의 죽음을 헛된 일로 생각하고 비하하는 그룹들이 있습니다. 참 안타깝고 애석한 일입니다. 주님은 죄인들과 병자들의 친구였으며, 지금도 동일하게 그들과 교제하며 치유하고 회복하시기를 원하고 계십니다. 주님의 사랑과 구원하심에 감격하는 사람들은 여전히 계속되는 구원 사역에 기쁨으로 헌신하며 주님의 구원 사역의 완성을 위해 기꺼이 헌신합니다. 나의 일이 예수님의 십자가 대속을 위한 일에 동참하는 것이라고 생각하면 나의 시간도 물질도 재능도 기쁨으로 드리게 되는 것입니다. 심지어는 생명까지도 아깝지 않게 드립니다. 순교하는 분들의 한결 같은 공통점이 바로 이런 가치관 입니다. 내가 가진 것보다 구원 사역이 더 값어치 있는 것이라고 생각하는 믿음에서 비롯된 행동 입니다. 사순절에 십자가를 깊이 묵상하면서 내가 드릴 향유 나드 한 옥합이 무엇인지 생각하면서 하나님의 나라와 복음 그리고 구원을 위해 자원하는 마음으로 기꺼이 헌신하는 주의 백성들이 다 될 수 있기를 주의 이름으로 축복합니다.

Chapter 7

유다의 배신과 유월절 만찬 준비

(The Betrayal of Judas and the Preparation of the Passover)

마가복음 14:10-16

열둘 중의 하나인 가룟 유다가 예수를 넘겨 주려고 대제사장들에게 가매 그
들이 듣고 기뻐하여 돈을 주기로 약속하니 유다가 예수를 어떻게 넘겨 줄까
하고 그 기회를 찾더라 무교절의 첫날 곧 유월절 양 잡는 날에 제자들이 예수
께 여짜오되 우리가 어디로 가서 선생님께서 유월절 음식을 잡수시게 준비하
기를 원하시나이까 하매 예수께서 제자 중의 둘을 보내시며 이르시되 성내로
들어가라 그리하면 물 한 동이를 가지고 가는 사람을 만나리니 그를 따라가
서 어디든지 그가 들어가는 그 집 주인에게 이르되 선생님의 말씀이 내가 내
제자들과 함께 유월절 음식을 먹을 나의 객실이 어디 있느냐 하시더라 하라
그리하면 자리를 펴고 준비한 큰 다락방을 보이리니 거기서 우리를 위하여
준비하라 하시니 제자들이 나가 성내로 들어가서 예수께서 하시던 말씀대로
만나 유월절 음식을 준비하니라

남을 이용하여 이득을 챙기려는 사람과 다른 사람의 유익을 위해
기꺼이 손해 보는 사람의 차이는 하늘과 땅 만큼 크다고 할 수 있습
니다. 세상을 살다 보면 전자와 같은 사람들이 많고 후자의 사람들
은 가뭄에 콩 나듯 찾기가 참 어렵습니다. 그래서 후자와 같은 사람
을 만나면 기분이 좋고, 그런 사람에 대한 이야기만 들어도 마음이

따뜻해 집니다. 왜냐하면 세상은 나누고 손해보는 사람들에 의해 유지되고 행복해지기 때문입니다. 그런 사람의 이야기를 들으면 나 자신이 그렇지 못한 것에 대해서 반성이 되고, 큰 도전과 더불어 본 받고 싶은 마음이 듭니다.

얼마전 E-메일에 '두 여배우에 대한 우정'이란 제목으로 아래와 같은 내용이 들어왔습니다. 그 줄거리는 다음과 같습니다.

'배우 김수미씨가 심각한 우울증으로 고통을 겪고 있을 때였다고 합니다. 나쁜 일은 한꺼번에 온다고 했던가요. 김수미씨의 남편이 사업 실패를 겪으면서 빚더미에 올라앉아 쩔쩔매는 상황까지 맞이 했다고 합니다. 그렇게 되니 돈 많던 친구들도 김수미씨를 외면했고, 김수미씨는 급한 대로 동료들에게 아쉬운 소리를 하면서 몇백만 원씩 돈을 빌리고 있었답니다. 그런데 뒤늦게 그 사실을 알게 된 김혜자 씨가 김수미 씨에게 정색하며 이렇게 말했다고 합니다. "얘, 넌 왜 나한테 돈 빌려 달라는 소리를 안 해? 추접스럽게 몇 백만 원씩 꾸지 말고, 필요한 돈이 얼마나 되니?" 하며 김수미씨 앞에 통장을 꺼내 놓았답니다. "이건 내 전 재산이야. 나는 돈 쓸 일이 없어. 다음달에 아프리카 가려고 했는데. 아프리카가 여기에 있었네. 다 찾아서 해결해. 그리고 갚지 마. 혹시 돈이 넘쳐나면 그때 주든가." 김수미씨는 그 통장을 받아 그때 지고 있던 빚을 모두 청산했다고 합니다. 또 꽤 오랜 시간이 걸렸지만, 그 돈을 모두 갚았다고

도 합니다. 피붙이도 아니고 친하다고 해 봤자 남인 자신에게 자기 전 재산을 내어준 것에 정말 큰 감동을 받았다고 합니다. 입장이 바뀌어 김혜자씨가 그렇게 어려웠다면 자신은 그럴 수 없었을 것이라고 하면서요. 김수미씨는 김혜자 씨에게 이렇게 말했다고 합니다. "언니, 언니가 아프리카에 포로로 납치되면, 내가 나가서 포로 교환하자고 할 거야. 난 꼭 언니를 구할 거야!" 그렇게 힘들고 어려울 때 자신을 위해서 전 재산을 내어준 김혜자 씨에게 김수미 씨는 자신의 목숨도 내 놓을 수 있을 정도의 사랑을 가지고 있는 것입니다. 너무나 드문 훈훈한 인간사입니다.

이제 살펴볼 본문에는 대조되는 두 사람이 나타납니다. 한 사람은 탐욕에 눈이 어두워 스승을 돈을 받고 거래한 파렴치한 가룟 유다이고, 다른 한 사람은 제자들이 예수님께 부탁 받은 내용을 전달하자 긍정적으로 반응하여 선뜻 자기의 다락방을 내어 놓은 한 익명의 주인상 입니다. 이 시간에는 대조적인 두 타입의 사람을 살펴보면서 우리가 이 세상에서 어떤 자세를 가지고 살아야 하며, 피로사신 교회를 위해서 어떻게 헌신해야 할 것인가를 깊이 생각했으면 합니다.

탐욕에 사로 잡힌 가룟 유다

본문 10절은 **"열둘 중의 하나인 가룟 유다가 예수를 넘겨 주려고 대**

제사장들에게 가매"라고 기록하고 있습니다. 여기서 우리가 주의 깊게 살펴보아야 할 내용이 있습니다. 그것은 지난 시간에 살펴본 내용과 연결해서 생각해야 할 부분입니다. 우리는 한 익명의 여인이 귀한 향유 한 옥합을 깨뜨려서 예수님의 머리에 부으며 예수님의 장사를 준비하는 것을 살펴보았습니다. 그 여인은 자신의 것을 아낌없이 주께 드렸습니다. 300 데나리온이나 되는 값어치의 향유를 한 번에 깨뜨려 예수님께 드리는 것은 쉽지 않은 결단적 행동입니다. 한번 붓고 나면 없어질 기름을 부어버린 것입니다. 생각하기에 따라서 이보다 더 큰 낭비는 없을 것입니다. 그래서 제자들 중에 어떤 사람은 **"무슨 의도로 이것을 허비하느냐"**라고 꾸짖듯이 불평스럽게 말했습니다.

그런데 요한복음에 의하면 **"이 향유를 어찌하여 삼백 데나리온에 팔아 가난한 자들에게 주지 아니하였느냐"**(요 12:5)고 말한 사람이 "가룟 유다"(요 12:4)였다는 사실을 밝히고 있습니다. 여인과 가룟 유다는 같은 장소에 있었습니다. 한 여인은 자기의 것을 모두 바쳐 주님께 드린 반면 그는 탐욕에 사로잡혀 오히려 예수를 팔아 이득을 챙기려 하고 있었습니다. 한 사람은 귀한 향유 한 옥합을 깨뜨려 예수님의 장례를 준비하고 있었는데, 가룟 유다는 예수를 처형하는 일에 한 몫을 담당하려 기회를 엿보고 있었습니다.

유다는 주님이 가시는 곳에 함께 갔고, 계신 곳에 그도 동거하고 있었습니다. 그런데 이 순간 주님을 배반 합니다. 가장 가까이 있었던 그가 예수님을 배반 했습니다. 시편 41편 9절에서도 **"내가 신뢰**

하여 내 떡을 나눠 먹던 나의 가까운 친구도 나를 대적하여 그의 발꿈치를 들었나이다"라고 말했습니다.

사실 우리 삶의 여정에도 이런 일들을 한 두 번 정도는 경험해 보았을 것입니다. 나와 가장 가까이 있었고 신뢰했던 사람이 나를 모해하거나 나에게 누명을 씌우고 혹은 나를 배신하고 깊은 상처를 남긴 채 떠난 경우가 있었을 것입니다. 그래서 우리 속담에 '믿는 도끼에 발등 찍힌다' 는 속담이 있습니다. 지금 가룟 유다가 그렇습니다. 주님과 가장 가까이 있던 열두 명의 제자 중 그것도 신임과 인정을 한 몸에 받았던 그가 주님을 배신 한 것입니다.

그렇다면 이런 질문을 해볼 수 있습니다. 왜 가룟 유다는 주님 곁에 있으면서 주님을 배반했을까요? 혹자는 그가 주님에 대한 애정이 없었기 때문이라고 합니다. 이 말에 상당한 일리가 있다고 생각합니다. 왜냐하면 가룟 유다는 주님의 일에 대해 항상 제3자의 위치에 있었기 때문입니다. 다시 말해서 주를 사랑하는 마음 때문에 주의 일을 감당한 것이 아니란 말입니다. 불러 주셨기 때문에 인간적이고 의무적으로 제자의 재정을 담당하는 자리에 있었지, 주님을 깊이 사랑하고 그 분의 가르침에 깊이 감동 받아 자발적인 헌신을 하지 않았기 때문에 결정적인 순간에 스승인 예수님을 팔려고 했던 것으로 이해할 수 있습니다.

베드로는 예수님이 하시는 일과 의도적인 계획에 대해서 늘 좌충

우돌(左衝右突)식 반응을 했던 제자로서 실수도 많이 하고 실패도 경험했습니다. 그런데 어느 누구도 주님을 향한 베드로의 사랑을 의심하는 사람은 없습니다. 비록 실수를 했지만 언제나 주를 사랑하는 베드로의 마음은 변함이 없었습니다. 그러나 가룟 유다는 그렇지 않았습니다. 그의 마음은 세상 욕심과 탐심으로 가득 차 있었고, 물질을 얻는 일에 혈안이 되어 있었습니다. 어떻게 하면 좀 더 많은 돈을 가질 수 있을까 하는 예민한 마음으로 신경을 곤두 세우고 있습니다. 그는 주님 곁에서 돈궤를 맡아 금전의 수 지출을 담당하는 일을 했지만 한번도 주님을 진심으로 사랑하는 마음으로 한 적이 없었습니다. 그는 향유 옥합을 깨뜨리는 한 여인의 모습을 보면서도 "왜 그 비싼 향유 옥합을 가난한 자들에게 나누어 주지 않느냐?"고 꾸짖는 태도를 보였습니다. 비판하고 평가는 했지만 주를 사랑하는 마음으로 그 일에 뛰어들지는 않았습니다.

교회에 열심히 나오고 봉사하던 사람이 한순간에 주님을 버리는 경우를 종종 보게 됩니다. 왜 그렇게 될까요? 하나님의 은혜에 보답하는 마음으로나 주님을 사랑하는 마음으로 한 것이 아니기 때문입니다. 남들 앞에서 자랑하고 높아지고 싶은 마음 때문에 모든 일에 열심을 다하지만 결정적인 순간에 주를 떠나가 버립니다. 이런 현상은 신앙생활 뿐 아니라 우리의 가정생활도 마찬가지입니다. 가정에서 부부의 사랑이 식고 더 깊고 성숙한 사랑으로 관계를 돈독하게 하지 않기 때문에 황혼 이혼이 요즘 늘어나고 있는 추세입니다.

수 십년을 동고동락(同苦同樂)하며 아들 딸 낳고 살다가 헤어지는 이유가 무엇입니까? 처음 만나 서로가 사랑했던 그 사랑을 유지하지 못하고 건성으로 서로를 대하기 때문입니다. 서로의 필요를 위해 한 지붕 밑에서 산 것이지 남편을 사랑하거나 아내를 사랑한 것은 아닙니다. 같이 살고 있다는 이유만으로 서로 사랑하고 있다고 말할 수 없습니다. 그러므로 결정적인 순간에 서로 쉽게 헤어지게 되는 것입니다.

가룟 유다가 유일하게 적극성을 띄는 모습은 그 당시 종교 지도자였던 대제사장을 찾아가는 일이었습니다. 그가 찾아가서 한 일이 무엇입니까? 11절에 **"그들이 듣고 기뻐하여 돈을 주기로 약속하니 유다가 예수를 어떻게 넘겨 줄까 하고 그 기회를 찾더라"**라고 했습니다. 악한 일에는 항상 돈과 물질이 관련되어 있습니다. 서로의 유익을 위해서 은밀하게 돈으로 거래하는 것입니다. 이러한 뒷거래는 그때나 지금이나 악한 자들의 동일한 수법입니다.

어쩌면 이것이 우리의 모습인지도 모르겠습니다. 우리 가운데도 주님을 정말 귀하게 여기는 분이 있는가 하면 주님을 그저 그런 존재로 여기는 분들이 없잖아 있습니다. 자신의 모든 것을 통째로 드려도 아깝지 않게 여길 정도로 귀하게 생각하는 분들이 있는가 하면, 예수를 믿으면 좋고 믿지 않아도 별로 손해 볼 것이 없다는 정도로만 여기는 분들이 있습니다.

사실 가룟 유다가 종교지도자들로부터 받은 은 삼십은 보잘것 없는 금액에 지나지 않습니다. 그런데 그 돈을 얻기 위해 하나님의 아들을 팔아 넘기려 하고 있습니다. 어떤 분은 기왕에 팔아 넘길 바엔 더 많은 요구를 할 것이지 겨우 은 삼십이냐 고 말할지 모릅니다. 그러나 삼백이 아니라 삼만이라도 우리 주님은 그렇게 바꿀 수 있는 분이 아닙니다. 왜 그렇습니까? 그분은 하나님의 독생자이시기 때문입니다.

우리가 즐겨 부르는 찬송가 94장의 가사는 다음과 같습니다.

"주 예수보다 더 귀한 것은 없네 이 세상 부귀와 바꿀 수 없네
영 죽을 내 대신 돌아가신 그 놀라운 사랑 잊지 못해
세상 즐거움 다 버리고 세상 자랑 다 버렸네
주 예수보다 더 귀한 것은 없네 예수 밖에는 없네"

이 찬송시가 우리 모두의 진솔한 고백이 되었으면 좋겠습니다. 세상의 그 어떤 부귀와 명예와 비교할 수 없는 주님이 더 귀한 분이시고 보배라는 사실을 고백하는 것 말입니다.

그 무엇과도 바꿀 수 없는 소중한 분임을 고백하실 수 있습니까? 바울은 갈라디아서에서 고백하기를 "내가 그리스도와 함께 십자가에 못 박혔나니 그런즉 이제는 내가 사는 것이 아니요 오직 내 안에 그리스도께서 사시는 것이라 이제 내가 육체 가운데 사는 것은 나를 사랑하사 나를 위하여 자기 자신을 버리신 하나님의 아들을 믿는 믿음 안에서 사는 것이라"(갈 2:20)고 했습니다.

우리는 어떻습니까? 은 삼십과 주님을 바꾸고자 했던 유다처럼

돈에 눈이 멀어 예수님을 배반하는 삶을 살고 있지는 않습니까? 세상에서 얻게 될 약간의 이익 때문에 주님을 부인하고, 주의 일을 소홀히 하지는 않습니까? 은 삼십이 과연 나를 위해서 죽으시고 십자가에 못 박히신 그분과 바꿀 수 있을 만큼 가치 있는 것일까요? 예수 그리스도는 그 무엇과도 바꿀 수 없는 분이십니다. 세상에서 쌓는 약간의 실력을 예수와 바꾸려 해서는 안 됩니다. 은 삼십과 같은 적은 가치에 예수를 넘기려 하는 가룟 유다의 모습을 한번 상상해 보시기 바랍니다.

대제사장을 만나러 가는 그의 모습을 눈을 감고 그려 보시기 바랍니다. 무엇엔가 쫓기는 듯한 표정으로, 발걸음을 재촉하면서, 주위의 눈치를 보며 그곳으로 가지 않았겠습니까? 그의 얼굴에서 평안이라고는 찾아볼 수 없었을 것이고 초조하고 불안한 모습이었을 것입니다. 그 어디에서도 기쁨을 발견할 수 없습니다. 어서 빨리 넘겨주고 돈을 챙기겠다는 탐욕이 가득 찬 얼굴이었습니다.

돈을 받기로 약속한 날부터 가룟 유다는 예수를 넘겨줄 기회를 찾고 있었습니다. 기회만 포착되면 여지없이 예수를 넘겨줄 참이었습니다. 그런데 요한복음을 보면 이 장면을 이렇게 소개합니다. **"마귀가 벌써 시몬의 아들 가룟 유다의 마음에 예수를 팔려는 생각을 넣었더라"**(요 13:2) 궁극적으로 가룟 유다의 마음을 지배하고 있는 것이 무엇입니까? 마귀입니다. 마귀가 가룟 유다로 하여금 예수님을 팔려는 충동을 느끼게 한 것입니다.

앞에서도 말씀드렸지만 그 근본 원인은 그가 주님을 진심으로 사랑하지 않았기 때문입니다. 주를 사랑하는 마음으로 자신을 채우지 못하니까 마귀가 그 마음속에 들어가 지배하고 만 것입니다. 우리의 심령이 주 예수 그리스도로 채워져 있지 않다면 우리는 언제 마귀의 지배를 받을지 모릅니다. 마귀의 지배를 받으면 우리의 생각은 한 곳에 집중되게 됩니다. 어디에 집중됩니까? 세상에 집중됩니다. 가룟 유다의 마음은 돈에 집중되었습니다. 그래서 그때 부터 예수를 넘겨줄 기회만 찾고 있었습니다. 이런 이야기가 있습니다.

어느 지혜로운 할아버지가 어린 손자를 무릎에 앉혀놓고 말했습니다. "얘야, 사람 안에는 늑대 두 마리가 살고 있단다. 한 마리는 악한 놈이야. 그놈은 화를 잘 내고 늘 싸우기를 좋아하고 용서할 줄 모른단다. 반면, 다른 한 늑대는 착한 놈이지. 이 착한 늑대는 매우 친절하고 사랑스럽단다. 이 두 마리의 늑대가 네 안에도 있단다." 깜짝 놀란 손자가 한참을 생각하더니 할아버지께 물었습니다. "할아버지, 그럼 내 안에 있는 늑대 두 마리가 싸우면 어떤 늑대가 이기죠?" 손자의 천진난만한 질문에 할아버지는 빙그레 웃으며 대답했습니다. "그야 네가 먹이를 주는 놈이지!" 우리 안에 악한 생각과 착한 생각 가운데, 어떤 생각에 사로잡힐지 결정하는 것은 오롯이 자신입니다. 그렇습니다. 가룟 유다는 그의 마음을 마귀가 지배하도록 자기 스스로 내어 주었던 것입니다. 그래서 그는 예수를 넘겨줄 기회를 찾고 있었습니다. 그는 예수님의 제자로 3년 동안 동행했지만 예수님으로 채워지지 않은 그 마음의 빈 집에 마귀가 들어오게 된 것입니다. 여러분의 영혼의 집은 무엇으로 채워져 있습니까? 혹시 '깨끗하게 청소해 두었으니까' 하며 인심하고 있시는 않습니까? 깨끗하게 청소해 두는 것 보다 더 중요한 것은 '무엇으로 그 집이 채워져 있느냐' 하는 것입니다.

우리가 예수님을 '얼마나 따라다녔고 얼마나 오랜 시간을 함께 있었느냐' 하는 것은 그리 중요하지 않습니다. 내가 '얼마나 주를 위해 봉사하고 수고했느냐' 도 우선 순위가 아닙니다. 중요한 것은 '내 심령이, 나의 마음이 예수로 채워져 있느냐' 하는 것입니다. 예수로 채우지 않는다면 결국 우리들은 세상의 것으로 우리의 마음을 채울 수밖에 없고 그렇게 되면 우리도 예수를 싸구려 은 삼십에 바꾸는 기회를 찾게 될 것입니다. 성령의 충만함과 예수님으로 내 심령이 채워져 있는지 아니면 세상의 것인 물질이 여러분의 마음을 지배하고 있는지를 곰곰이 생각해 보아야 할 것입니다.

가룟 유다는 예수님의 제자가 되어 처음에는 사랑도 많이 받았고, 신임도 얻어서 제자들 그룹의 회계를 맡을 정도로 예수님과 가까운 사이였습니다. 세월이 지나면서 돈에 대한 욕심, 탐욕이 그 마음 속에 자리 잡기 시작 할 때에 예수님께서 부르신 본질적인 소명과 사명에 충실하기보다 자기의 유익을 더 챙기는 쪽으로 기울기 시작했습니다. 탐욕은 우상숭배이며, 탐욕이 가득한 심령에는 하나님을 사랑하고 우리 주님을 경외하는 마음이 자리 잡을 수 없습니다. 물질과 하나님을 겸하여 섬길 수 없다는 것이 가룟 유다를 통해서 증명이 되었습니다. 하나님 나라의 본질을 바르게 이해하면 제자로서의 삶을 살 수 있습니다. 사도 바울은 **"하나님의 나라는 먹는**

것과 마시는 것이 아니요 오직 성령 안에 있는 의와 평강과 희락이라"(롬 14:17)라고 했습니다.

예수님께서는 우리를 그의 제자로 부르시고 훈련 시켜가고 계십니다. 한 생애를 살면서 무엇이 가장 가치 있는 일인지 생각하고 본연의 사세를 흐드리지 말고 하나님의 나라를 위해 성숙해 갈 수 있기를 소망합니다.

다른 제자들

이제는 무대가 바뀌면서 제자들과 예수님의 대화가 이어집니다. 제자들이 유월절 만찬을 어디서 준비할지 예수님에게 물었습니다. 가장 중요한 준비는 물론 방 입니다. 당시 예루살렘 주민들은 순례자들에게 방을 쉽게 내주었다고 합니다. 그 이유는 가나안 땅을 열두 지파에게 분배할 때 예루살렘은 공동 소유로 남겨두었다는 데 있습니다. 순례객들은 유월절 만찬을 위해서 방을 준비하고, 양을 잡아야 하고, 누룩 없는 빵과 식탁 및 만찬에 필요한 물품을 준비해야 했습니다. 유월절을 지키라고 하신 구약의 말씀을 익히 알고 그것을 지키기 위해 준비하는 제자들의 마음과 태도를 엿볼 수 있어야 합니다. 오늘 우리 한국교회는 절기에 대한 중요성과 필요성을 알지 못하여 흐지부지하게 보내는 것이 참 안타깝습니다. 절기가 되어도 준비하지 않고 아무렇게나 보내고 그 속에 담겨 있는 의미와 은혜를 놓치고 있기 때문에 점점 세속화되고 있습니다.

예수님께서 유월절이 시작되는 저녁 만찬을 위해서 두 제자(베드로와 요한)를 보내시면서 성내에 들어가 물동이를 이고 가는 사람에게 부탁하면 내어줄 것이라고 했습니다. 같은 내용을 담고 있는 누가복음 22장 8절 말씀을 보면, 이들 두 제자는 베드로와 요한이었습니다. 이들 두 제자는 예수님의 최측근이었습니다. 사도행전 1-13장을 보면 뒤에 이들 두 제자는 초대교회의 중추적인 기둥이 되었습니다. 말하자면 예수님께서는 자신이 가장 신뢰하는 두 제자에게 특별 임무를 맡기신 것입니다. 출애굽기 12장 3절 말씀처럼 유월절 양은 첫 달 열흘에 준비해야 했습니다. 그리고 출애굽기12장 6절 말씀과 같이 첫 달 열 나흘 날에 잡아야 했습니다. 따라서 예수님과 제자들도 이미 나흘 전에 유월절 양을 준비해서 베다니에 있는 나사로의 집에 맡겨 놓으셨을 것입니다. 유월절 양은 한 마리에 열 명 이상 스무 명 이하가 먹도록 되어 있었습니다. 예수님과 제자들은 도합 열세 명이니까, 한 마리를 잡으면 되었습니다. 그리고 유월절 양을 잡을 때는 양 한 마리당 두 명씩만 성전에 들어갈 수 있었습니다. 따라서 예수님께서 두 제자를 보내셔서 유월절을 준비하게 하신 것은 그다지 특별한 일이 아니었습니다. 특이한 것은 예수님께서 두 제자에게 말씀하신 내용입니다.

모든 일이 예수님이 일러준 대로 진행되었고, 제자들은 유월절 음식을 준비 할 수 있었습니다. 예루살렘에 들어가서 물동이를 지고 가는 사람을 만나게 될 것이라는 주님의 말씀은 미리 그 사람과 사전에 조율이 된 사안이라는 것을 우리는 짐작할 수 있습니다. 어떤 분은 이런 구절을 놓고 예수님은 미래의 일까지 정확하게 짚어낼 수 있는 초능력자라고 말하기도 합니다. 예수님이 선재(仙才)적인 존재이고 종말에 재림하실 분이라는 점에서 본다면 예수님의 전지전능함을 부인할 수는 없습니다. 그러나 이런 일이 가능했던 것은 평소 예수님께서 그의 성품과 가르침 그리고 기적과 교제를 통해 많은 사람들과 좋은 관계를 형성하고 있었기 때문입니다. 이를 가까이에서 본 제자들은 예수님의 말씀에 순종하여 성 안으로 들어가 식사할 장소와 내용을 준비하게 되는 것입니다. 예수님을 잘 이해하지 못하는 사람들은 예수님의 말씀에 순종할 수 없습니다. 초기에 제자들도 예수님을 이해하지 못했습니다. 빈 들에서 식사 준비를 하도록 했을 때 빌립은 이백 데나리온이 필요하다며 값부터 이야기했습니다(요 6:7). 오병이어(五餅二漁)의 기적을 베푸실 때 계산부터 먼저 했던 그였지만 지금은 많이 성숙했고 예수님의 사역을 이해했기 때문에 즉시 순종할 수 있었습니다. 신앙은 예수님을 경험하는 것이고 그분을 알아가는 일입니다. 이것이 되면 순종도 헌신도 자연스럽게 이루어지는 것입니다. 우리는 주님의 제자들입니다. 매사에 성숙함으로 반응하고 순종하는 자들이 되어야 할 것입니다. 현실적으로 이해되지 않아도 주님께서 말씀하시는 것이라면 순종하는 것이 믿음의 반응이며 그 사람의 수준입니다.

다락방 주인

앞 장에서는 예수님의 장례 준비를 위해 향유 한 옥합을 깨뜨려 예수님의 머리에 부은 한 여인의 헌신적 행동에 대해 살펴보았습니다. 받은 은혜에 대한 보답으로 자신이 소유하고 있던 가장 가치 있는 것을 드렸던 한 익명의 여인처럼 오늘 본문에 나타나는 다락방 주인도 예수님께서 유월절 저녁 식사를 위한 장소를 부탁했을 때 기꺼이 내놓았습니다. 예수님께서 제자들과 함께 유월절 음식을 잡수시겠다고 하시는 말씀에 군말 하지 않고 제공하는 순종의 마음을 읽게 됩니다. 예수님으로 가득 찬 사람은 그 어떤 요구에도 기꺼이 순종하는 반응을 보입니다. 내가 가진 것이 나의 것이 아니라는 마음, 소유에 대한 인정을 하나님께 두는 마음이 있어야 긍정적 반응을 할 수 있습니다. 나의 것이라면 1원이라도 아까워서 드리지 못합니다. 그것을 움켜쥐고 있어야 마음이 든든합니다. 그러나 나의 것이 하나님의 것으로 인정될 때 진정한 행복과 평안을 누릴 수 있습니다.

자기의 것이 아깝지 않은 사람이 없는데, 당장 이익이 없는 일에 드리라고 하면 짜증부터 나고 손익을 따지는 것이 우리의 일반적인 자세입니다. 평소에 주님과 깊은 교제를 통해서 그분이 메시아이심을 알았고, 그분의 현재 사역과 앞으로 일어날 십자가의 사역을 알고 있었던 터라 주님의 부탁에 망설이지 않고 동의할 수 있었던 것입니다.

오늘 우리도 주님이 무엇을 요구하시든지 기쁨으로 드릴 수 있었으면 참 좋겠습니다. 내가 소유하고 있는 재산(동산과 부동산)을 내 것으로 여기면 아까워서 드릴 수 없지만 그것이 나의 것이 아니라 하나님께서 나에게 임시로 맡겨주신 것이고, 주님이 필요로 하시면 언제든지 드려야 한다는 소유에 대한 올바른 개념을 가지고 있으면 다락방 주인처럼 헌신할 수 있을 것입니다. 다시 말하면 하나님의 주권을 인정하는 것입니다. 자기가 가진 주택도 사역자들과 선교사님들과 어려운 이웃을 위해 제공할 수 있어야 합니다. 실제 자기가 가진 오피스텔을 교회가 후원하는 선교사님이 안식년으로 들어오시면 사용할 수 있도록 헌납하시는 분의 이야기를 들었습니다. 상당히 이 부분에 있어서 헌신하는 분들을 보면서 참 기분이 좋았고 도전이 되었습니다. '본죽'을 경영하시면서 최근에 '본 사랑' 복지법인을 세우신 이사장 최복이 권사님의 스토리가 감동이 되었습니다.

최 권사님은 간증을 하시면서

"제가 초년에 고생을 좀 했습니다. 남편 사업이 망해서 젖먹이 셋째 딸을 데리고 돈을 꾸러 친척집에 내려갔는데, 버릇된다고 차비도 없이 문전박대 당하고 올라오는 기차 안에서 얼마나 울었는지 모릅니다. 그러면서 다짐했습니다. 다시는 돈을 꾸지 않겠다고, 또 평생 꿔주고 나눠주는 삶을 살겠다고 … 그래서 회사를 키우면서 남

무르게 조금씩 도왔는데 이느 날 빌게이츠의 부인 벨린다 게이츠의 기사를 보았습니다. 저와 동갑인 그녀가 진행하는 자선사업에 엄청난 충격을 받았습니다. 그래서 제가 아무도 모르게 도우면 1명, 10명이지만 기업 차원에서 뜻을 같이하는 분들과 힘을 합해 도우면 100명 1000명이 된다는 걸 알았습니다. 그래서 시작하게 되었습니다."

복지법인을 만들어 제일 먼저 한 일이 돈이 없어 결혼식을 하지 못하는 젊은이들을 돕는 일이었습니다. 형편이 어려운 그들에게 결혼식에서 신혼여행까지의 모든 과정에 필요한 경비를 지원해 줌으로 삶의 소중한 시간을 찾아주는 서비스를 하게 된 것입니다.

보통 사람들은 돈을 벌면 자녀들 유학 보내고, 외국에 집 사고, 좋은 차 사고, 좋은 집 사고, 자녀들 화려한 결혼식 시키고, 자기 이름 드러내는 난제에 기부하고, 자신을 위해 사용합니다. 하지만 진정한 그리스도인들은 의미 있고 보람 있는 일에 하나님께서 맡겨주신 물질을 사용합니다. 주님을 위한 헌금과 헌물 제공은 그리스도의 십자가에 대한 사랑과 구원에 대한 은혜가 그 마음에 가득하지 않으면 할 수 없습니다. 자기가 가진 물질과 소유는 다 귀하고 소중합니다. 더 큰 것이 마음에 자리잡을 때에만 그것을 아깝지 않게 내어놓을 수 있습니다. 옥합을 깨뜨린 여인도, 다락방을 선뜻 예수님께 내어놓은 주인도, 이웃을 위해 헌신하는 최복이 권사님도 마음에 예수님에 대한 보은이 충만했던 것입니다. 오늘날도 이와 같은 헌신을 주님은 기대하고 있습니다. 우리 모두가 이러한 선한 일에 헌신하는 자세를 가져야 할 것입니다.

설몬적으로, 오늘날도 기릇 유다와 같이 탐욕에 사로잡혀 주님을 이용하려는 교인들이 늘어나고 있는가 하면, 주님의 사랑과 구원하심에 감격하여 기쁨으로 헌신하면서 구원 사역과 복음의 확장을 위해 최선을 다하는 신실한 성도들이 있습니다. 돈과 하나님 두 선택의 갈림길에서 탐욕으로 인하여 전자를 위해 살아가는 사람이 되시겠습니까? 아니면 삶을 송두리째 드리는 하나님을 경외하는 후자의 삶을 사는 사람이 되시겠습니까? 그리고 나는 현재 어떤 부류의 사람입니까?

내 모든 삶의 중심이 예수님이 되면 그분의 기쁨이 되기 위해 시간, 물질, 재능을 기꺼이 내어드려도 아깝지 않고 더 드리지 못하여 안달이 납니다. 내가 예수님께 드릴 방 한 칸은 무엇인지를 생각하면서 베푸는 삶의 정의가 무엇인지 묵상하는 우리 모두가 될 수 있기를 주의 이름으로 축복합니다.

Chapter 8

유다에 대한 예수님의 마음
(The Thought of Jesus Toward Judas Iscariot)

마가복음 14:17-21

저물매 그 열둘을 데리시고 가서 다 앉아 먹을 때에 예수께서 이르시되 내가
진실로 너희에게 이르노니 너희 중의 한 사람 곧 나와 함께 먹는 자가 나를
팔리라 하신대 그들이 근심하며 하나씩 하나씩 나는 아니지요 하고 말하기
시작하니 그들에게 이르시되 열둘 중의 하나 곧 나와 함께 그릇에 손을 넣는
자니라 인자는 자기에 대하여 기록된 대로 가거니와 인자를 파는 그 사람에
게는 화가 있으리로다 그 사람은 차라리 나지 아니하였더라면 자기에게 좋을
뻔하였느니라 하시니라

사람의 잘못된 행위에 대해서 사람들은 각기 다른 평가를 내어
놓습니다. 잘못을 알면서도 관계 때문에 덮어주고 슬쩍 넘어가는
사람이 있는가 하면, 어떤 사람은 그 잘못을 함께 아파하면서 그것
을 고쳐주려고 노력합니다. 다시는 동일한 죄와 실수를 범하지 않
도록 말입니다. 예수님은 인간의 잘못된 행위에 대해서 안타까워하
시면서 뉘우칠 수 있는 회개의 기회를 주시고, 반성하고 돌이키면
언제든지 용서하시고 용납하시는 분이십니다. 그 좋은 사례가 그의

제자들에게 주어진 것을 봅니다. 베드로의 실수에 대해서 반성하고 회개할 때 다시 제자직을 감당할 수 있었지만, 가룟 유다는 끝까지 그 기회를 바로 잡지 못하여 패망의 길로 갔습니다. 죄인에게 회개의 기회를 주시고 돌이키면 용서하시는 사죄의 길을 십자가를 통해서 활짝 여신 분이 바로 예수 그리스도이십니다. 그 십자가의 은총을 기억하면서 우리는 일년 중에 사순 절기를 정하여 교회마다 다양하게 지키려고 애를 씁니다.

교회력에서 '사순절(Lent)'은 너무나 중요한 절기입니다. 사순절은 예수님이 십자가에서 돌아가시기 전 40일을 묵상하며 보내는 뜻 깊은 절기입니다. 특히 주님의 고난을 생각하며 기도하면서 금식하는 가운데 헌신과 결단의 삶을 다지는 기간이라 할 수 있습니다. 이미 사순절이 시작되었고, 고난 당하신 예수님의 생애가 깊어지고 있습니다. 수난 절기를 통해 주님의 고난을 살피면서 우리의 신앙을 더욱 견고하게 다질 수 있는 기회가 되었으면 좋겠습니다.

육체적인 고통

예수님께서 당하신 고난을 생각하면 늘 떠오르는 질문이 있습니다. 그것은 '얼마나 아프셨을까' 하는 것입니다. 고통이라는 것은 당하지 않고는 잘 알 수도 없고 설명 할 수도 없습니다. 고통받는 당사자가 아니면 어떤 사람도 고통을 이해할 수 없습니다. 우리가

116 마가복음 강해서 4 하나님의 아들, 예수 그리스도

종종 예수님은 고통에 있어서 우리와 뭔가 달랐을 것이라고 생각합니다. 그래도 예수님은 고통을 느낌에 있어서 우리와 차이가 있을 것이라고 오해합니다. 그러나 그렇지 않습니다. 예수님은 우리와 똑같은 성정, 즉 인간이 가진 지정의를 가지신 분이십니다. 물론 죄는 없으시지만, 그분은 100% 완전한 하나님이시면서 완벽한 인간이십니다(존 스토트). 예수님도 피곤하면 조용한 곳에 가셔서 안식하시기도 하셨습니다. 아프시면 고통을 느끼시고 슬픈 일을 만나면 하염 없이 눈물을 흘리셨고, 칼에 찔리면 어김없이 피가 쏟아지는 우리와 동일한 육체를 가지신 분이셨습니다. 히브리서의 저자는 이 부분을 "…우리에게 있는 대제사장은 우리의 연약함을 동정하지 못하실 이가 아니요 모든 일에 우리와 똑같이…"(히 4:15) 라고 설명합니다. 여기 '똑같이' 라는 말이 곧 우리와 동일한 인간이라는 뜻입니다. 주님께서는 우리가 당하는 고통을 맛보셨고, 이 세상에서 가장 큰 고통 가운데 생을 마감하셨습니다. 예수님이 당하신 '고통' 이라고 하면 먼저 떠오르는 것이 '육체의 아픔' 일 것입니다. 우리 몸이 정상적으로 지낼 때는 문제가 없지만 뭔가 자극이 오고 뒤틀리면 아픔을 느끼게 됩니다. 이것이 인간의 본질입니다. 주님도 그 아픔을 몸소 체험하시며 돌아가신 것입니다.

예수님께서 당하신 육체의 고통은 탄생부터 시작되었습니다. 그러다가 십자가를 지시는 순간에 절정을 이루었습니다. 당시 로마가 십자가형으로 죄수를 처형하는 데는 바로 고통을 주려는 목적이 있었습니다. 십자가에 달리신 6시간 동안 예수님은 그 고통을 다 당하셨습니다. 물과 피를 다 쏟으셨습니다. 몸에 남아 있는 수분이 모두 빠져나간 것입니다. 그래서 우리는 예수님이 십자가에서, '내가 목마르다' 하신 말씀을 잘 기억해야 합니다. 몸이 바짝 마르고, 마치 타들어가는 것과 같은 아픔이요, 고통이었을 것입니다. '얼마나 아프셨을까' 주님이 당하신 육체의 고통, 그 아픔을 조금이라도 이해한다면 우리의 신앙이, 우리의 삶이 달라지지 않을 수 없을 것입니다.

마음의 고통

예수님께서 당하신 고통은 육체적인 것만이 아니었습니다. 사실 육체보다 마음의 고통이 더 크다고 할 수 있습니다. 마음이 편안하면 아무리 고통스러운 육체의 아픔이라도 잘 견디는 것을 봅니다. 주님도 마찬가지였을 것입니다. 주님은 육체의 고통도 컸지만, 사실 마음이 더욱 아프셨을 것입니다. 주님께서 당하신 마음의 고통은 '배신' 때문이었습니다. 우리도 살면서 동일한 경험을 합니다. 평소 신뢰하고 믿었던 사람이 한 순간 배신하고 떠날 때 그 아픔은 누구에게도 이야기 하지 못하는 깊은 상처로 남습니다 주님께서도 그런 아픔을 경험하신 것입니다.

예수님을 배반했던 사람들이 누구입니까?

무리들

군중들 즉 다수의 불특정 무리를 생각할 수 있습니다. 예수님의 공생애 시작 때부터 함께 했던 사람들입니다. 갈릴리로부터 와서 예수님을 따라다닌 사람들입니다. 주님이 예루살렘에 입성할 때 열렬히 환영했던 사람들입니다. 그런데 이 무리들이 갑자기 돌변합니다. 군중심리가 발동하여 예수님을 향하여 욕을 하고, 삿대질을 하고, 돌을 던지고, 심지어는 침을 뱉습니다. 물론 처음부터 예수님께서는 이미 그들의 배신을 알고 계셨습니다. 그런 사람들을 끝까지 사랑하셨습니다. 그래서 자기를 향해 손가락질하고 비난하면서 등진 그들을 위해 기도하셨습니다. **"아버지여 저들을 용서하소서 저들은 자기들이 하는 것을 알지 못합니다."** 이것이 예수님의 사랑이었습니다. 그러나 배신은 예수님을 실망시키고 큰 고통을 안겨 주었습니다. 어떻게 이렇게 한 순간에 돌변하는 태도를 가질 수 있을까요? 그것은 예수님의 죽음으로 인해 그들의 인간적인 기대와 바램에 미치지 못한다는 판단 때문이었습니다.

제자들

예수님은 40일 동안 금식하고 기도하면서 제자들을 선택하셨습니다. 그리고 3년 동안 끊임없이 훈련시키셨습니다. 그들은 예수님과 동고동락하면서 누구보다 예수님이 어떤 분인지 잘 알고 있었습니다. 매 순간 주님을 위해 헌신하면서 충성을 맹세했던 사람들입니다. 위기가 엄습해 올 때마다 한결같이 주님과 함께 죽으러 가자고 큰 소리쳤던 사람들입니다. 주님으로부터 많은 사랑과 은혜를 받은 사람들입니다. 주님이 자기의 사명을 위탁할 중요한 사람들이었습니다. 그런데 그들에게 위기가 찾아오자 한순간 배신하고 뿔뿔이 흩어지고 말았습니다. 권력자의 총칼 앞에 무너지고 죽음이 두려워 스승이자 멘토인 주님께 대한 신의를 헌신짝처럼 버린 배신자들입니다. 나는 이 시대의 예수님의 제자로서 어떤 태도를 가지고 살아가고 있는지를 한번 점검해 보는 시간이 되었으면 합니다.

수제자 베드로

베드로는 더욱 주님의 마음을 아프게 했습니다. 베드로는 예수님으로부터 인정을 받고 수제자의 위치에 서 있었던 제자입니다. 그의 입으로 주님을 가장 사랑한다고 말한 사람입니다. 주님 없이 살 수 없다고 누누이 고백했던 사람입니다. 어느 날 예수님이 말씀을 전하는데 사람들이 거의다 떠났습니다. 그것을 몹시 아쉬워하며 주님께서는 제자들에게 '너희도 가려느냐?' 라고 물으셨습니다. 그때 베드로는 **'영생의 말씀이 여기 계시오매 우리가 뉘게로 가오리까'** 하고 말했던 수제자입니다. 그리고 가이사랴 빌립보 한 지역에서 **"주는 그리스도시요 살아 계신 하나님의 아들"**이라고 당당하고도 분명하게 믿음을 고백했던 사람입니다. 십자가의 숨가쁜 현장에서 다른 사람

120 마가복음 강해서 4 하나님의 아들, 예수 그리스도

은 다 주를 버릴지라도 나는 버리지 않겠다고 호언장담했던 사람입니다. 베드로는 제자 공동체의 수장이었습니다. 주님의 가장 가까운 곳에서 그림자처럼 따라다녔던 사람입니다. 다른 사람은 몰라도 베드로 만큼은 그렇지 않을 것이라고 많은 사람이 기대했는데 그도 배신하여 여지없이 무너지고 말았습니다. 작은 소녀 앞에서 예수님을 모른다고 부인하고, 저주하고, 맹세까지 합니다. 어찌 이런 일이 있을 수 있을까요? 사람으로서 할 수 없는 행동일 뿐 아니라 제자들 그룹의 우두머리로서는 도무지 이해가 안되는 배신 행위입니다. 그런 베드로의 행동을 보신 주님의 마음이 얼마나 아프셨을까를 우리는 충분히 짐작하고도 남음이 있습니다.

가룟 유다의 배신

그는 어떤 사람보다도 예수님이 마음을 아프게 했던 사람입니다. 가룟 유다의 출신과 신분에 대해 성경은 자세히 말하지 않습니다. 모든 다른 제자들이 북쪽 갈릴리 출신이라는 것에 비교하여 남쪽 '가룟'이라는 곳에서 출생한 사람이라는 것을 말합니다. 그리고 로마의 압제를 받는 이스라엘을 위해 마치 독립군처럼 활동했던 것이 그에 대해 아는 전부입니다. 중요한 것은 그가 주님의 열두 제자에 속해 있었다는 것입니다. 그리고 그가 많은 제자 가운데 예수님의 인정을 받아 재정을 관리하고 있었다는 것입니다. 예수님은 다른 제자들처럼 유다를 사랑하셨습니다. 그를 참 사람으로 만들기 위해 제자로 선택하셨습니다. 그의 탁월함이 돋보여 귀한 직분까지 주었습니다. 조용히, 그리고 진지하게 유다는 예수님을 가까이에서 보았습니다. 그는 다른 제자와 같이 말이 앞선 사람이 아닙니다. 교만해 보이지도 않았습니다 성급하거나 거칠지도 않았습니다, 제자 중에서 외적인 조건으로만 보면 가장 나아 보이는 사람입니다. 잘 훈련 받고 다듬어지면 하나님 나라를 위해 큰 일을 감당할 수 있는 조건입니다. 그러나 유다는 모든 사람이 가는 참된 길을 가지 않았습니다. 신앙의 길을 걷지도 않았습니다. 상식을 따르지도 않았습니다. 윤리와 도덕의 수준에도 못 미쳤고, 양심을 팔았습니다. 뒤에서 비수를 꽂은, 세상에서 가장 비열한 사람입니다. 인정과 사랑을 받았건만, 그 사랑을 배신으로 갚았던 사람입니다. 본문은 유다의 배신과 더불어 주님의 마음을 어느 정도 읽을 수 있는 말씀이기도 합니다. 주님께서 **"너희 중의 한 사람이 나를 팔리라"**하시며 사람을 지목한 뒤 이렇게 말씀하셨습니다. **"인자는 자기에 대하여 기록된 대로 가거니와 인자를 파는 그 사람에게는 화가 있으리로다"** 사실 유다가 예수님을 팔지 않았어도 주님은 자기 길을 가실 분입니다. 우리는 마치 유다가 주님을 팔아서 죽으신 것으로 생각하는데 그렇지 않습니다. 예수님은 자기 계획대로 행하십니다. 그런데 유다가 지금 나쁜 일에 쓰임을 받고 있는 것입니다. 그런 유다를 향해 주님은 화를 선포하셨고 마지막에 이렇게 말씀하셨습니다. **"그 사람은 차라리 나지 아니하였더면 자기에게 좋을 뻔하였느니라"** 주님의 입에서 일찍이 이런 말씀이 나온 적이 없었습니다. 가장 큰 죄인 중에 죄인이라도 주님은 품으셨습니다. 모든 이들이 사랑받기 위해 태어난 인간임을 주님께서는 늘 강조하셨습니다. 그런데 유다에게 유독 이렇게 말씀하십니다. 이것이 당시 주님의 심정입니다. 얼마나 아프셨으면, 얼마나 실망했으면, 주님이 이렇게 말씀하셨을까요? 여러분, 바로 이것이 십자가 앞에서 주님이 당하신 아픔입니다. 육체의 아픔보다 더 쓰리고 쓰린 아픔입니다. 주님을 몹시 실망시키고 근심 시킨 아픔입니다. 인간 삶에 배신이라는 것은 정말 쓰린 상처이며 아픔입니다. 그래서 성경은 유독 인간 삶에 나타나는 배신의 모습을 보여주고 있습니다.

대표적인 예가 바로 요셉 이야기입니다. 형들에게 배신당하는 아픔을 맛보았습니다. 모세는 백성에게 배신당하고, 여호수아도 배신을 경험했습니다. 무엇보다도 성경에서 배신의 아픔을 처절하게 맛본 인물이 다윗입니다. 다윗은 '아히도벨'에게 배신을 당합니다. 평생 동지, 평생 친구, 평생 동역자로서 늘 함께 했던 둘도 없는 사람이 자기를 향하여 비수를 꽂았습니다. 다윗은 그 아픔을 견딜 수 없었습니다. 다윗은 그 괴로움을 시편에서 구구절절이 하나님께 기도로 토해 내는 것을 봅니다.

그러나 다윗을 더욱 처절하게 만들었던 것은 아들 '압살롬'의 배신입니다. 압살롬의 사건은 배신의 아픔을 가장 적나라하게 보여주는 사건입니다. 지금 사랑하는 아들이 자기를 향해 칼을 겨누고 있습니다. 모든 부모의 마음으로 다윗을 생각해 보십시오. 무슨 말을 더 할 수 있겠습니까? 하늘이 내려앉고, 살 소망이 끊어지고, 모든 것을 포기하고 싶은 마음이었을 것입니다. 다윗이 그때 얼마나 마음이 아팠는지, 얼마나 큰 충격을 받았는지, 그 이후로 다윗은 말수가 적어졌습니다. 의욕도 많이 상실되었습니다. 없던 병까지도 생겼습니다. 아들의 배신, 이것보다 더 아픈 상처는 없을 것입니다.

성경은 이런 배신의 역사를 통해 하나님의 마음을 전하려는 것입니다. 하나님의 형상으로 만든 아담과 하와가 하나님을 배신합니다. 아들과 딸처럼 그렇게 사랑하던 인간이 하나님을 향해 비수를 꽂습니다. 하나님이 선택한 이스라엘이 등을 집니다. 사랑하는 아들까지 보냈지만 인간은 더욱 하나님을 실망시켰습니다. 인간은 끊임없이 하나님을 배신합니다. 그러나 하나님은 그런 인간을 용서하고 사랑합니다. 어떻게 해서든지 사람을 만들려고, 참되고 바른 사람의 길을 걷게 하려고 시도하시는 것입니다.

이것이 하나님의 사랑입니다. 우리를 향한 하나님의 은혜와 주님의 사랑은, 하나님을 실망시키고 주님의 마음을 상하게 한 배신자를 용서하신 관용의 사랑입니다. 이런 사랑을 지니고 우리가 살고 있습니다. 그 사랑을 체득한 성도는 어떻게 살아야 하겠습니까? 이젠 결코 주님을 배반하지 않아야 합니다. 우리는 예수님을 '주님'이라고 부릅니다. 주님이라는 말은 '나의 주인'이라는 뜻입니다. 이제 우리 삶의 주인은 주님이십니다. 주님께서 이렇게 말씀하셨습

124 마가복음 강해서 4 하나님의 아들, 예수 그리스도

니다 "한 사람이 두 주인을 섬기지 못할 것이니 혹 이를 미워하며 저를 사랑하거나 혹 이를 중히 여김이라." 우리는 결코 두 주인을 섬길 수 없습니다. 두 마음을 품을 수 없고, 두 길을 동시에 갈 수 없습니다. 하나님과 세상을 겸하여 사랑할 수 없고, 주님과 사탄을 동시에 섬길 수 없습니다. 야고보는 이렇게 권면합니다. "세상과 벗 된 것이 하나님의 원수임을 알지 못하느뇨 그런즉 누구든지 세상과 벗이 되고자 하는 자는 스스로 하나님과 원수 되게 하는 것이니라" 세상을 하나님과 함께 사랑할 수 없습니다. 세상도 좋고 하나님도 좋을 수는 없습니다. 세상을 따라가면 하나님과 멀어지게 되어 있습니다. 세상을 주인처럼 여기면, 하나님은 가까이 할 수 없습니다. 이것이 신앙의 원리입니다.

주님은 우리가 두 주인을 섬기지 못할 것을 아주 구체적으로 이렇게 결론 지었습니다. "너희가 하나님과 재물을 겸하여 섬기지 못하느니라." 세상에 속한 사람들의 모습을 재물을 추구하는 것으로 못을 박았습니다. 그 재물을 얻기 위한 속방으로 보았습니다. 결코 하나님과 재물을 겸하여 섬기지 못합니다. 이제 우리는 주님을 실망시키지 말아야 합니다. 주님을 아프게 하지 말아야 합니다. 우리 안에 계신 성령을 근심 시키지 말아야 합니다. 주님을 믿는 사람이라고 말하면서도 나에게는 아직도 못된 마음이 있습니다. 늘 틈만 있으면 죄 지을 생각뿐입니다. 내 입에서 튀어나오는 말은 언제나 거칠고 부정적입니다. 그래서 사람들에게 종종 상처를 줍니다. 내 의지에서 발동되는 행동은 언제나 성급합니다. 앞 뒤를 가리지 않습니다. 안하무인(眼下無人)이요, 천방지축(天方地軸)입니다. 럭비공 처럼 어디로 튈지 모릅니다. 언제나 사람을 불안하게 합니다. 폭풍 전야 입니다. 무슨 일이 터질지 모릅니다. 이 모두가 주님의 마음을 아프게 하는 것입니다. 우리가 지금까지 이런 모습으로 얼마나 주님을 실망시키고 얼마나 사람을 아프게 했습니까?

"하인리히 법칙"을 아십니까? 1930년대 미국 한 보험사 관리인 하인리히가 있었습니다. 그가 고객 상담을 통한 사고를 분석해 "1 대 29대 300"의 법칙을 발견했습니다. 1번의 대형 사고는 그 전에 유사한 29번의 경미한 사고의 결과라는 것입니다. 뿐만 아니라 경미한 사고 주변에 300번의 이상 징후가 감지 됐었다는 것입니다. 한 상품의 치명적 결함도 29회의 클레임과 300번의 이상한 느낌의 소산물입니다. 도쿄대 교수 요타로는 실패에도 이 "하인리히 법칙" 이 그대로 적용된다고 했습니다. 즉, 하나의 실패에는 그 이전에 작은 실패가 29건 존재하고 그 안에는 실패를 예고하는 조그만 사건들이 300건 존재한다는 것입니다. 이것이 소위 실패의 법칙입니다. 오늘 본문에서 실패한 인생을 살았던 가롯 유다를 보면서 이 법칙이 사실임을 확인하게 됩니다. 이전까지 유다는 영광스러운 이름을 가진 자였습니다. 그 이름의 뜻이 "찬양"이요 하나님을 찬양하는 인생을 살라는 이름 이었습니다. 그래서인지 이스라엘의 부모들은 아이를 낳으면 유다란 이름을 많이 붙였습니다. 그러나 가롯 유다가 출현한 이후, 지구상엔 그 이름이 사라지고 말았습니다. 가롯 유다! 그 이름은 저주의 대명사가 되었습니다. 그는 3년 반 동안 예수님을 따라다녔습니다. 하지만 그는 은 30에 예수님을 팔았습니다. 본문 21절은 이렇게 말합니다. "**인자는 자기에 대하여 기록된 대로 가거니와 인자를 파는 그 사람에게는 화가 있으리로다 그 사람은 차라리 나지 아니하였더라면 자기에게 좋을 뻔하였느니라 하시니라.**" 실패의 인생! 아쉬움 남는 통한의 인생인 가룟 유다. 수차례의 경고에도 불구하고 마지막 랍비이신 예수님을 배신하는 자리에 우뚝 서게 되었습니다. 사순절의 의미는 이제 주님을 실망시키지 않겠다고, 주님을 아프게 하지 않겠다고, 다짐하는 기간입니다. 자신을 다시 한번 돌아보십시오. 주님의 은혜를 배신으로 갚고 있지는 않습니까? 주님의 사랑을 실망과 근심으로 되돌리지는 않습니까? 우리가 주님을 다시 십자가에 못 박게 해서는 안 됩니다. 가장 큰 마음의 고통과 상처는 배신입니다. 나를 사랑하는 주님을 배반하거나 실망시키지 마십시다. 결코 두 주인을 섬길 수 없습니다. 오늘도 주님 앞에서 바르고 참된 삶을 결단하시고, 아름다운 삶을 향해 힘 있게 걸어가시기를 축원합니다.

Chapter 9

주님의 최후 만찬
(The last Supper)

마가복음 14:22-27

그들이 먹을 때에 예수께서 떡을 가지사 축복하시고 떼어 제자들에게 주시며 이르시되 받으라 이것은 내 몸이니라 하시고 또 잔을 가지사 감사 기도 하시고 그들에게 주시니 다 이를 마시매 이르시되 이것은 많은 사람을 위하여 흘리는 나의 피 곧 언약의 피니라 진실로 너희에게 이르노니 내가 포도나무에서 난 것을 하나님 나라에서 새 것으로 마시는 날까지 다시 마시지 아니하리라 하시니라 이에 그들이 찬미하고 감람 산으로 가니라 예수께서 제자들에게 이르시되 너희가 다 나를 버리리라 이는 기록된 바 내가 목자를 치리니 양들이 흩어지리라 하였음이니라

나치정권 당시 독일 고백교회의 목사인 디트리히 본회퍼((Dietrich Bonhoeffer)는 '제자의 대가' 라는 그의 저서에서 "값싼 은혜는 교회의 치명적인 적이라고 했습니다. 값싼 은혜란 싸구려 노점상의 물건들처럼 아무데서나 마구 남용되는 은혜를 말합니다. 현대 교회의 값싼 은혜는 회개가 없는 용서의 설교요, 교회의 교육이 없는 세례요, 참회가 없는 성찬식이요, 개인적인 고백이 없는 사면과 같습니다. 값싼 은혜는 사도 정신이 없는 은혜요, 십자가가 없

는 은혜요, 그리스도가 없는 은혜입니다. 그러나 값진 은혜는 밭에 숨겨진 보물과 같습니다. 값진 은혜를 얻기 위해 자기가 지닌 세상적인 많은 것들을 포기하기 때문입니다. 마치 그것은 상인이 자기에게 있는 모든 물건을 다 팔아 엄청난 값의 진주를 얻는 것과 같은 것입니다"라고 했습니다. 우리가 주목할 대목은 '참회가 없는 성찬식이요'라는 부분입니다.

교회가 행하는 중요한 성례 중에 성만찬이 있는데 이것을 '최후 만찬(最後晚餐)'이라고 하기도 합니다. 예수 그리스도께서 수난을 당하기 전날 밤(성력 1월 14일 저녁, 유월절이 시작되는 첫날 밤)이 열두 제자들과 함께 가진 마지막 저녁 식사였기 때문에 그렇게 일컫습니다.

다빈치가 그린 유명한 최후의 만찬 그림은 밀라노에 있는 산타 미리이 델레 그나지에(Santa Maria delle Grazie) 싱냥 수노원의 식당 벽화로 그려진 것으로, 460×880cm의 거대한 작품입니다. 레오나르도 다빈치가 1495년부터 제작에 착수하여, 1498년에 완성했습니다. 대부분의 작품이 미완성이라고 불리는 레오나르도의 그림 중에서 몇 안 되는 완성된 작품의 하나이지만, 제2차 세계대전의 폭격을 받아 가장 손상이 심한 그림으로도 알려져 있습니다. 1999년에 복원되었지만 다빈치가 그린 것은 20% 정도만 남아서 원본은 사진으로만 볼 수 있습니다.

이렇게 주님 생애의 마지막 순간에 제자들과 가진 최후의 만찬은 주님의 재림 시까지 지켜야 할 교회의 가장 중요한 의식이 되었고 거룩한 축제로 이어지고 있습니다. 잡히시기 전날 밤에 제자들과 함께 가진 유월절 만찬은 예수님 자신이 유월절에 이스라엘 백성들이 잡아서 피를 문설주에 바르고 고기도 함께 나누던 어린양이 바로 자신임을 손수 예표하고 있습니다. 먼저 떡을 가지시고 축복하신 후에 제자들에게 나누어 주셨고, 식후에 포도주를 제자들에게 나누어 주셨습니다. 그렇다면 이 두 가지 성만찬의 요소는 무엇을 의미하는 것일까요?

떡을 떼심- 그리스도의 몸

유월절 만찬에는 특별한 형식이 있습니다. 총 네 부분으로 이루어지는데 각 부분마다 사회자가 포도주 잔을 들고 일어나 만찬의 의미를 설명합니다. 네 개의 포도주 잔은 하나님께서 출애굽기 6장 6-7절에서 말씀하신 네 개의 약속을 의미합니다. 애굽 탈출, 노예생활에서의 해방, 하나님의 능력을 통한 구속, 하나님과의 새로워진 관계에 관한 약속이 그것입니다. 세 번째 잔은 식사가 거의 끝날 때 나옵니다. 사회자는 만찬의 요소인 빵과 포도주 그리고 양고기를 축사하면서 그것들이 옛 이스라엘 백성들의 노예생활과 해방에 어떤 상징적인 의미가 있는지 설명합니다. 예를 들면, 사회자는 떡을 보여주며 '이것은 우리 조상이 광야에서 먹었던 고난이 떡입니다' 라고 말합니다. 이렇게 유월절이 시작되는 첫날 밤에 예수님께서는 사회자로서 유월절의 의미를 설명하시고 먼저 축사하시고 떡을 떼어 제자들에게 나누어 주시는 의식을 행하셨습니다. 그것이 예수님의 세상에서의 마지막 유월절 만찬이었습니다. 식탁에 둘러앉아 먼저 떡을 떼어 제자들에게 나누어 주시며 말씀하시기를 **"받으라 이것은 내 몸이니라"** 하셨습니다. 말씀대로 예수님은 유월절의 희생양이 되셨습니다. 그의 몸은 십자가 위에서 부숴져 죽음에 이르렀고, 그의 피는 희생제물로써 부어진 것입니다. 육체의 상처와 찔림 그리고 고통은 바로 우리의 죄와 허물 때문이었습니다.

찬양을 함께 불러봅시다. - 그가 찔림은(이사야 53:5-6)

'그가 찔림은 우리의 허물을 인함이요
그가 상함은 우리의 죄악을 인함이라
그가 징계를 받음으로 우리가 나음을 입었도다
우리는 다 양같아서 그릇 행하여 각기 제 길로 갔거늘
여호와께서 우리의 죄악을 그에게 담당시켰도다'

예수님께서 죽으심으로 우리가 새 생명을 얻어 다시 살아났고, 예수님께서 희생 당하심으로 말미암아 우리에게 구원이 보장되었으며, 예수님께서 살을 찢으시고 피를 흘리심으로 말미암아 우리가 온전한 생명을 얻게 되었습니다.

예수님께서 성찬을 베푸실 때에 "떡을 떼어" 나누어 주셨다는 것은 예수님의 성찬 행위를 강조하는 것입니다. 즉 성찬은 예수님께서 자기 자신의 몸을 우리에게 나누어 주신 것이며, 우리 또한 이웃과 더불어 나누며 생활해야 한다는 것을 의미합니다.

세상의 식탁은 질적 차이가 있습니다. 비싼 음식, 값싼 음식의 차이가 있습니다. 좋은 음식, 나쁜 음식의 차이도 있습니다. 배 부른 사람, 배 고픈 사람의 차이도 있습니다. 그러나 주님의 식탁에서는 모두가 같은 음식을 같은 분량으로 같이 나누어 먹습니다. 바로 하나님 나라의 상징입니다.

성찬은 하나의 '언약(covenant)' 입니다. 이런 의미를 강조할 때 성찬을 종종 '성례전(Sacrament)' 이라고 부릅니다. 이 '세크라멘트' 라는 말은 로마의 군인들이 황제의 군사가 될 때 충성을 서약하는 순서를 말하는 '서약' 혹은 '보증' 이라는 뜻입니다. 떡과 잔이라는 외적이고 물질적인 상징을 통해 하나님께서는 그의 자녀들에게 내적이고 영적인 축복을 주셨고, 그래서 자녀인 우리들은 우리의 사랑과 순종과 헌신을 하나님께 서약하는 것입니다.

잔을 나눔 - 그리스도의 피

식후에 잔에 포도주를 부어 제자들에게 주시며 말씀하시기를

"**이것은 많은 사람을 위하여 흘리는 바 나의 피 곧 언약의 피니라**"고 하셨습니다. 그의 언약의 피로 적셔진 하나님의 자녀들은 그의 피를 힘입어 담대히 은혜의 보좌 앞으로 나아가며, 거룩한 삶의 여정을 힘있게 달려가게 됩니다. 피는 우리를 살리는 생명의 근원입니다. 피 흘림이 없이는 죄사함이 없습니다.

보혈로 거룩하게 된 사람들은 이러한 찬양과 고백으로 날마다 은혜로 살아갑니다.

<이제 내가 살아도>

이제 내가 살아도 주 위해 살고 이제 내가 죽어도 주 위해 죽네
하늘 영광 보여주며 날 오라 하네 할렐루야 찬송하며 주께 갑니다
그러므로 나는 사나 죽으나 주님의 것이요 사나 죽으나 사나 죽으나
날 위해 피 흘리신 내 주님의 것이요.

이제 우리는 그리스도의 피 값으로 사신 바 된 하나님의 백성이요 자녀이기에 사나 죽으나 주님의 영광을 위해 사는 자들이 되어야 할 것입니다. 그 어떤 것으로도 우리의 원죄와 자범죄 그리고 허물을 용서받을 수 있는 길과 방법이 없습니다. 구약에는 짐승의 피를 가지고 제사를 드림으로 죄사함을 얻었고, 신약시대의 우리는 그리스도의 십자가 보혈을 힘입어 죄를 고백할 때마다 사죄의 은총을 누리며 살게 됩니다. 우리는 얼마나 십자가의 한량없는 은혜를 입었으며, 특권을 누리고 있는지 모릅니다.

성만찬의 유익

성만찬은 본질적으로 하나님께서 성령의 능력을 통하여 그리스도 안에서 우리에게 베풀어 주시는 은혜의 성례전입니다. 그래서 모든 기독교인들은 성만찬에서 그리스도의 몸과 피에 참여함으로 이 구원의 은혜를 누리게 되는 것입니다. 성만찬에서 그리스도께서는 자기 자신과의 영적 교류를 베푸시며, 그리스도의 약속에 따라서 그분의 지체가 된 모든 세례 받은 자들은 성만찬 가운데서 죄 사함을 보증 받으며(마 26:28), 영원한 생명을 약속 받는 것입니다(요 6:51-58). 몇 가지 유익과 의미를 살펴보면 다음과 같습니다.

1) 감사하는 만찬입니다.

성찬식은 성경 원어로 $\varepsilon\dot{\nu}\chi\alpha\rho\iota\sigma\tau\acute{\iota}\alpha$(Eucharistia), 유카리스티아'라고 하는데, 이 말은 '감사하다'라는 뜻입니다. 예수님께서 제자들과 함께 유월절 식사를 나누실 때에 잔을 들어 축사하셨다고 말씀하고 있는데, 이 축사가 곧 감사를 말합니다. 즉 하나님께서 우리에게 베푸신 모든 은총에 대해 감사하는 것입니다. 죄에서 구원해 주시고 참 자유와 해방을 주신 것에 대한 감사입니다.

십자가 상에서 죽으심으로 우리 죄를 속해 주신 예수 그리스도의 구원의 은혜에 감사하는 의미가 성만찬 속에 내포되어 있습니다.

죄의 값인 죽음의 형벌을 면케 해주신 예수님의 그 희생보다 더 큰 감사의 조건이 없기 때문입니다. 그래서 우리는 먼저 이 성찬 예식을 감사의 잔치로 베푸는 것입니다.

성만찬은 창조와 구원과 성화에서 완성된 모든 것에 대하여, 인간들의 죄악에도 불구하고 이제 교회와 세계 속에서 하나님께서 완성하신 모든 것에 대하여, 또 하나님께서 장차 하나님나라를 완성시킴으로써 이룩하실 모든 것에 대하여 성부께 드리는 큰 감사입니다. 그래서 초대 교인들은 늘 성만찬을 통하여 창조주 하나님을 찬양하고 그 은혜에 감사하였던 것입니다. 우리는 저 유명한 2세기의 순교자 저스틴의 「제1 변증서」(First Apology)에서 처음으로 초대교회 성만찬의 개요를 발견하게 되는데 그 일부를 소개해 보면 이렇습니다. "기도를 마치면 곧 우리는 서로 입맞춤으로 인사한다. 그후 빵과 포도주 섞인 물 한 잔을 형제들의 인도자에게 가져간다. 그는 이것을 취하여서 성자와 성령의 이름으로 우주의 아버지에게 찬양과 영광을 돌리며 우리가 그로부터 이것들을 받기에 합당하도록 기도 드린다. 인도자가 감사를 드리고 전 회중이 아멘으로 응답할 때 부제로 불리는 자들이 참석한 사람들 각자에게 신성한 빵과 포도주 섞인 물을 나눠주고 또 그들은 불참자에게 그것을 가지고 간다." 이렇게 초대교인들은 주님의 만찬을 대할 때마다 하나님의 은총 앞에 감사와 찬양을 드렸습니다. 그래서 존 칼빈은 '주님의 만찬은 감사함으로 받아야 할 하나님의 은사'라고 표현했습니다. 결국 성만찬의 첫 번째 중요한 의미는 하나님께서 우리에게 주신 모든 은혜와 선물에 대한 감사의 축제입니다.

2) 예수님의 죽으심을 기념하는 만찬입니다.

이집트에서 해방된 이스라엘 백성들에게 성만찬은 십자가에 달리시고 부활하신 그리스도께 대한 기념, 즉 십자가에서 단번에 완전히 완성되었으며 아직도 온 인류를 위하여 작용하고 있는 그리스도의 희생적 삶과 그 희생에 대한 실제의 표징입니다. 여기서 '기념하라(αναμνησιν, 아남네신)'는 말은 과거의 어떤 일을 회상하는 정신적인 행동, 곧 '기억'이나 '회상'하는 것 이상의 의미를 가지고 있습니다. 즉 이 말은 '과거의 한 사건을 하나님 앞에서 재현함으로써 그 사건으로 하여금 지금 여기에서 효력을 발하게 하는 것'을 의미합니다. 그러므로 이것은 개신교에 의해서 가장 보편적으로 받아들여졌던 단순한 기념설로서의 성만찬을 의미하는 것이 아닙니다. 성만찬에 적용된 바 성경에서 말하는 기념이라는 관념은 그것이 전례 가운데에 하나님의 백성에 의해서 의식으로 거행될 때 하나님의 역사하심이 현재적으로 효험을 가진다는 것을 말하는 것입니다. 그리스도께서는 우리를 위해서 이루신 그의 모든 것(성육, 종 되심, 사역, 가르침, 고난, 희생, 부활, 승천, 성령을 보내심)과 더불어 이 '아남네신' 가운데 임재하셔서 우리와 친히 교제를 나누시는 것입니다. 즉 그리스도께서는 기념하는 의식을 통하여 활동하십니다.

136 마가복음 강해서 4 하나님의 아들, 예수 그리스도

따라서 '기념'이란 기억에 대한 표현이자 또한 앞으로 다가올 것에 대한 예상이며, 단지 지나간 것과 그것의 의미를 회상하는 것이 아닙니다. 그런데 오늘 한국교회에서의 성만찬에 관한 하나의 문제점은 바로 오늘 교회가 성만찬을 가질 때에 항상 그의 죽으심과 희생만을 강조하고 있다는 사실입니다. 그래서 항상 무겁고 장례식 같은 어두운 분위기로만 일관되고 있다는 것입니다. 그러나 분명히 확인해야 할 것은 단지 살았다가 죽어서 기억을 남겨준 분을 기억하고 있는 것이 아니라는 사실입니다. 단지 과거 안에 자리를 잡고 있는 분을 기억하고 있는 것이 아니라, 십자가에 못 박혀 죽어 장사지낸 바 되었다가 다시 살아나신 분을 기념하는 것입니다. 즉 '떡을 떼어 나누는 가운데 신자들과 함께 하시는 그리스도'는 갈보리의 십자가에 매달려 돌아가신 예수님이나 무덤에 누우신 예수님이 아니라 하늘나라의 잔치를 준비하며 당신의 식탁에 우리를 초대해 주시고, 당신을 따르는 모든 제자들을 위해 기꺼이 당신의 식탁을 열어주시는 부활하신 승리의 구세주이십니다. 이런 의미에서 성만찬은 주님의 죽음과 최후의 만찬을 기념하는 것만이 아니라 그의 부활과 앞으로 있게 될 하나님 나라의 메시아적 향연의 약속을 선포하는 하나님 백성들의 즐거운 축제입니다.

3) 거룩한 교제의 만찬입니다.

'거룩한 교제'란 우리 주님이신 예수 그리스도와 성도된 우리들이 서로 영적으로 깊은 사귐과 교통을 나누는 것을 말합니다. 함께 떡을 떼고 잔을 나누는 가운데 한 가족, 한 공동체가 되는 것입니다. 서로 서로 주님 안에서 연결된 하나의 생명 공동체를 이루는 것입니다. 오늘 우리가 행하는 성찬예식에서 떡을 떼는 것은 좀 약식이 되어 실감이 잘 나지 않습니다만, 예전 성찬예식에서 쓰는 떡은 큰 덩어리 하나였습니다. 그래서 한 덩어리의 떡을 그 자리에서 쪼개 그 조각 하나 하나를 나누어 먹는 것입니다. 그것은 우리 모두는 한 떡을 먹는 한 식구요, 우리 모두가 모여서 한 떡을 이룬다는 의미입니다. 식사를 함께 하는 사람들을 식구(食口) 라고 하는 것을 이해하면 이 의식이 주는 의미를 깨달을 수 있습니다. 영적으로 하나님의 한 가족이 되는 것이 바로 최후의 만찬인 성만찬의 축제입니다.

그래서 우리는 떡을 나누어 먹음으로 한 형제자매임을 확인하고, 하나님 안에서 한 가족이 되었음을 고백하는 것입니다. 이것이 거룩한 교제의 의미입니다. 교회의 생명을 유지시키는 그리스도의 성만찬 때의 교제는 곧 교회가 되는 그리스도의 몸 안에서의 교제를 의미합니다. 한 장소에서 하나의 빵과 공동의 잔을 나눈다는 것은 어느 때 어느 곳에서라도 거기에 참여하는 자들이 그리스도 그리고 그들의 참여자들과 하나됨을 말해주며, 그러한 효험을 가지는 것입니다. 즉 성만찬의 본질 중 한 가지 중요한 것은 그리스도의 살과 피를 받아 지체를 이룬 무리들이 동일한 신앙 속에서 삶의 내용과 방향을 같이 한다는 점입니다. 다시 밀해서 그리스도를 중심으로 하나의 결정체를 이루어가는 특수한 공동체가 형성된다는 것이 바로 성만찬의 한 독특한 면입니다.

성만찬의 또 하나의 명칭인 '커뮤니온 서비스'(Communion Service)는 바로 이런 성도의 교제를 나타내는 단어로서, 그리스도 안에서 한 몸 임을 강조하고 있는 바울의 서신(고전 10:16-17, 11:17-22) 등에서 그 신학적 의미를 찾아볼 수 있습니다. 그러므로 하나님의 백성 공동체는 이 성만찬 가운데에서 완전히 나타납니다. 사도행전 2장에 나타난 초대교회의 발생과 계속적인 성만찬의 거행은 이런 깊은 뜻의 실현이 가져온 결과적 현상입니다.

이런 의미에서 성만찬 의식은 항상 온 교회와 관계되며, 온 교회는 각 지역의 성만찬 의식과 연관됩니다. 즉 성만찬 예전은 개 교회를 중심으로 한 개체적 행사로서 끝나는 것이 아니라 세계 어디서나 싱만찬을 서행하는 무리들은 동일한 그리스도의 지체인 것입니다. 그러므로 한 그리스도의 살과 피를 받는 위대한 역사(役事)가 진행되어야 하며, 모인 무리들은 모두 한 하나님, 한 주님, 한 성령 안에서 살아가는 동일한 지체임을 계속적으로 다짐 할 수 있어야 합니다. 그래서 성만찬 의식은 하나님의 한 가족 안에서 형제들과 자매들로 간주되는 모든 사람들 간의 화해와 참여를 요청하며, 사회적, 경제적, 정치적 삶에 있어서 적절한 관계를 추구하기 위한 하나의 계속적인 도전입니다(마 5:23, 고전 10:16, 고전 11:20-22, 갈

Chapter 9_ 주님의 최후 만찬 **139**

3:28). 그리하여 결국 성만찬은 삶의 모든 영역을 포괄하는 것입니다.

4) 그리스도의 증인이 되는 만찬입니다.

이런 이유로 로마 가톨릭 교회는 성찬을 미사라고 부릅니다. 이 미사라는 라틴어는 '보낸다'라는 말입니다. '파송 받는다'라는 뜻인 선교(Mission) 또는 선교사(Missonary)라는 말이 여기에서 나왔습니다. 우리는 성찬 예식을 통해 예수님의 증인이 되어 세상으로 파견됩니다. 그래서 고린도전서 11장 26절에서는 **"너희가 이 떡을 먹으며 이 잔을 마실 때마다 주의 죽으심을 그가 오실 때까지 전하는 것이니라"**고 말씀하고 있습니다. 바로 주 예수 그리스도의 죽으심의 의미를 세상에 증거한다는 뜻에서 성찬을 미사라고 말하며, 이 성찬에 참여하는 사람은 이런 사명을 부여받게 되는 것입니다. 그리스도의 죽음에 성만찬을 통해서 참여한 사람만이 그의 죽으심과 부활을 증거하는 증인이 됩니다. 2000년 전 갈보리 십자가의 처형 현장에 우리가 있지 않았지만 성만찬을 통해서 그분의 죽으심을 몸소 체험하고 그분의 고귀한 희생과 사랑을 다른 사람들에게 증거하는 증인의 삶을 살게 됩니다. 체험하거나 경험하지 못한 사람은 증인의 자격이 없지만 간접적으로나마 경험한 그리스도인은 누구나 세상에 나아가 그분의 죽으심과 다시 살아나심으로 인하여 구원주가 되시는 사실을 담대하게 증언하게 되는 것입니다.

5) 성령 임재와 하늘나라 만찬입니다.

성령은 성만찬에서 십자가에 죽으시고 다시 사신 그리스도를 우리에게 참으로 임재하게 하심으로 성찬 제정의 말씀 가운데 포함된 약속을 성취 시킵니다. 성만찬에 있어서 그리스도의 임재는 분명히 그 중심이며, 이것을 가능케 하는 것이 바로 성령의 능력입니다. 즉, 성령께서는 성만찬에서 하나님의 사랑을 깨닫게 하시고, 십자가에 죽으시고 다시 사신 그리스도를 신앙공동체에 임하게 하시며, 성찬 제정의 말씀 안에 포함된 모든 약속을 성취 시키십니다.

또한 성령은 빵과 포도주가 그리스도의 몸과 피의 성례전적 상징이 되도록 하시며 그래서 하나님의 백성들로 하여금 하나님 나라를 미리 맛보게 하십니다. 이를 통하여 교회는 새로운 창조의 생명과 주님이 다시 오신다는 확증을 얻게 되는 것입니다. 그러므로 성만찬의 전체 행위는 '성령 초대의 기도'의 성격(epikletic)을 지닙니다. 왜냐하면 이렇게 성만찬은 성령의 역사하심에 의존하고 있기 때문입니다. 그래서 사도시대 이후 성만찬 예전에서 '성령 초대의 기도'는 중요한 위치를 차지하여 왔고, 이 기도는 빵과 포도주와 공동체에 성령이 임재하기를 기원하는 기도입니다. 그러므로 설교자들은 성만찬 예배 시에 성령의 역할에 대한 설교를 함으로써 성만찬의 의미를 더욱 강화시킬 수 있을 것입니다.

마지막으로 성만찬은 창조의 종국적인 갱신으로써 약속된 하나님의 통치를 대망하도록 해주며, 또한 그것을 미리 맛보는 것입니다. 성만찬은 하나님께 감사를 드리는 축제로서, 그리스도 안에서 하나님 나라가 도래함을 축하하고 예상하는 축제입니다(고전 11:26, 마 26:29). 그러므로 성만찬은 이미 구현된 하나님 나라와 장차 올 하나님 나라에 대한 소망을 꿈꾸게 하고, 하나님이 통치하는 종국적 왕국의 잔치를 미리 경험케 하는 식사입니다. 팀 켈러 목사님은 '주의 만찬에는 더 아름다운 의미가 있는데 그것은 예수님과 함께 할 미래를 미리 맛보는 자리다'라고 했습니다. 한스 큉(Hans Küng)은 성만찬이 그리스도의 과거와 현재와 미래를 현현해 주는 귀한 예전임을 이렇게 표현하고 있습니다. '과거의 관점에서 주의 만찬은 회상과 감사의 식사이다. 현재의 관점에서 주의 만찬은 교제의 식사요 언약의 식사이다. 미래의 관점에서 주의 만찬은 메시아의 종말적 식사에 대한 예견이다.' 우리는 복음서에서도 성만찬을 하나님나라에서 이루어질 '메시아의 향연'의 예견으로 보고 있다는 사실(막 14:25, 눅 22:16-18)을 알게 되는데, 진실로 성만찬은 종말에 기쁨과 영광 중에서 함께 나눌 하나님나라의 식사를 이 땅에서 미리 맛 보는 것입니다.

이 성만찬은 구약과 신약의 율법과 은혜를 아우르는 신비스러운 의식입니다. 절기 속에 담아 주셨던 하나님 아버지의 위대한 계획이 그리스도를 통해서 성취되는 것에 대한 의미가 함축되어 있는 예식입니다. 성찬식의 여러 가지 의미는 창조와 구속의 하나님께 대한 감사와 찬양의 제사요, 그리스도의 희생을 기념하며 또한 부활의 기쁨을 나누는 축제이며, 성령을 초대하는 것이요, 그리스도 안에서 한 몸인 성도들의 교제이며, 또한 하나님 나라의 메시아적 향연입니다.

우리는 성찬 예식을 행할 때 바로 이 예수님의 생명 주심을 감사하면서 감격과 기쁨을 가지고 참여해야 합니다. 사도 바울은 이 예식을 예수님이 다시 오실 때까지 계속해서 반복해야 할 것을 당부했습니다. 주님의 생명을 주시는 식탁에 참여해 그 의미를 가슴 깊이 담고, 예수님의 생명이 우리 심령과 생활에 가득 차 새생명 넘치는 복된 삶을 영위해 나가야 할 것입니다.

Chapter 10

베드로의 부인 예고
(Jesus' Prediction of Peter's Denials)

마가복음 14:28-31

그러나 내가 살아난 후에 너희보다 먼저 갈릴리로 가리라 베드가 여짜오되
다 버릴지라도 나는 그리하지 않겠나이다 예수께서 이르시되 내가 진실로 네
게 이르노니 오늘 이 밤 닭이 두 번 울기 전에 네가 세 번 나를 부인하리라
베드로가 힘있게 말하되 내가 주와 함께 죽을지언정 주를 부인하지 않겠나이
다 하고 모든 제자도 이와 같이 말하니라

예수님께서 잡히시던 밤이었습니다. 그 날 저녁 예수님은 예루살
렘 성내에 있는 한 다락방에서 제자들과 함께 유월절 음식을 드셨
습니다. 그때 예수님은 유월절을 종결하시고, 유월절을 대신하여
새롭게 지켜야 할 예식인 성찬을 제정하셨습니다. 그 밤에 예수님
은 제자들의 발을 모두 씻기셨습니다. 가룟 유다가 예수님을 넘겨
주기 위해서 다락방을 나간 후, 예수님은 제자들에게 여러 가지를
가르치셨습니다. 또한 예수님은 그들을 위로하시면서, 그들에게 기
쁨과 평안과 보혜사 성령님을 약속하셨습니다. 요한복음 13장-16

장을 읽어보면, 그때 예수님이 제자들의 발을 씻으신 내용과 그들에게 주신 가르침 및 약속들이 자세하게 기록되어 있습니다. 또한 요한복음 17장에서 예수님은 제자들을 위하여 간절히 기도하셨습니다. 지난 시간에 살펴본 마가복음 14장 26절 말씀과 같이, 예수님은 하나님께 드리는 찬미로 다락방 모임을 모두 끝마치셨습니다. 그런 후 예수님은 열한 제자들을 데리시고 감람 산으로 가셨습니다. 감람 산에 있는 겟세마네 동산에서 기도하시기 위해서였습니다. 예수님은 겟세마네 동산에 이르시기 전 제자들에게 경고의 말씀을 주셨습니다. 예수님은 제자들이 자신들의 연약함을 깨닫기를 바라셨던 것입니다. 그래야 앞으로 그들이 자신을 과신하지 않고, 오직 기도하면서 예수님을 의지할 것이기 때문이었습니다.

큰 소리친다고 해서 강한 것은 아닙니다. 어쩌면 마음이 약하기 때문에 바깥으로 크게 소리치므로 그 약점을 보완하려는 심리적인 경우도 있을 수 있습니다. 실제 강한 사람은 강한 척 하지 않습니다. 성경은 약한 데서 강하게 되고 약함이 도리어 강함이 된다고 말씀합니다. 고린도후서12장 10절이 이 진리를 뒷받침하고 있습니다. 사도바울은 자신이 약할 그때에 도리어 강했다고 했습니다. 그 이유는 약할 때 더욱 예수님을 의지하기 때문입니다. 그때 예수님의 능력이 우리에게 머물러 실상은 우리가 강해지는 것입니다. 하나님의 말씀은 살아 있고 운동력이 있기 때문에 말씀이 지배하면 그 어떤 약함도 강함으로 전환이 되어 능력으로 나타나게 됩니다.

그러므로 예수님이 제자들에게 해주신 경고의 말씀은 오늘 예수님이 우리 각자에게 하시는 경고의 말씀이기도 합니다.

실족할 제자들

27절 말씀에 "**예수께서 제자들에게 이르시되 너희가 다 나를 버리리라 이는 기록된 바 내가 목자를 치리니 양들이 흩어지리라**"라고 기록하고 있습니다. 예수님은 "**너희가 다 나를 버리리라**"는 사실을 예견하셨던 것입니다. 마태복음 26장 31절 말씀을 보면, 예수님은 제자들에게 "**오늘 밤에 너희가 다 나를 버리리라**"고 직접 말씀하셨습니다. 예수님은 언제, "오늘 밤에", 또한 어떠한 일이 일어날지, "나를 버리리라"는 부인하게 될 사실을 아셨습니다. 예수님은 이미 그 일이 일어난 것처럼 아셨습니다. 사람은 한치 앞을 내다보지 못합니다. 진작 제자들은 그날 밤 자기들이 실제로 예수님을 버리고 도망할 것임을 알지 못했습니다. 또한 베드로도 그날 밤 닭 울기 전에 자기가 세 번 예수님을 부인할 것임을 전혀 몰랐습니다. 오직 예수님만이 미래의 일을 환하게 아십니다. 예수님은 하나님으로 영원하시고 전지전능하시기 때문입니다. 여기서 우리는 예수님의 신성을 이해하게 됩니다. 인성을 가지고 생활하고 사역하고 계시지만 신성도 함께 역사함으로 하나님의 전지전능성을 드러내 보이신 것입니다.

본문의 말씀 속에서 예수님은 앞으로 일어날 일을 정확하게 다 알고 계셨습니다. 예수님은 계속해서 "이는 기록된 바"라고 하시면서 구약의 말씀을 인용하십니다. 예수님은 스가랴 13장 7절 말씀을 인용하셨습니다. "**내가 목자를 치리니 양들이 흩어지리라 하였음이라.**" 여기서 "내가"라고 하신 말씀은 하나님을 가리킵니다. "목자"는 메시아이신 예수님을 뜻합니다. 그리고 "양들"은 제자들을 나타냅니다. 예수님은 스가랴의 말씀을 정확하게 이해하시고 올바르게 적용하신 것입니다. 왜냐하면 선지자 스가랴의 입을 통하여 말씀하신 분이 예수님 자신이시기 때문입니다. 그래서 요한복음 1장은 예수님을 말씀이라고 지칭합니다. 예수님은 말씀이 육신이 되어 우리 가운데 거하셨던 분이십니다. "내가 목자를 치리니" 하나님은 예수님을 치실 것입니다. 이사야 53장 10절 말씀과 같이, 하나님은 예수님에게 상함을 받게 하시기를 원하사 질고를 당하게 하실 것입니다. 왜냐하면 예수님이 우리의 모든 죄를 담당하여야 했기 때문입니다. 그러므로 로마의 총독 빌라도나 그의 군병들이 예수님을 십자가에 못 박은 것이 아니었습니다. 또한 예수님을 배반한 가룟 유다나 예수님을 대적한 유대교의 지도자들이 예수님을 십자가에 못 박은 것도 아니었습니다. "내가 목자를 치리니" 목자를 치신 분은 하나님이셨습니다. 다시 말해서 예수님을 십자가에 못 박으신 분은 바로 하나님이셨습니다. 이는 목자이신 예수님이 우리의 모든 죄를 담당하시고, 십자가에서 대속의 죽음을 당하셔야 했기 때문입니다. 하나님이 목자를 치신 결과는 무엇입니까? "**양들이 흩어 지리라**" 마가복음 14장 50절 말씀을 보면, 예수님이 잡히실 때 실제로 제자들은 다 예수님을 버리고 도망했습니다. 성경에 기록된 대로, 하나님이 목자를 치시니 양들은 뿔뿔이 흩어졌습니다.

예수님은 모든 것을 다 알고 계셨습니다. 예수님은 자신이 당할 일과 제자들에게 일어날 일을 아셨습니다. 또한 예수님은 그 모든 일들이 성경에 이미 기록되었다는 사실도 아셨습니다. 반면에 제자들은 어떠했습니까? 그들은 자신들을 잘 안다고 생각했습니다. 그래서 그들은 큰 소리 치기를 주저하지 않았습니다. 그러나 실상 그들은 자신을 너무도 몰랐습니다. 그들은 성경도 몰랐습니다. 한마디로 그들은 무지했습니다.

이 모습은 마치 예수님의 말씀에 대한 우리의 무지함과 같습니다. 우리도 무지하기는 마찬가지입니다. 우리 자신을 잘 알지 못하는 것이 사실입니다. 그러므로 스스로 지혜롭게 여기거나, 우리의 명철을 의지하지 맙시다. 내 힘만 의지할 때는 패할 수 밖에 없습니다.

이런 찬송(543장)을 우리는 즐겨 부릅니다.

'어려운 일 당할 때 나의 믿음 적으나,
의지하는 내 주를 더욱 의지합니다.
세월 지나 갈수록 의지할 것 뿐일세,
무슨 일을 당해도 예수 의지합니다.'

모든 일에 예수님을 힘있게 의지하는 강한 믿음의 소유자가 되어야 할 것입니다. 28절에 **"그러나 내가 살아난 후에 너희보다 먼저 갈릴리로 가리라"**는 희망의 메시지를 주십니다. 캄캄한 밤에 한 줄기 샛별처럼 빛나는 희망의 메시지를 예수님은 제자들에게 예고 하십니다. 이것이 우리가 예수님을 믿는 바 비밀이요 능력입니다. '그러나 내가 살아난 후에' 예수님은 자신이 죽임을 당하실 것을 아셨습니다. 뿐만 아니라 예수님은 자신이 살아나실 것도 아셨습니다. 이 또한 예수님의 전지성(Omniscience)을 보여주는 하나의 실례(實例)입니다. 진실로 예수님은 모든 것을 다 아시는 하나님이십니다. 예수님은 자신이 죽임을 당하시지만 삼 일 만에 살아나실 것을 여러 차례 제자들에게 말씀하셨습니다. 뿐만 아니라 예수님은 부활의 능력을 몸소 그들에게 보이셨습니다. 바로 얼마 전에도 예수님은 무덤에 있은 지 이미 나흘이나 되는 나사로를 살리셨습니다. 그럼에도 불구하고 제자들에게는 믿음이 부족했습니다. 예수님이 잡히실 때, 그들은 예수님을 버리고 뿔뿔이 흩어졌습니다. 그들은 어둠을 틈타 재빨리 감람나무 숲 사이로 도망했습니다. 그들은 자신들의 죽음을 두려워했기 때문입니다.

계속해서 본문 28절 하반부에는 **"너희보다 먼저 갈릴리로 가리라"**고 예고하십니다. 예수님은 죽임을 당하시지만 삼 일만에 살아나실 것입니다. 그런 후 예수님은 제자들보다 먼저 갈릴리로 가실 것이라고 말씀하셨습니다. 무슨 뜻입니까? 목자는 앞서가면서 양들을 인도합니다. 마찬가지로 예수님은 앞서 갈릴리로 가시면서, 제자들을 그곳으로 인도하실 것입니다. 목자가 흩어진 양들을 불러 모아 다시금 인도하는 것처럼, 예수님은 뿔뿔이 흩어진 제자들을 다시금 불러서 회복시키실 것입니다. 실제로 마태복음 28장 16-17절 말씀을 보면, 제자들은 갈릴리에 가서 예수님이 지시하신 산에 이르러 부활하신 예수님을 뵈옵고 경배 했습니다. 흩어진 양들이 다시금 모이게 된 것입니다. 이렇듯 예수님은 얼마 가지 않아 제자들을 회복 시키셨습니다. 예수님이 승천하신 후, 그들은 예루살렘의 다락방에 모여서 오로지 기도에 힘썼습니다. 그들은 자신들의 연약함을 깊이 깨닫고, 기도하면서 예수님만을 의지하며 예수님의 은혜를 바랐습니다. 오순절 날이 이르렀을 때, 그들 모두 성령의 충만함을 받았습니다. 그 이후 그들은 더 이상 죽음을 두려워하지 않았습니다. 그들은 부활 신앙을 확고하게 가졌습니다. 그들은 예수님의 충성스러운 증인이 되어, 예수님과 복음을 위하여 기꺼이 순교했습니다. 그러면 왜 이와 같은 차이가 생겼습니까? 가룟 유다도 예수님을 버렸고, 다른 제자들도 다 예수님을 버렸습니다. 그런데 다른 제자들은 다 회복이 되었는데, 어찌하여 유독 가룟 유다만 회복되지를 못하고 영원히 멸망했습니까? 가룟 유다가 예수님을 버린 것은 그의 불신앙 때문이었습니다. 가룟 유다는 예수님을 믿지 않았습니다. 그는 예수님을 사랑하지도 않았습니다. 그래서 그는 예수님을 배반하고, 예수님을 영원히 버렸습니다. 이에 그는 회복될 수가 없었습니다.

반면에 다른 제자들이 예수님을 버린 것은 그들의 연약함 때문이었습니다. 그들은 예수님을 믿었습니다. 또한 그들은 예수님을 사랑했습니다. 단지 그들은 연약해서, 일시적으로 예수님을 버렸을 뿐입니다. 그래서 예수님의 은혜로 그들은 곧 다시 회복되었습니다. 그 이유는 요한복음 13장 1절 말씀과 같이, 예수님은 세상에 있는 자기 사람들을 사랑하시되 끝까지 사랑하시기 때문입니다. 우리도 연약해서 때로는 예수님을 부인하거나 버릴 수도 있습니다. 그러나 예수님은 결코 우리를 버리지 아니하십니다. 2차 세계대전이전 세계를 뒤덮고, 포악한 나치의 군대가 유럽을 유린하고 있을 때 폴란드의 작은 마을에서 있었던 일입니다. 마을 학교에 갑작스럽게 독일군이 들이닥쳤습니다. 어린 학생들과 교사는 깜짝 놀랐습니다. 특히 학생들 중 가슴에 별 표시를 달고 있는 유대인 아이들은 공포에 질렸습니다. 나치가 유대인을 가스실에서 학살하고 있다는 사실을 이제는 아이들도 알고 있었기 때문입니다. 독일군은 어린 유대인 학생들을 거칠게 끌어냈고, 아이들은 죽음의 공포에 울부짖었습니다. 그러자 '코르자크'라는 선생님이 총을 든 독일군을 밀치며 달려와 울고 있는 학생들을 두 팔로 꼭 안아 주었습니다. "당신 뭐야! 너는 유대인이 아니잖아. 방해하지 말고 저리 비켜." 독일군은 코르자크 선생님을 아이들에게서 떼어 놓으려고 거칠게 붙잡았습니다. 하지만 선생님은 독일군에게 저항하며 단호하게 말했습니다. "나도 아이들과 함께 가겠소!" 그리고 코르자크 선생님은 아이들에게 자상하게 말했습니다. "자, 우리 함께 가자. 선생님이 같이 가면 무섭지 않지?" "네, 선생님과 함께 가면 하나도 무섭지 않아요." 코르자크 선생님은 아이들을 따라 트럭에 올랐습니다. 그리고 다른 유대인들과 함께 가스실에 도착한 코르자크 선생님을 독일군은 다시 끌어내려고 했습니다. 하지만 선생님은 그들의 손을 뿌리치며 큰 소리로 말했습니다. "내 학생들입니다. 내가 사랑하는 아이들입니다. 어떻게 이 아이들만 죽음으로 보낼 수 있단 말입니까." 그렇게 선생님은 무서워하는 학생들의 손을 꼭 잡고 아이들을 위로하며 가스실 안으로 함께 들어갔습니다. 나치에게 학살된 사람들을 추모하기 위해, 전쟁이 끝난 후, 예루살렘에 세운 '야드 바쉠' 박물관에는 겁에 질려 떨고 있는 제자들을 두 팔로 껴안고 있는 코르자크 선생님의 동상이 있습니다. 이와 같이 사랑하는 사람들을 위해 자신의 생명도 아까워하지 않는 사랑이 바로 예수님의 무한한 사랑입니다.

예수님은 끝까지 제자들을 사랑했던 사랑으로 다시금 우리를 불러 주시고, 우리를 당신의 제자로 회복시켜 주십니다. 왜냐하면 예수님은 우리를 사랑하시되 변함없이 끝까지 사랑하시기 때문입니다. 이와 같이 우리는 예수님의 끝 없는 사랑을 받으면서 살아갑니다. 그러므로 우리는 예수님의 음성에 항상 귀를 기울이고, 더욱 예수님을 사랑하며, 예수님의 인도하심을 기쁘게 따르며 사는 주님의 제자로 거듭날 수 있기를 주님의 이름으로 축복합니다.

베드로의 만용

우리가 얼핏 보기에는 베드로의 의지적인 자기 결의가 참 좋은 것처럼 보이지만 거기에는 자신의 오만과 만용이 내포되어 있음을 쉽게 짐작할 수 있습니다. **"베드로가 여짜오되 다 버릴지라도 나는 그리하지 않겠나이다"**(29)는 내침을 당하는 목자와 양들이 흩어질 것을 예견하시는 예수님에 대한 정면적인 도전이자 동료 제자들을 무시하는 교만의 말이었습니다. 베드로는 양들에 대한 목자의 예견을 결코 받아들일 수가 없었을 것입니다. 이유는 예수 그리스도께서 거절되는 시기에 그분을 믿고 좇는 이유가 높은 자리를 차지하려는 생각도 섞여 있어서 출세의 수단으로 비치는 면을 인지하고 **'내니이까'** 라고 말은 했지만 그분을 버릴 생각은 전혀 없었기 때문일 것입니다. 베드로는, 만약 출세와 예수님을 선택하라고 한다면 주저 없이 하나님의 아들, 예수님을 선택할 사람이었습니다. 다른 어떤 것 때문에 예수님을 버린다는 것은 베드로의 안중에도 없을 뿐만 아니라 꿈에도 생각할 수 없는 일이었습니다. 베드로의 생각과 결심은 아무도 허물 수 없을 만큼 확고했습니다만 베드로의 말 자체에는 교만과 아집이 섞여 있었습니다. '다 버릴지라도 나는 그렇지 않겠나이다' 는 다른 제자들과 자신을 비교하면서 자신은 다른 제자들과 다르다는 것을 강조합니다. 그것은 예수님을 잘못 이해하고 있었던 불신앙의 태도이며, 만용 즉 교만입니다. 비록 처음과 다른 방식으로 표출되기는 하였지만 결국 자신은 다른 제자들보다 더 낫다는 마음이 함축되어 있었습니다. 또한 베드로는 목자가 내침을 당해 자신을 보호할 수 없는 상황이 와도 자신은 버틸 수 있다는 자신감을 내비쳤습니다. 목자 없이도 목자를 향한 충성심을 상실하지 않을 수 있다는 자신감으로 **'양들이 흩어지리라'** 라는 목자의 말을 허술하게 들었습니다. 목자의 예견보다 자신의 상태나 마음을 더 믿었습니다. 베드로는 자신의 확신에 찬 말을 통해 매우 위험한 상태에 처해 있었음을 나타냈습니다.

31절에는 **"내가 주와 함께 죽을지언정 주를 부인하지 않겠나이다"** 라고 호언 장담하고 있습니다. 다른 제자들도 베드로가 처음(29절) 말했을 때에는 가만히 있었는데, 두 번째 이야기할 때는 자기들도 덩달아서 베드로의 말처럼 되풀이 했습니다. 이것은 베드로의 고백속에 담겨 있는 진의를 알지 못하고 수제자 격인 베드로의 각오에 조금도 뒤지지 않으려는 인간 본성에서 나온 고백이었습니다. 그러나 주님이 십자가에 못박혀 돌아가시는 의도와 목적을 알면 그렇게 고백할 수 없었을 것입니다. 당연히 그렇게 해야 함에도 불구하고 그들은 실전에서는 다 예수님을 부인하고 도망 갔습니다.

오늘 우리는 이러한 제자들의 고백과 태도에 대해서 어떤 반응을 합니까? 나쁜 사람들, 잘못 훈련된 제자들이라고 비판하고 비아냥거릴 수 있을 것입니다. 아니면 내가 그 형편이 되어도 그렇게 했을 것이라고 동정심을 표하는 사람도 있을 것입니다. 주님의 뒤를 따라가는 성도는 모름지기 예수님이 하신 일과 그 의도를 바르게 파악하고 어떤 희생을 감수하더라도 함께 할 수 있는 그리스도인이 되어야 합니다. 유리할 때는 함께하고 불리할 때는 부인하거나 도망가는 비겁한 성도가 되어서는 안 됩니다. 그 어떤 불리한 상황이라도 예수님께서 원하시는 것이라면 기꺼이 그 일에 동참할 수 있어야 합니다. 말이나 이론이 아니라 실제 행동으로 보여주고 실천하는 그리스도인이 되어야 십자가를 통한 구원을 이루는 일에 동참할 수 있습니다. 십자가 지는 일은 고난과 희생이 뒤따르기 때문에 대부분의 사람은 그것을 쉽게 받아들이지 않습니다. 말로서는 동의가 되고 그렇게 하겠다고 하지만 실제 이권이 걸리거나 생명이 담보되는 현장에서는 부인하는 경우가 허다합니다.

베드로의 부인 예고

예수님께서는 **"내가 진실로 네게 이르노니 오늘 이 밤 닭이 두 번 울기 전에 네가 세 번 나를 부인하리라"**라고 확신에 찬 말을 하는 제자 개인과 관련하여 더 상세한 예견의 말씀을 주셨습니다. 베드로의 '부인'에 관해 사복음서에서 쓰인 단어는 둘인데, 하나는 '아르네오마이(ἀρνέομαι)'이고 또 하나가 '아프아르네오마이 (ἀπαρνέομαι)'입니다. 전자는 일반적인 '부인'을 뜻하는 동사이고, 후자는 '아르네오마이'를 강조하여 '강하게 부인하다'의 뜻으로 쓰였습니다. 예수께서 "**네가 세 번 나를 부인하리라**"(마 26:34)고 예언하실 때에는 강조형인 '아프아르네오마이' 가 사용되었습니다. 따라서 예수께서 이미 이 사건을 예언하실 때, 베드로가 일반적 차원의 부인을 넘어서 일련의 강한 부인의 행위를 할 것을 예상하여 하신 말씀입니다.

베드로는 자신의 말처럼, 다른 제자들은 주를 버릴지라도 자신은 버리지 않겠다는 맹세를 지킬 수 없을 뿐만 아니라, 다른 제자들은 버리고 도망가는 것에서 그칠 것이지만 베드로는 예수님을 세 번 부인하는 데까지 나아가게 된다는 예고가 함축되어 있습니다. 다른 제자들보다 더 멀리 떨어질 것입니다. 이것은 목자가 내침을 당해도 자신은, 다른 제자들과 다르게, 예수 그리스도를 버리지 않겠다는 자기 확신에서 이미 징조가 드러난 것이었습니다. 다른 제자들보다 자신의 충성이 더 크고 확실하기 때문에 자신에 대해서는 걱정하지 말고 믿어도 된다는 오만은 베드로를 세 번의 부인으로 이끌었습니다. 예수님은 '사랑하는 제자' 인, 베드로의 말에서 베드로의 자만과 자기 도취의 위험성을 발견하셨고, 그것은 베드로를 더욱 멀리 가게 만들 것이라는 것을 아시고 예고하신 것입니다. 베드로는 그날 그 밤 닭이 두 번 울기 전에 세 번 하나님의 종을 부인하게 됩니다.

베드로의 자기 확신에 찬 말들은 예수님에게 곧 일어날 일들과 관련하여 확신을 주었고, 그의 예견이 분명하면 분명할수록 베드로는 더욱 예수님의 말씀으로부터 멀리 갔습니다. 베드로는 힘 있게

156 마가복음 강해서 4 하나님의 아들, 예수 그리스도

'내가 주와 함께 죽을지언정 수를 부인하지 않겠나이다' 라고 말하면서 하나님의 종의 예견은 틀렸고 자신의 결심이 더 확실하다고 우겼습니다. 다른 모든 제자들도 질세라 베드로와 같은 말을 했지만 그것은, 베드로의 확신처럼, 단지 자신들의 불신과 자랑의 바탕을 드러낼 뿐이었습니다. 정도의 차이는 있어도 다른 제자들도 베드로 같은 마음이었습니다.

예수님께서 **"너희 중에 한 사람 곧 나와 함께 먹는 자가 나를 팔리라"**고 말씀하셨을 때, '내니이까?' 라며 대답하던 자들은 목자가 내침을 당하는 때에는 절대로 버리지 않겠다고 확언했습니다. 예수님을 이용해서 출세하거나 권력을 잡아볼 생각이 있었다는 것을, 무의식 중이라도 있을 것이라고 인정했지만, 어떤 방식으로든지 그리고 어떤 상황에서든지 랍비이신 예수님을 버린다는 것은 생각조차 하지 않았습니다. 제자들은 예수님을 이용해서 권세의 자리를 차지하려는 생각이나 부자가 되려는 생각과 내침을 당하는 목자를 버리는 것은 별개의 문제로 여겼습니다. 예수님을 버리지 않는 것은 자신의 확고한 결심에 달려있다고 자신을 맹신했습니다. 그들을 지키고 돌보는 목자가 없어도 그들 스스로를 보호할 수 있다고 착각했고 스스로를 지킬 수 있다고 확신했습니다. 그들의 확신이 크면 클수록 예수님에 대한 의존도는 더 약화되었고, 그런 그들의 마음에 들려온 목자의 경고는 그들의 자존심을 손상시키는 말로 들렸습니다. 그들 자신에 대한 확신과 신뢰가 점점 더 견고해 졌습니다. 이 위험한 상황에 무지한 제자들을 위해 예수님은 기도하려고 겟세마네로 이동하셨습니다. 아들이시라도 받으시는 고난을 통해 순종함을 배우시는 예수 그리스도의 아버지에 대한 온전한 의존을 보이시므로 십자가 섬김에서조차 굳게 서 있을 수 있는 비결을 보여 주셨습니다. 제자들에게 필요한 것이었시만 제자들은 어전히 깨닫지 못했던 것 같습니다.

우리는 내일을 잘 알지 못하지만 예수님은 모든 것을 아시고 우리를 선한 길로 인도하십니다. 예수님께서 하시는 일을 다 이해하지 못해도 그것은 선한 길, 진리의 길, 그리고 사람을 살리는 생명의 길입니다. 주님께서 제시하는 것이 무엇이든지 우리가 바르게 이해하고 그것에 동참하며 헌신해야 합니다. 자신이 이해하는 것으로 교만하게 반응하거나 만용을 부려서는 안 됩니다. 겸손하게 그 일의 진의를 파악하고 주님의 뜻에 순종하는 자세가 필요합니다. 아무리 중직자(重職者)의 위치에 있어도 자기의 뜻이나 힘으로 교회 일을 하려고 해서는 안 됩니다. 결과적으로 보면 나중에 주님으로부터 책망을 받습니다. 현재 나의 생각과 의사와는 좀 다르더라도 예수님께서 말씀하시는 의도가 무엇인지를 파악하고 순종하는 자세를 가진다면 나중에 칭찬 받고 귀하게 쓰임 받을 수 있습니다. 그렇게 되기 위해서는 믿음이 성숙해야 하고 더욱 그리스도의 장성한 분량이 충만한 데까지 자라가야 합니다.

Chapter 11

십자가와 기도
(The Prayer for His Death on the Cross)

마가복음 14:32-42

그들이 겟세마네라 하는 곳에 이르매 예수께서 제자들에게 이르시되 내가 기도할 동안에 너희는 여기 앉아 있으라 하시고 베드로와 야고보와 요한을 데리고 가실새 심히 놀라시며 슬퍼하사 말씀하시되 내 마음이 심히 고민하여 죽게 되었으니 너희는 여기 머물러 깨어 있으라 하시고 조금 나아가사 땅에 엎드리어 될 수 있는 대로 이 때가 자기에게서 지나가기를 구하여 이르시되 아빠 아버지여 아버지께는 모든 것이 가능하오니 이 잔을 내게서 옮기시옵소서 그러나 나의 원대로 마시옵고 아버지의 원대로 하옵소서 하시고 돌아오사 제자들이 자는 것을 보시고 베드로에게 말씀하시되 시몬아 자느냐 네가 한 시간도 깨어 있을 수 없더냐 시험에 들지 않게 깨어 있어 기도하라 마음에는 원이로되 육신이 약하도다 하시고 다시 나아가 동일한 말씀으로 기도하시고 다시 오사 보신즉 그들이 자니 이는 그들의 눈이 심히 피곤함이라 그들이 예수께 무엇으로 대답할 줄을 알지 못하더라 세 번째 오사 그들에게 이르시되 이제는 자고 쉬라 그만 되었다 때가 왔도다 보라 인자가 죄인의 손에 팔리느니라 일어나라 함께 가자 보라 나를 파는 자가 가까이 왔느니라

사순절 기간의 끝 자락에 고난 주일이 다가오면 우리는 무엇보다 예수님의 겟세마네 기도를 생각하게 됩니다. 왜냐하면 그동안 무릎으로 사는 삶이 너무 부족했고, 세속에 깊이 빠져 하나님과 깊이 교

제하는 기도의 시간이 부족했다는 것을 알기 때문입니다. 기도를 통해 배양된 힘이 세상의 풍파를 견디어 내며 승리하게 한다는 것을 알면서도 그렇게 하지 못한 자신이 너무 미안하고 부끄러워집니다. 어떤 분이 '많은 사람들이 기도의 능력을 믿고 그것에 관하여 듣기를 좋아하지만 실제로 기도하는 사람은 아주 적다'라고 한 것은 사실인 것 같습니다. 기도는 모든 고난과 역경을 이기게 하고 성도들로 하여금 승리하게 하는 강력한 무기가 됩니다.

초대교회 신앙인들의 모습을 보면 예수님의 그 은혜에 감격해서 매일 모여 기도하였습니다. 매일 떡을 나누었고, 매일 제자들과 함께 말씀을 통해서 예수님을 배웠습니다. 한국교회 초창기 성도들도 어려운 시대를 지나면서도 매일 기도함으로 가정과 교회 그리고 국가의 부흥과 번영을 이루어 왔습니다. 기도 없이는 아무것도 할 수 없음에도 불구하고 바쁘고 피곤하다는 핑계로 기도생활을 제대로 하지 못하고 살아가고 있는 우리의 모습입니다. 이 사회가 우리로 하여금 분주하게 하고 우선 순위를 바꾸도록 하여 성도의 마음이 주님께 가까이 가기보다는 자꾸만 분산이 되게 하는 것이 사실이지만 깊이 생각해 보면 나 자신의 문제입니다. 오늘 감람산(The mountain of Olive trees)의 겟세마네 동산에서 우리를 위하여 드리신 주님의 기도를 생각하면서 우리 자신의 부족했던 기도의 삶을 돌아보고 자성하는 시간이 되었으면 좋겠습니다.

습관적 기도

본문과 같은 스토리인 누가복음 22장 39절에는 "**예수께서 나가사 습관을 따라 감람 산에 가시매 제자들도 따라갔더니 그 곳에 이르러 그들에게 이르시되 '유혹에 빠지지 않게 기도하라' 하시고**"라고 기록하고 있습니다. 인류의 대속 죄를 위한 십자가 잔을 기도하지 않고는 도저히 마실 수 없기에 먼저 기도로 준비하셨습니다. 그의 생애를 살펴보면 큰 일이 있을 때마다 아버지 하나님께 기도하면서 그의 사역을 행하셨던 것을 보게 됩니다. 공생애 사역을 시작하기 전에 40일을 금식 기도하셨고, 제자들을 선택하시기 전에도 기도하시므로 그 일을 순조롭게 이루어 가셨습니다. 예수님은 기도의 사람이었습니다. 마가복음 1장 35절에 "**새벽 아직도 밝기 전(미명)에 예수께서 일어나 나가 한적한 곳으로 가사 거기서 기도하시더니**"라고 하면서 예수님의 습관적 기도 생활을 보여주고 있습니다. 만약 예수님께서 기도의 사람이 아니셨다면 무거운 십자가 잔을 앞에 놓고 어떻게 했을까요? 기도의 삶으로 체질화 되어 있었던 예수님께서는 먼저 겟세마네 동산에 오르신 것입니다. 겟세마네 동산에 오르신 예수님은 제자들을 남겨두고 수제자들인 베드로와 야고보와 요한 만을 데리고 한적한 곳으로 나아가셨습니다. 예수님께서는 제자들에게 말씀하십니다. 내 마음이 매우 고민하여 죽게 되었으니 너희는 여기 머물러 나와 함께 깨어 있으라. 겟세마네 동산에 오르기 전만 해도 목자 잃은 양같이 될 제자들을 걱정하시던 예수님이 왜 이렇게 연약한 모습을 보이시는 것입니까? 겟세마네 동산은 죄인들을 섬기느라 지치고 피곤할 때 하나님께 나아가 기도하며 위로와 사랑을 덧입던 곳입니다. 그곳 기도의 동산은 위로와 사랑의 하나님이 계시는 곳입니다. 이런 곳에 이르자 어머니 품 안에 달려드는 어린아이처럼 연약해지신 것 같습니다. 예수님은 인류의 죄를 대속하기 위해서 마셔야 할 십자가의 잔을 생각할 때 너무나 고통스러웠습니다. "슬퍼하사"라는 말씀이 나오는데 이 말씀은 헬라어 동사 '에크담베이스다이(εκθαμβεισθαι)'로 원래 뜻이 '공포에 사로 잡히다'라는 의미입니다. 내 마음이 심히 고민하여 죽게 되었다고 표현하고 있습니다. 그 고통이 너무 커서 죽을 지경이 되었다는 말씀입니다. 예수님은 이런 고통을 제자들에게 솔직히 털어놓고 기도 부탁을 하고 있습니다. 제자들에게 나와 같이 깨어 있으라 기도 부탁을 하신 후 예수님은 하나님 앞에 홀로 나아갔습니다. 예수님은 마음에 일어나는 고통과 갈등을 가지고 무릎을 꿇고 얼굴을 땅에 대고 엎드리셨습니다. '무릎을 꿇고 엎드렸다'는 것은 하나님께 대한 복종을 의미합니다. 죄인 아닌 죄인으로 인류의 죄를 다 끌어안고 하나님께 대속죄일의 대제사장처럼 지성소에 들어가신 것입니다.

그리스도인도 세상을 살아가면서 예수님과 동일한 고통과 갈등, 동일한 번민과 슬픔은 아닐지라도 스스로는 도저히 감당할 수 없는 스트레스와 영혼의 무거운 고통과 번민에 직면할 때가 있습니다.

학생들은 전공 공부외 이두운 장래 문제로 마음이 무거울 때가 있습니다. 성도들은 과중한 업무로 인한 압박감, 불안한 고용 환경에서도 생계를 책임져야 하는 무거운 책임감이 마음을 누를 때가 있습니다. 사역자들은 주님이 맡기신 양들을 감당해야 하는 영혼의 무거운 책임감과 고통을 느낄 때가 있습니다. 혼기를 앞둔 청년들은 결혼 문제가 고민이 됩니다. 대개 이렇게 어렵고 힘든 문제를 만날 때 우리는 어떻게 합니까? 평소에 하던 습관대로 합니다. 잠자기를 좋아하는 사람은 조금만 힘든 문제에 부딪히면 잠을 자므로 모든 것을 잊으려고 합니다. 영화나 게임을 통해서 스트레스를 풀던 사람은 힘든 일이 있으면 영화관이나 PC방을 찾아갑니다. 인간적인 위로를 구하는 사람은 어려운 일을 만나면 사람들의 동정을 얻기 위해 사람들을 찾아다닙니다. 그러나 잠이나 영화나 인간적인 위로는 우리의 근본 문제를 해결해 줄 수 없습니다. 하나님께 들고나아가야 합니다. 힘든 문제를 들고 하나님께 나아가기 위해서는 습관을 좇아 기도하는 겟세마네 동산과 같은 나만의 기도 공간과 시간이 있어야 합니다. 그래야 힘들 때 이곳으로 나아갈 수 있는 것입니다. 그러므로 성도들이 평소에 기도를 몸에 익힘으로 습관적, 즉 정기적이고 일상적인 삶으로서의 기도가 되어야 어려움이 닥칠 때 더 깊이 있게 하나님께 나아와 기도함으로 그 문제를 해결 받을 수 있습니다. 예를 들면 포로로 잡혀간 다니엘은 기도의 좋은 습관을 가지고 있었기 때문에 죽음 앞에서도 두려워하지 않고 그 어려움을 극복할 수 있었습니다. 다니엘은 다리오 왕 외에 다른 신에게

절을 하면 사자 굴에 던져 넣겠다는 금령을 듣고도 집에 돌아와 전에 하던 대로 하루에 세 번씩 예루살렘을 향해 기도했습니다. 이럴 때 하나님은 다니엘을 사자굴에서 건져 내시고 더 형통한 인생을 살도록 축복해 주셨습니다. 우리가 생각할 때 다니엘은 믿음이 좋아서 그렇게 할 수 있었다고만 생각하지 평소에 습관이 되어 하나님과의 깊은 기도의 능력으로 이겼다는 것을 쉽게 간과합니다. 그러므로 우리도 습관적으로 나아가 하나님과 깊이 교제하는 기도의 겟세마네 동산이 있어야 합니다. 그렇지 않으면 우리가 어려움을 당할 때 하나님 앞에 나아가 기도할 수 없음으로 시험에 빠지고 맙니다. 우리는 날마다 새벽 겟세마네 기도 동산에 오를 수 있습니다. 퇴근 겟세마네 동산에 오를 수 있습니다. 수요 기도 겟세마네 동산에 오를 수 있습니다. 저희가 습관적으로 겟세마네 동산에 올라 기도함으로써 환난과 어려울 때 하나님께 나아가는 자들이 될 수 있기를 기도합니다. 그럼 겟세마네 동산에서 예수님께서는 어떻게 기도하셨습니까?

기도의 태도

누가복음 22장 44절에는 **"힘쓰고 애써 더욱 간절히 기도하시니 땀이 땅에 떨어지는 핏방울 같이 되더라"**고 기록하고 있고, 본문 33절에는 **"심히 놀라시며 슬퍼하사"**라고 했습니다. 우리는 주님의 기도의 태도에서 몇 가지 기도에 관한 중요한 진리를 발견할 수 있습니다.

첫째, 기도의 대상자가 누구인지를 바르게 알았습니다. 우리의 기도를 들으시는 분은 바로 하늘에 계신 우리 아버지입니다. 주님께서 제자들과 우리에게 가르치신 주기도의 첫마디도 '**하늘에 계신 우리 아버지여!**' 입니다. 다른 종교에도 기도가 있지만 그 대상은 하나님이 아니고 우상입니다. 막연한 대상이나 사람들이 만들어 놓은 형상일 뿐입니다. 그러나 우리는 세상을 창조하시고 우리에게 기도하라고 요청하신 하나님 아버지께 기도합니다. 예수님은 성자로서 고뇌의 기도를 드리면서 자기에게 사명을 부여해 주신 분이 하나님이시고 그것을 또한 성취하실 분도 하나님이라는 사실을 알았습니다. 기도의 대상자를 바르게 아는 것이 중언부언하지 않는 진정한 기도를 드릴 수 있는 비결이며 그리고 응답을 받을 수 있는 기도입니다. 대상자가 분명하지 않으면 자기의 하소연 내지는 자기 만족으로 끝날 수 있습니다.

둘째, 사력을 다하는 기도였습니다. 간절하게 기도하므로 땀이 핏방울같이 되었습니다. 생명을 다해서 하나님 아버지께 기도드렸습니다. 기도는 사력을 다해야 합니다. 그렇지 않으면 형식적인 기도, 알맹이가 없는 기도로 변질될 수 있습니다. 사안이 시급하고 중요한 만큼 예수님은 사력을 다해 기도했습니다. 사람의 눈치를 보거나 형식적인 기도가 아니라 마음을 다해서 드리는 최선의 기도를 드려야 할 것입니다. 생명을 드리면 기도가 살아나고 기적을 경험하는 은혜를 누리게 됩니다.

셋째, 제자들과 동역하고자 하는 기도였습니다. 누가복음에서 예수님은 **"유혹에 빠지지 않게 기도하라"**고 하셨고 본문 38절에서는 **"깨어 있어 기도하라"**고 말씀하십니다. 그러니까 예수님께서는 겟세마네 동산에서 혼자 기도하시기를 원하지 않으셨습니다. 예수님께서는 겟세마네 동산에서 제자들과 함께 기도하시기를 원하셨습니다. 특히 베드로와 요한을 데리고 자신이 기도하는 장소에 데리고 가셨습니다. 함께 기도하고 싶은 예수님의 마음을 엿볼 수 있습니다. 두 제자 뿐 아니라 다른 제자들도 피곤해서 다 잤지만 주님께서는 세 번이나 제자들에게 와서 함께 기도할 것을 요청하셨습니다. 기도는 혼자도 할 수 있지만 동역자가 있어야 함을 우리에게 교훈하고 있습니다. 서로에게 기도의 동역자가 되어 주십시오. 예수님은 동역하는 기도의 중요성에 대해서 이렇게 말씀하셨습니다. **"진실로 다시 너희에게 이르노니 너희 중의 두 사람이 땅에서 합심하여 무엇이든지 구하면 하늘에 계신 내 아버지께서 그들을 위하여 이루게 하시리라. 두 세 사람이 내 이름으로 모인 곳에는 나도 그들 중에 있느니라"**(마 18:19-20).

한 사람의 기도의 힘보다 여러 사람이 함께 합심하여 기도할 수 있다면 하나님의 뜻을 이루는 능력 있는 훌륭한 기도를 드릴 수 있을 것입니다.

기도의 핵심

누가복음 22장 41절에 **"그들을 떠나 돌 던질 만큼 가서 무릎을 꿇고 기도하여 이르시되 아버지여 만일 아버지의 뜻이거든 이 잔을 내게서 옮기시옵소서 그러나 내 원대로 마시옵고 아버지의 원대로 되기를 원하나이다 하시니 천사가 하늘로부터 예수께 나타나 힘을 더하더라"** 그러면 아버지의 뜻은 무엇이었습니까? 아버지의 뜻이 무엇인지를 우리가 이해해야 합니다.

많은 것을 내포하고 있을 수 있지만 두 가지로 생각해 본다면,

첫째, 죄인을 위한 대속의 제물이 되는 것입니다. 찰스 스펄전 목사는 그리스도가 마셔야 하는잔은 하나님 아버지께서 주신 십자가의 죽음 즉 희생의 잔이라고 설명했습니다. 실제 구약에서 '잔'은 인간 악에 대한 하나님의 진노를 상징했습니다. 에스겔 23장 32-34절과 이사야 51장 22절에 보면 하나님은 "비틀거리게 하는 잔 곧 나의 분노의 큰 잔'이라고 묘사했습니다. 이러한 하나님의 진노의 잔을 무색케 하는 것은 그의 생명을 하나님께 드리는 것이었습니다.

마가복음 10장 45절에 **"인자의 온 것은 섬김을 받으려 함이 아니라 도리어 섬기려 하고 자기 목숨을 많은 사람의 대속물로 주려 함이니라"** 라고 하였습니다. 마태복음 16장 21절에 **"이 때로부터 예수 그리스도께서 자기가 예루살렘에 올라가 장로들과 대제사장들과 서기관들에게 많은**

고난을 받고 죽임을 당하고 제삼일에 살아나야 할 것을 제자들에게 비로소 나타내시니"라고 하였습니다. 그래서 예수님은 "오늘과 내일과 모레는 내가 갈 길을 가야 하리니 선지자가 예루살렘 밖에서는 죽는 법이 없느니라"(눅 13:33)라고 하였습니다. 예수 그리스도는 십자가 위에서 "다 이루었다"(요 19:30)리고 자기 사명 성취의 개가를 선언했습니다. 율법과 예언의 성취를 선언하신 것입니다. 그것이 그가 세상에 오신 목적이요 사명 즉 하나님의 의도였습니다.

둘째, 선민 구원을 완성시키는 것입니다. 요한복음 6장 37-39절에 "아버지께서 내게 주시는 자는 다 내게로 올 것이요 내게 오는 자는 내가 결코 내쫓지 아니하리라 내가 하늘에서 내려온 것은 내 뜻을 행하려 함이 아니요 나를 보내신 이의 뜻을 행하려 함이니라 나를 보내신 이의 뜻은 내게 주신 자 중에 내가 하나도 잃어버리지 아니하고 마지막 날에 다시 살리는 이것이니라"라고 하였습니다. 하나님께서 예수님을 이 땅에 보내신 뜻은 마지막 날에 다시 재림하심으로 대속의 은총을 입은 모든 신자들을 부활시킴에 있다고 하였습니다. 그것이 바로 예수 자신이 이 땅에서 이루어야 할 하늘의 뜻이었습니다.

언제나 주님은 십자가를 통한 고난의 잔, 죽음의 잔을 마시는 것이 하나님의 뜻임을 너무나 잘 알고 있었습니다. 그 잔을 순종하여 마시고자 예수님은 지금 하나님께 나아가 무릎을 꿇고 있습니다. 그의 기도의 핵심은 '이 잔'을 가능하면 마시지 않도록 해 달라는 것이었습니다. 고대이 잔은 사형 집행을 위한 전기 의자와 같았습니다. 이 잔은 일반적인 죽음을 가리키는 것이 아닌, 사법상의 죽음에 한정되는 것입니다. 성경적으로 이 잔은 불의와 악행에 대한 하나님의 사법적 진노를 의미하는 것이었습니다. 그러나 막상 눈앞에 놓인 십자가 잔을 바라볼 때 너무나 고통스러웠습니다. 왜냐하면 예수님 자신이 육체적 고문과 죽음뿐만 아니라 온 인류의 악과 죄에 대한 하나님의 충천한 진노에 의한 형벌이라는 것을 아셨기 때문입니다. 뿐만 아니라 조금 있으면 늘 함께 하시는 하나님과의 교제가 끊어지고 홀로 그 무거운 구원의 완성을 성취해야 되기 때문에 영원이라는 시간 속에서 처음으로 하나님으로부터 단절되고 교류가 두절되는 고통을 아셨기 때문에 잔을 물러가게 해 달라고 기도하신 것입니다. 마가복음 주석을 쓴 빌 레인(Bill Lane)은 겟세마네 동산의 기도에 대해서 이렇게 주석했습니다. '잔을 거두어 달라고 기도하실 수밖에 없었던 그 처절한 슬픔과 불안은 그분이 만나게 될 암담한 운명이 두려워서가 아니라 임박한 육체적 고난과 죽음에 위축되어서도 아니었다. 그 보다 이는 온전히 아버지만을 위해 사시던 자신이 곧 하나님으로부터 단절될 것에 대한 공포였다. 예수님께서 짊어지신 죄의 심판에 그런 단절이 내포되어 있다. 예수님은 배반 당하시기 전에 아버지와 함께 있으려고 그곳에 갔는데, 천국 대신 지옥이 앞에 열린 탓에 비틀거리셨다' 하나님과의 단절과 분리는 죽음 그 자체입니다. 아버지와 함께 늘 계시며 깊은 교제의 관계를 유지했던 예수님은 십자가를 앞두고 홀로서기해야 하는 순간을 맞이한다는 상황이 아찔하기 그지없었습니다. 그래서 예수님은 하나님께 이 잔을 내게서 지나가게 하옵소서, 이 잔을 마시지 않고도 속죄의 사역을 완성할 방법만 있다면 이 잔을 내게서 지나가게 하옵소서 하며 애타게 부르짖었던 것입니다. 우리가 당해야 할 하나님의 사법적 진노가 바로 죽음(단절)이라는 사실을 미리 예견하셨기 때문입니다. 자신의 원을 이루고자 하는 마음과 하나님의 원을 이루고자 하는 마음의 갈등이 너무나 큰 괴로움으로 다가왔고 더욱이 하나님으로부터 버림 당하는 고독의 순간으로 인한 고통이 너무 두려웠기 때문에 이러한 기도를 올려 드리게 된 것입니다.

신앙 생활에서 가장 큰 고통이 바로 나의 원함과 하나님의 뜻이 상충될 때입니다. 새벽에 더 자고 싶은 나의 원과 일어나 기도하길 원하시는 하나님의 원 때문에 새벽이 고통스럽습니다. 집에서 조용히 텔레비전 시청이나 하면서 쉬고 싶은 나의 원과 교회에 가서 전도 훈련을 받고 복음 전하길 바라는 하나님의 원으로 갈등이 됩니다. 그 외에도 하나님의 말씀 순종과 내 의지대로 살고자 하는 욕망이 서로 상충하는 갈등이 너무나 많이 일어납니다. 사도 바울도 죄를 향하는 마음과 선을 행하고자 하는 마음의 갈등으로 **"오호라 나는 곤고한 사람이라 이 사망의 몸에서 누가 나를 건져내랴"** 하며 탄식하였습니다. 이렇게 나의 원과 하나님의 원으로 갈등하고 고통스러울 때 예수님은 어떻게 하셨습니까? 하나님의 원을 이루기 위해서 땀방울이 핏방울이 되도록 간절히 기도했습니다(눅 22:44). 예수님은 괴로운 가운데 몸부림치며 기도히 셨습니다. 아비지 하나님의 원함을 이룰 수 있게 도와주십시오. 이렇게 몸부림치는 기도 투쟁을 할 때 심령 깊은 곳에서 **"그러나 나의 원대로 마옵시고 아버지의 원대로 하옵소서"** 라는 기도가 터져 나왔습니다. 자신의 원을 이루고자 하는 자아를 이기고 승리한 승리의 선포입니다. 인간적인 자아와 거룩하신 하나님의 소원 사이의 치열한 갈등 가운데 마침내 자기를 극복하신 예수님의 승리의 찬가였습니다. 만약 예수님의 기도가 아버지여 이 잔을 내게서 지나가게 하옵소서, 지나가게 하옵소서 하며 끝나 버렸다면 어떤 결과를 초래했겠습니까? 우리는 여전히 죄와 고통 가운데 살 것입니다. 하나님의 심판을 받게 될 것입니다. C.S. 루이스는 『천국과 지옥의 이혼』이라는 저서에서 이와 관련된 유명한 말을 남겼습니다. '현세에 당신이 하나님께 "하나님의 뜻대로 하옵소서"라고 끝내 말하지 않으면 결국 내세에 하나님께서 당신에게 "정 그렇다면 네 뜻대로 하여라"고 말씀 하신다. 만약 당신이 하나님께로부터 벗어나 자유롭기를 원한다면 소원하는 대로 될 것이다. 그러나 그것은 당신에게 큰 고통을 줄 것이다'

주님께서는 처절한 겟세마네 영적 대전에서 승리하셨습니다. 그리고 하나님께 위대한 고백을 하셨습니다. **"나의 원대로 마시옵고 아버지의 원대로 하옵소서"**(36). 이 겟세마네 기도가 십자가를 질 수 있는 원동력이 된 것입니다. 죄인들을 구원하시기 위해서 겟세마네 기도 싸움에서 승리하신 우리 주님을 찬양합니다. 우리가 예수님의 위대한 기도를 배울 수 있기를 기도합니다. 나의 원과 하나님의 원 사이에서 갈등할 때 예수님처럼 기도로 싸워 승리해야 합니다. 땀 방울이 핏방울이 되도록 사력을 다하여 기도해야 합니다. 이럴 때 우리도 예수님처럼 승리의 찬가를 부를 수 있을 것입니다.

우리가 기억해야 할 중요한 진리는, 2천 년 전 겟세마네 동산에서 드렸던 그날 밤만의 기도로 끝난 것이 아니고 지금도 계속되고 있다는 사실입니다. 예수님께서 이 밤에 드리셨던 이 기도는 언제부터 시작되었으며 언제까지 계속됩니까? 예수님의 겟세마네의 기도는 인간들이 하나님을 떠나는 그 순간부터 시작된 기도이며 주님께서 다시 오실 그 날 까지 드려질 기도인 것을 우리는 기억해야 합니다. 로마서와 히브리서에서는 하나님의 우편에 앉아 계시는 주님께서 오늘도 우리를 위하여 간구하신다고 했습니다. 로마서 8장 34절에 **"누가 정죄하리요 죽으실 뿐 아니라 다시 살아나신 이는 그리스도 예수시니 그는 하나님 우편에 계신 자요 우리를 위하여 간구하시는 자시니라"**라고 했습니다. 지금 이 시간도 주님께서는 죄인들을 위하여 이토록 간절하게 간구하심을 우리는 기억해야 합니다. 누가 우리를 위하여 이렇게 간구해 주겠으며, 누가 우리를 위하여 밤을 새며 땀이 핏방울이 되도록 기도해 주겠습니까? 지금 이 순간 우리를 위하여 이런 중보의 기도를 해주시는 분은 예수님밖에 없다는 것을 기억하시기 바랍니다.

그날 새벽에 겟세마네 동산에서 드려졌던 이 기도가 오늘 인류 역사를 바꾸어 놓는 결정적인 순간이었던 것을 잊어서는 안 됩니다. 겟세마네 동산의 기도는 예수님께서 죄인들을 위하여 몸부림 치셨던 기도였고, 자기의 생명을 거두어 가시기를 간절하게 바랬던 기도입니다. 아버지의 뜻이 이루어지기를 바라면서 그분께 순종하겠다고 결심하며 드렸던 기도였습니다. 그 기도의 힘으로 인류 구원을 위한 십자가의 고난을 기쁨으로 감당할 수 있었습니다. 이 기도가 우리 자신을 위한 기도인 것을 기억하고 진실한 마음으로 주님께 기도하는 성도가 되어야 합니다. 주님과 함께하는 기도, 하나님의 뜻이 이루어지기를 바라는 기도가 하나님 나라를 세우고 그의 의를 이루는 기도가 됩니다. 기도의 사람 이엠 바운즈(E.M. Bounds)는 "옷을 만드는 것은 재단사의 일이고 구두를 수선하는 것은 구두장이의 일이지만 기도는 그리스도인의 일이다. 기도의 실패자는 삶의 실패자이다"라는 유명한 기도의 명언을 남겼습니다. 나의 기도가 결국 나 자신과 가정과 교회와 더 나아가 국가를 살리는 원동력이 된다는 것을 기억하시기 바랍니다.

Chapter 12

체포되신 예수 그리스도
(The Arrest)

마가복음 14:43-52

예수께서 말씀하실 때에 곧 열둘 중의 하나인 유다가 왔는데 대제사장들과 서기관들과 장로들에게서 파송된 무리가 검과 몽치를 가지고 그와 함께 하였더라 예수를 파는 자가 이미 그들과 군호를 짜 이르되 내가 입맞추는 자가 그이니 그를 잡아 단단히 끌어 가라 하였는지라 이에 와서 곧 예수께 나아와 랍비여 하고 입을 맞추니 그들이 예수께 손을 대어 잡거늘 곁에 서 있는 자 중의 한 사람이 칼을 빼어 대제사장의 종을 쳐 그 귀를 떨어뜨리니라 예수께서 무리에게 말씀하여 이르시되 너희가 강도를 잡는 것 같이 검과 몽치를 가지고 나를 잡으려 나왔느냐 내가 날마다 너희와 함께 성전에 있으면서 가르쳤으되 너희가 나를 잡지 아니하였도다 그러나 이는 성경을 이루려 함이니라 하시더라 제자들이 다 예수를 버리고 도망하니라 한 청년이 벗은 몸에 베 홑이불을 두르고 예수를 따라가다가 무리에게 잡히매 베 홑이불을 버리고 벗은 몸으로 도망하니라

하나님께서는 그의 아들 예수 그리스도를 십자가에 매달기 위해서 여러 사람들을 사용하십니다. 그러나 최종적으로는 당신이 아들을 못박아 죽이고 인류를 구원하십니다. 존 스토트(John Stott)는 예수님을 십자가에 못박아 죽인 장본인은 총독 빌라도도 아니고, 그 당시의 기득권을 주장하던 종교 지도자들도 아니고 로마 군인도

174 마가복음 강해서 4 하나님의 아들, 예수 그리스도

아니고 더욱 군중(무리)도 아니라고 하면서 '하나님 자신'이라고 주장했습니다. 일리가 있는 말씀입니다. 예수님은 이러한 하나님의 의도와 계획을 알고 있었기 때문에 기도 중에 절대 순종의 길을 선택했습니다. 힘이 없어서도 아니고 피할 수 있는 길이 없어서 어쩔 수 없이 잡히신 것도 아닙니다. 이렇게 하는 것이 하나님 나라의 일이고 인류를 구원하실 수 있는 유일한 하나님의 계획이며 대안이라는 것을 아시고 그의 모든 힘을 다 포기하고 순순히 체포되신 것입니다.

본문은 예수님이 죄인들의 손에 팔리기 위해 체포되시는 광경입니다. 가룟 유다는 입맞춤으로 예수님을 팔았고 그것을 실제로 그의 행동으로 옮기는 장면이 나옵니다. 예수님은 십자가에서 사형을 당하시기 위해, 가룟 유다가 이끌고 온 무리에게 잡히셨습니다. 이렇듯 오늘 본문의 말씀은 비극적인 내용입니다. 본문에는 예수님 이외에 세 종류의 사람이 나옵니다. 이 세 종류의 사람들의 잘못이 무엇인지 함께 생각하면서 예수님을 따르는 제자로서 더 이상 실수나 실패가 없이 승리하는 삶을 살았으면 합니다.

예수님을 잡으러 온 무리

본문 14장 43절에 "**예수께서 말씀하실 때에 곧 열둘 중의 하나인 유**

다가 왔는데 대제사장들과 서기관들과 장로들에게서 파송된 무리가 검과 몽치를 가지고 그와 함께 하였더라"라고 기록하고 있습니다.

"예수께서 말씀하실 때에" 겟세마네 동산에서 예수님은 세 번이나 같은 내용으로 간절히 기도하셨습니다. 그러나 제자들은 예수님의 당부에도 아랑곳하지 않고 계속해서 잠만 잤습니다. 기도를 다 마치신 예수님은 제자들을 깨우시면서 이와 같이 말씀하셨습니다. "이제는 자고 쉬라(좀더 정확히 번역하면, 이제도 자고 쉬느냐) 그만 되었다 때가 왔도다 보라 인자가 죄인의 손에 팔리느니라 일어나라 함께 가자 보라 나를 파는 자가 가까이 왔느니라." 예수님께서 사랑하는 제자들에게 이 말씀을 하고 계실 때였습니다.

"곧 열둘 중의 하나인 유다가 왔는데." 이때의 유다는 예수님을 판 가룟 유다를 가리킵니다. 앞에 나오는 가룟은 지명이고, 뒤에 나오는 유다는 인명입니다. 그는 로마의 군인이 아니었습니다. 또한 대제사장의 아랫사람도 아니었습니다. 그는 예수님의 열두 제자 중 한 사람이었습니다. 지난 삼 년 동안 살아 계신 하나님의 아들이신 예수님과 늘 함께했습니다. 예수님의 말씀을 자기 귀로 직접 들었습니다. 또한 그는 예수님이 행하신 일들을 자기 눈으로 직접 보았고 체험했습니다. 이처럼 가룟 유다는 놀라운 특권을 누렸습니다. 그럼에도 불구하고 그는 예수님을 배반했습니다. 그는 대제사장들에게 가서 은 삼십을 받고, 예수님을 팔았습니다.

예루살렘의 다락방에서 성찬이 시작되기 전, 가룟 유다는 그곳을 나왔습니다. 그는 예수님을 넘겨주기 위해 대제사장들을 찾아갔습니다. 이때 예수님은 제자들과 함께 계셨습니다. 따라서 이때가 예수님을 넘겨주기에 가장 좋은 기회라고 여겨졌을 것입니다. 가룟 유다의 말을 들은 대제사장들은 즉시 산헤드린 공회를 소집했습니다. 오늘 본문에 나오는 대제사장들과 서기관들과 장로들을 모두 소집한 것입니다. 그들도 이때가 예수님을 잡을 적기라고 판단하고, 그 즉시 무리를 파송했습니다. 마태복음 26장 47절의 말씀과 같이 공회는 예수님을 잡기 위해 "큰 무리"를 파송했습니다. 물론 그들은 자기들의 아랫사람들만 파송한 것이 아니었습니다. 누가복음 22장 52절의 말씀과 같이 대제사장들과 성전의 경비대장들과 장로들도 직접 따라나섰습니다. 그 뿐만이 아니었습니다. 요한복음 18장 3절의 말씀과 같이 무리에는 군대도 들어 있었습니다. 이들은 로마 군대를 가리킵니다. 당시 유대인들은 군대를 가질 수 없었기 때문입니다. 요한복음 18장 12절의 말씀과 같이 이때 천부장이 로마 군대를 통솔하고 있었습니다. 천부장은 말 그대로 천 명의 부하를 거느리는 지휘관입니다. 비록 이 때 천 명 전부가 동원되지는 않았더라도, 수백 명은 천부장을 따라 나섰을 것입니다. 따라서 당시 예수님을 잡으러 온 무리의 수는 모두 합쳐서 천 명 가까이 되었을 것입니다.

그날 밤 가룟 유다와 대제사장들은 로마 군대의 천부장이나 로마의 총독 빌라도를 찾아가서 예수님을 로마에 위협적인 존재라고 말하면서, 얼른 잡지 않으면 백성을 선동해서 반란을 일으킬 것이라고 거짓으로 모함했을 것입니다.

너칠 진 예수님께서 예루살렘에 입성하신 때, 많은 군중이 열렬하게 예수님을 환영했습니다. 이는 천부장도 총독 빌라도도 잘 알고 있는 사실이었습니다. 더군다나 마가복음 15장 7절의 말씀과 같이, 바로 얼마 전 로마의 지배에서 벗어나려는 민란이 실제로 일어났었습니다. 로마 총독 빌라도의 입장에서 보면, 또다시 유대인들 사이에서 민란이 일어난다는 것은 큰일이 아닐 수 없었습니다. 그래서 그는 천부장을 위시한 군대를 보내서 예수님을 잡도록 했습니다. 민란이 일어나는 것을 사전에 방지하기 위해서였습니다. 만일 다시 민란이 일어나면 그의 총독의 자리가 흔들릴 수 있는 위험으로 작용할 수 있었기 때문에 상당히 긴장하고 있는 때였습니다.

이와 같이 유대인들과 이방인들이 어우러져 예수님을 잡으러 왔습니다. 본문의 말씀처럼, 그들은 검과 몽치를 가지고 왔습니다. 검은 로마 군대가 지니고 있는 무기였습니다. 예수님을 잡는 데 방해가 되면, 그들은 가차 없이 검으로 찌르고자 했을 것입니다. 본문에 나오는 '몽치'는 짤막하고 단단한 몽둥이를 가리킵니다. 몽치는 성전의 경비대가 지니고 있는 방어와 공격용 무기였습니다. 유대인들은 사람을 죽일 권한이 없었습니다. 따라서 성전의 경비대는 성전의 질서를 유지하기 위해서 몽치(몽둥이)를 지니고 있었습니다.

또한 요한복음 18장 3절의 말씀처럼, 그들은 등과 횃불을 들고 왔습니다. 때는 유월절이었기에 보름달이 떠서 주변을 환하게 비추고 있었습니다. 그럼에도 불구하고 그들은 등과 횃불을 준비했습니다. 예수님이 어디에 숨더라도 샅샅이 뒤져서 반드시 잡고야 말겠다는 의도였습니다.

14장 43절 끝부분에 있는 말씀입니다. **"그와 함께 하였더라."** 그러니까 가룟 유다가 앞장서서 무리를 그곳으로 데리고 왔던 것입니다. 물론 가룟 유다는 무리를 이끌고서 먼저 예루살렘에 있는 다락방으로 갔을 것입니다. 그러나 이미 예수님은 제자들과 함께 그곳을 떠나셨습니다. 가룟 유다는 예수님이 어디에 계시는지 충분히 짐작하고도 남았습니다. 바로 감람 산의 겟세마네 동산이었습니다. 그래서 그는 무리를 이끌고 곧바로 겟세마네 동산으로 왔던 것입니다.

예수님에게 무슨 죄가 있었습니까? 예수님은 사람들의 병을 고쳐주셨습니다. 더러운 귀신들을 내쫓아 주셨습니다. 배고픈 자들을 배불리 먹여 주셨습니다. 예수님은 사람들에게 진리를 가르치고 하나님 나라의 복음을 전하셨습니다. 예수님에게 만일 죄가 있다고 한다면 선한 일, 소외된 자와 함께하면서 치유하고 회복시킨 죄밖에는 없습니다. 예수님은 아무런 잘못도 행하지 않았습니다. 그런데도 대제사장들과 서기관들과 장로들은 예수님을 죽이려고 했습니다. 그들은 예수님을 잡아오도록 큰 무리를 파송했습니다. 이에 무리는 검과 몽치를 들었습니다. 그리고 등과 횃불도 준비했습니다. 예수님은 평강의 왕으로 오셨습니다. 그런데 무리는 검과 몽치를 들고 평강의 왕이신 예수님을 잡으러 왔습니다. 예수님은 세상의 빛으로 오셨습니다. 그런데 무리는 등과 횃불을 들고, 세상의 빛이신 예수님을 잡으러 왔습니다. 참으로 어이없는 행동이었습니다.

오늘날 우리 주변에도 이처럼 정신 없는 짓을 행하는 사람들이 있습니다. 그들은 예수님이 누구이신지 알지도 못하면서, 무턱대고 예수님을 배척하며 기독교를 욕하고 폄훼합니다. 그들 중에는 기독교를 '개독교'라고 욕하며 그리스도인들이 몹쓸 짓을 하는 사람인 양 평가절하하는 사람들도 있습니다. 십자가를 경험한 성도의 올바른 자세는 그렇게 하는 자들을 위해 오히려 기도하고 용서하는 것입니다. 우리에게는 그들에게 참 복음의 진수를 전해 주어야 할 증인의 책임이 있습니다.

가룟 유다의 입맞춤

본문 14장 44절에 **"예수를 파는 자가 이미 그들과 군호를 짜 이르되 내가 입맞추는 자가 그이니 그를 잡아 단단히 끌어 가라 하였는지라"**라고 나와 있습니다.

"예수를 파는 자"는 가룟 유다인데, 그는 예수님이 이 세상의 왕이 되실 줄 알았습니다. 그런데 그 기대가 어긋나사, 예수님과 함께했던 세월을 보상받고자 했습니다. 그래서 기회가 있을 때마다 자기가 맡고 있던 돈궤에서 도적질을 했습니다.

며칠 전 베다니 마리아가 예수님을 위하여 옥합을 깨뜨렸습니다. 그러자 가룟 유다는 삼백 데나리온이나 되는 돈을 허비했다고 불평했습니다. 바로 그날 밤 그는 대제사장들을 찾아갔습니다. 그리고는 은 삼십을 받고 그들에게 예수님을 넘기기로 했습니다.

"이미 그들과 군호를 짜 이르되" 가룟 유다와 그가 이끌고 온 무리 사이에는 이미 약속된 군호, 곧 신호가 있었습니다. 무엇이었습니까? "내가 입맞추는 자가 그이니" 가룟 유다의 입맞춤을 받는 자가 그들이 잡아야 할 대상이라는 것이었습니다.

보름달이 뜨긴 했지만 감람나무들 때문에 주변은 어두웠습니다. 그렇다고 해서 예수님에게 후광이 비치는 것도 아니었습니다. 게다가 제자들 중 하나가 스스로 예수님을 대신해서 잡힐 수도 있었습니다. 이런 실수가 없도록 그들 사이에 신호가 필요했습니다.

본래 입맞춤은 사랑이나 존경 또는 감사를 표시하는 행위입니다. 그러나 가룟 유다의 입맞춤은 예수님을 파는 하나의 신호일 뿐이었습니다. 따라서 곧이어 그의 실제적인 의도가 밝혀집니다. "그를 잡아 단단히 끌어 가라 하였는지라." 가룟 유다는 그의 손으로 예수님을 가리키면서, "이가 바로 예수다"라고 크게 외칠 수도 있었습니다. 그랬더라면 차라리 덜 가증스러웠을 것입니다. 그런데 그는 입 맞춤으로 예수님을 팔아 넘겼습니다. 그렇게 그는 너무도 가증스러운 짓을 행했습니다. 마가복음 14장 45절에 **"이에 와서 곧 예수께 나아와 랍비여 하고 입을 맞추니"** "이에 와서 곧 예수께 나아와" 가룟 유다는 예수님의 열두 제자 가운데 한 사람이었습니다. 따라서 그는 예수님을 즉시 알아보았습니다. 그는 조금도 망설이지 않고 예수님 앞으로 나아와 그가 이미 무리와 짠 군호대로 실행에 옮기기 시작했습니다.

"랍비여 랍비여(Rabbai, Rabbai)" 이는 제자가 스승을 부를 때 쓰는 존칭어입니다. 랍비의 뜻은 '선생' 입니다. 가룟 유다는 예수님 앞에 나아가 예수님을 '랍비' 라고 부르면서 짐짓 반가운 척하면서 인사를 했습니다. 그러나 그의 입에서 나오는 말도 역시 위선적이 었습니다. 물론 예수님은 가룟 유다가 하려는 짓을 이미 알고 계셨습니다. 예수님은 모든 것을 다 아시는 하나님이시기 때문입니다. 그래서 누가복음 22장 48절의 말씀을 보면, 입맞춤이 있기 전에 예수님은 그에게 이와 같이 말씀하셨습니다. **"유다야 네가 입맞춤으로 인자를 파느냐?"**

예수님은 전능하신 하나님이시기 때문에 당장에라도 가룟 유다를 멸하실 수 있으셨습니다. 그러나 예수님은 가룟 유다가 하는 대로 내버려 두셨습니다. 시편 41편 9절에 있는 말씀대로 곧 **"내 떡을 나눠 먹던 자가 내게 그의 발꿈치를 들었다"**고 한 성경을 응하게 하시기 위해서였습니다.

45절 끝에 있는 말씀입니다. **"입을 맞추니"** "유다야 네가 입맞춤으로 인자를 파느냐"고 예수님이 직선적으로 말씀하셨지만 가룟 유다는 예수님의 말씀에 전혀 개의치 않았습니다. 요한복음 13장 27절의 말씀과 같이 이미 가룟 유다는 사탄에 사로잡혀 있었기 때문입니다. 여기에 사용된 "입을 맞추다(κατεφιλησεν)"라는 동사가 헬라어에서는 강조형입니다. 그러니까 가룟 유다는 큰 동작을 하면서 열렬하게 예수님에게 입맞추는 행동을 했던 것입니다. 그가 이끌고 온 무리에게 예수님을 잡을 수 있는 기회를 확실하게 주기 위함이었습니다. 그의 입맞춤은 죽음의 입맞춤이었고, 더럽고 가증한 입맞춤이었습니다. 성경학자 마이클 윌콕(Michael Wilcok)은 가룟 유다의 행동에 대해서 하나님의 백성들의 삶 속에서는 가치의 순서가 완전히 뒤바뀌어 있다고 하면서 다음과 같이 설명하고 있습니다. "크리스천들은 세상이 초라하게 여기는 것을 소중히 여기고 세상이 좋다고 선전하는 것을 의심하나"라고 하면서 예수님께서 가르치신 하나님 나라의 영적 가치보다는 세상 나라의 가치를 우선순위에 둔다고 했습니다. 권력과 돈, 성공과 명예가 바로 그러한 것입니다. 절대 가치를 상대 가치로 바꾸는 유다의 어리석음을 반복해서는 안 됩니다.

본문 14장 46절에 **"그들이 예수께 손을 대어 잡거늘"**이라고 말합니다. 가룟 유다의 입맞춤을 신호로 무리는 예수님을 확인했습니다. 요한복음 18장 1절 말씀에 의하면 "이방인인 군대와 천부장 그리고 유대인의 아랫사람들이 합세하여" 예수님을 잡았습니다. 그리고는 예수님이 도망을 치면 안 된다는 듯 예수님을 결박했습니다. 이로써 가룟 유다는 입맞춤으로 예수님을 팔았고, 예수님은 죄인들의 손에 잡히셨습니다. 예수님은 가룟 유다의 위선적인 입맞춤도 참으시고, 죄인들의 손에 결박당하시는 부끄러움도 개의치 아니하셨습니다. 예수님은 이미 기도로 승리하셨기 때문입니다.

가룟 유다는 입맞춤으로 예수님을 팔았습니다. 우리도 겉으로는 예수님을 사랑하는 척하면서, 실제로는 자신을 사랑하고 세상의 쾌락을 사랑하고 있지는 않습니까? 우리도 역시 가식적이고 위선적인 입맞춤으로 예수님을 팔고 있지는 않는지 한번 자신을 돌아보았으면 합니다.

충동적으로 행동한 베드로

본문 47절에 **"곁에 서 있는 자 중의 한 사람이 칼을 빼어 대제사장의 종을 쳐 그 귀를 떨어뜨리니라"**라고 한 사건을 기록하고 있습니다. **"곁에 서 있는 자 중의 한 사람이"** 무리가 예수님을 잡아서 결박하려 하는 찰나였습니다. 예수님의 곁에는 막 잠에서 깨어난 제자들이 서 있었습니다. 예수님이 무리에게 잡히시는 것을 보더니, 그들 중 한 사람이 돌발적인 사건을 일으켰습니다.

예수님의 열두 제자 가운데 성급하게 나서기를 좋아하고, 또한 충동적으로 행하는 기질이 있는 사람이 누구였습니까? 베드로였습니다. 요한복음 18장 10절에는 이때 무모한 일을 저질렀던 사람이 다름 아닌 베드로였다고 언급하고 있습니다.

"칼을 빼어" 누가복음 22장 38절의 말씀을 보면, 예수님은 제자들에게 검을 가질 것을 허락하셨습니다. 누가복음 22장 38절의 말씀과 같이, 그때 제자들에게는 검을 가진 사람이 둘이 있었습니다. 그 중 하나를 베드로가 가지고 있었습니다. 베드로는 자기가 가진 칼을 빼서 휘둘렀습니다. "대제사장의 종을 쳐" 요한복음 18장 10절에서 밝히고 있듯이, 그 종의 이름은 말고였습니다. 그는 당시의 대제사장이었던 가야바의 종이었습니다. 요즘 말로 하면 대통령의 비서실장이나 경호실장에 해당할 만큼, 그는 아주 막강한 힘을 가지고 있던 인물이었습니다.

무리 중 로마 군대는 천부장이 통솔했습니다. 유대인의 아랫사람들은 대제사장의 종 말고가 통솔했습니다. 아마도 그때 말고가 무리 전체를 총괄했을 것입니다. 따라서 그는 무리의 맨 앞에 서 있다가 그만 베드로가 휘두른 칼에 변을 당했습니다.

"그 귀를 떨어뜨리니라." 베드로는 전문적인 칼잡이가 아니었습니다. 그랬기에 말고는 얼른 고개를 숙여서, 다행히 그의 목이 떨어져 나가는 것은 면할 수 있었습니다. 그 대신 그의 오른편 귀가 칼에 베여서 땅에 떨어지고 말았습니다. 언뜻 보면, 베드로의 용기가 가상하게 여겨질 수도 있습니다. 그러나 그는 아주 어리석은 짓을 했을 뿐입니다. 그는 자다가 일어나서 정신없는 행동을 하였던 것입니다. 이 사실은 같은 내용을 담고 있는 요한복음 18장 말씀을 읽어 보면 분명해집니다. 무리가 예수님을 잡으러 왔습니다. 예수님은 그 당할 일을 다 아시고 그들에게 나아가 물으셨습니다. "너희가 누구를 찾느냐?" 그들이 "나사렛 예수"라고 대답하자, 예수님은 "내가 그니라"고 말씀하시면서 그들에게 자신을 밝히셨습니다. 그러자 그들은 물러가서 땅에 엎드러졌습니다. 이렇듯 예수님이 허락하지 아니하시면, 아무도 예수님에게서 목숨을 빼앗을 수 없습니다. 예수님은 우리를 위하여 스스로 목숨을 버리신 것입니다. 아무튼 예수님은 또다시 그들에게 누구를 찾느냐고 물으셨습니다. 왜 예수님은 두 번씩이나 그들에게 누구를 찾느냐고 물으셨습니까? 제자들을 보호하시기 위해서였습니다. 요한복음 18장 8절의 말씀입니다. "**예수께서 대답하시되 너희에게 내가 그니라 하였으니 나를 찾거든 이 사람들이 가는 것은 용납하라 하시니**" 계속해서 그 다음 구절인 요한복음 18장 9절 말씀입니다. "**이는 아버지께서 내게 주신 자 중에서 하나도 잃지 아니하였사옵나이다 하신 말씀을 응하게 하려 함이러라.**" 예수님은 자기 백성을 한 사람도 잃지 않고 끝까지 지키실 것을 분명히 밝히셨습니다.

베드로는 예수님의 말씀 한마디에 무리가 물러가서 땅에 엎드러지는 것을 보았습니다. 또한 그는 예수님이 자기 백성을 끝까지 지키신다고 말씀하시는 것도 들었습니다. 그럼에도 불구하고 베드로는 자기 힘으로 무엇인가를 행하려고 했습니다. 사실 베드로는 살인 미수죄나 업무 방해죄로 바로 그 자리에서 죽임을 당하거나 체포될 수 있었습니다. 그러나 예수님이 즉시 나서서 베드로를 보호하셨습니다. 누가복음 22장 51절의 말씀처럼, 예수님은 말고의 귀를 만져 낫게 하셨습니다. 예수님이 그에게 새 귀를 주신 것입니다.

이렇듯 예수님은 무리와 제자들 사이에서 말씀으로 제자들을 보호하셨습니다. 또한 베드로가 위기에 처했을 때, 예수님은 능력으로 그를 구해 주셨습니다. 예수님께서는 우리도 위험에 처하면, 예수님의 능력의 말씀으로 우리를 구해 주십니다. 우리가 충동적으로 행동하여 실수했을 때도 나무라지 않으시고 그 잘못을 용서하시고 전화위복이 되게 하십니다.

강도로 오인

예수님은 베드로가 충동적으로 일으킨 무모한 짓을 막으시며, 말고의 귀를 만져서 낫게 하신 후 무리를 향하여 말씀하셨습니다. "**너희가 강도를 잡는 것 같이 검과 몽치를 가지고 나를 잡으러 나왔느냐**"(48). 무리 중 로마의 군대는 예수님을 체포하기 위해 검을 가지고 왔습니다. 그리고 성전의 경비대는 몽치, 곧 짤막하고 단단한 몽둥이를 가지고 왔습니다. 그들은 예수님을 강도라고 오인했습니다. 마가복음 15장 7절에는 바라바가 나옵니다. 그는 민란을 꾸미고 그 민란

중에 살인하고 체포된 자였습니다. 요한복음 18장 40절 말씀을 보면 이 바라바를 강도라고 불렀습니다. 그러니까 본문의 강도는 민란을 꾸민 반역자를 뜻합니다. 여기에 나오는 강도라는 말은 헬라어 레스테스(ληστης)로 원래 기초 체제를 무너뜨리고 새 체제를 세우기 위해 폭력적인 전술(검)을 사용하는 게릴라 운동 곧 혁명을 주도하는 자를 의미합니다. 그들은 예수님이 실제로 혁명을 일으키고 계시지만 그 혁명은 역사상 유례가 없던 새로운 종류의 혁명이라는 사실을 이해하지 못했습니다.

대제사장들과 서기관들과 장로들은 예수님이 민란을 꾸민다고 모함했습니다. 이에 따라 로마의 총독 빌라도는 반역자인 예수님을 잡아오도록 천부장을 비롯한 로마의 군대를 보냈습니다. 여기에 유대인들로 이루어진 성전의 경비대가 합세했습니다. 그들은 자기들이 예수님을 잡으려고 할 때, 예수님을 따르는 자들이 대대적인 민란을 일으킬 수도 있다고 여겼습니다. 그래서 그들은 반란군을 충분히 제압할 수 있도록, 큰 무리를 이루어 검과 몽치를 가지고 예수님을 잡으러 왔습니다.

물론 예수님은 그들이 생각하는 강도가 아니셨습니다. 예수님은 로마에 대항해서 민란을 꾸민 적이 없었기 때문입니다. 오히려 마태복음 5장 44절 말씀처럼, 예수님은 **"너희 원수를 사랑하며 너희를 박해하는 자를 위하여 기도하라"**고 가르치셨습니다. 그러니까 오늘 본문에서 예수님은 이런 뜻으로 말씀하신 것입니다. "내가 강도가 아니고, 내가 반역자가 아닌 것을 너희도 잘 알지 않느냐? 그런데도 너희는 마치 강도를 잡는 것 같이, 큰 무리를 지어 검과 몽치를 가지고 나를 잡으러 나왔구나." 그러면서 예수님은 자신을 잡으러 나온 무리와 또한 배후에서 그들을 조종하고 있는 자들을 향하여 다음과 같이 말씀하셨습니다. 오늘 본문 마가복음 14장 49절에 있는 말씀입니다. 이는 예수님이 그들의 위선과 음모를 밝히 드러내시는 말씀이었습니다.

"내가 날마다 너희와 함께 성전에 있으면서 가르쳤으되 너희가 나를 잡지 아니하였도다 그러나 이는 성경을 이루려 함이니라 하시더라"

"내가 날마다 너희와 함께 성전에 있으면서 가르쳤으되" 예수님의 사역은 주로 갈릴리에서 이루어졌습니다. 그러나 유월절을 맞아, 예수님은 제자들을 데리시고 남쪽 유다 지방의 수도인 예루살렘으로 오셨습니다. 예수님은 유월절 기간 동안, 날마다 낮이면 성전에서 가르치셨습니다. 그 때 "너희가 나를 잡지 아니하였"다는 것입니다. 예수님이 강도라면, 예수님이 로마의 반역자라면, 왜 예수님이 성전에서 가르치실 때 로마의 군대나 성전의 경비대가 예수님을 잡지 않았습니까? 그들도 예수님이 반역자가 아니라는 사실을 알고 있었기 때문입니다. 며칠 전 예수님이 성전에서 가르치실 때였습니다. 예수님을 대적하는 자들이 예수님에게 나아왔습니다. 그들은 예수님의 말씀을 책잡으려고 예수님에게 이와 같이 물었습니다.

Chapter 1_ 성전 파괴에 대한 경고 **189**

"가이사에게 세금을 바치는 것이 옳으니이까 옳지 아니하니이까" 그들은 예수님이 가이사에게 세금을 바치지 말라고 대답하시기를 기대했습니다. 그래야 예수님이 백성을 선동해서 가이사에게 반란을 일으킨다고 억지 주장을 할 수 있기 때문입니다. 그랬다면 그들은 그 즉시 예수님을 반란죄로 체포할 수 있었습니다. 그러나 예수님은 그들에게 이와 같이 대답하셨습니다. "가이사의 것은 가이사에게, 하나님의 것은 하나님에게 바치라." 예수님의 말씀에 모두가 놀라기만 할 뿐, 아무도 예수님을 잡을 수 없었습니다. 그들은 예수님이 반역자가 아니심을 알았기 때문입니다. 그런데 지금은 예수님을 대적하는 자들이 큰 무리를 파송했습니다. 큰 무리는 강도를 잡는 것 같이 검과 몽치를 가지고 예수님을 잡으러 나왔습니다. 그러니 이 얼마나 위선적인 짓입니까? 이는 앞뒤가 전혀 맞지 않는 음모였습니다.

본문 49절 끝부분에 있는 말씀입니다. "그러나 이는 성경을 이루려 함이니라 하시더라." 그동안은 예수님의 때가 이르지 않았기 때문에, 예수님은 자신이 잡히시는 것을 허락하지 않으셨습니다. 그러나 이제는 허락하셨습니다. 요한복음 18장 6절 말씀을 보면, "내가 그니라"고 하신 예수님의 말씀 한마디에 예수님을 잡으러 나왔던 무리가 다 물러가서 땅에 엎드러졌습니다. 이처럼 예수님이 허락하지 아니하시면, 감히 그 누구도 예수님에게 손을 대어 잡을 수 없습니다. 또한 마태복음 26장 53절 말씀처럼, 예수님은 당장에라도 열두 군단 더 되는 천사를 동원하실 수 있었습니다. 열두 군단은 7만 2천

명입니다. 열왕기하 19장 35설 말씀을 보면, 한 천사가 앗수르 군사 18만 5천 명을 죽였습니다. 그러니 열두 군단의 천사는 그 힘이 엄청날 것입니다. 그럼에도 불구하고 그날 밤 예수님은 무리에게 잡히셨습니다. 이는 성경을 이루시기 위함이었습니다. 예수님은 패배자가 아니라 승리자였습니다. 예수님은 힘이 없어 잡히신 것이 아니라 성경을 이루시기 위하여 스스로 잡히셨기 때문입니다. 금요일 오후 세 시가 되면, 성전에서는 수많은 유월절 양들이 죽임을 당합니다. 우리의 유월절 어린양이신 예수님도 바로 그때 십자가에서 스스로 목숨을 버리셔야 했습니다. 바로 그 시각을 맞추시기 위해, 예수님은 스스로 무리에게 잡히셨습니다. 이로써 시편 41편 9절 말씀, 곧 **"내 떡을 나눠 먹던 자가 내게 그의 발꿈치를 들었다"**고 한 성경이 이루어졌습니다. 또한 이사야 53장 12절 말씀, 곧 **"그가 자기 영혼을 버려 사망에 이르게 하며 범죄자 중 하나로 헤아림을 받았음이니라"** 라고 한 성경도 이루어졌습니다. 스가랴 13장 7절 말씀, 곧 **"내가 목자를 치면 양이 흩어지리라"** 한 성경도 곧 이루어질 것입니다. 그날 밤 겟세마네 동산에서 예수님이 스스로 무리에게 잡히심으로 말미암아, 이와 같은 성경 말씀들이 모두 다 이루어졌습니다.

이처럼 예수님은 성경대로 사셨고, 성경대로 잡히셨고, 성경대로 죽으셨고, 성경대로 장사되셨다가, 성경대로 다시 사셨습니다. 그렇기 때문에 우리는 예수님의 족적을 따라 살기를 소원하면서 다음과 같은 찬송(452장)을 부릅니다.

1. 내 모든 소원 기도의 제목 예수님 닮기 원함이라
   예수의 형상 나 입기 위해 세상의 보화 아끼잖네.

2. 무한한 사랑 풍성한 긍휼 슬픈 자 위로하시는 주
   길 잃은 죄인 부르는 예수 그 형상 닮게 하옵소서.

3. 겸손한 예수 거룩한 주님 원수의 멸시 참으시사
   우리를 위해 고난을 받은 구주를 닮게 하옵소서.

(후렴) 예수님 닮기 내가 원하네 날 구원하신 예수님을
   내 마음속에 지금 곧 오사 주님의 형상 인치소서.

우리도 예수님처럼 살고 성경대로 순종하며 성경대로 행하기를 소망합니다. 예수님의 모범을 따르고 말씀에 따라 순종하며 사는 삶이야말로 하나님께서 우리를 이 땅에 보내신 궁극적인 목적에 부합하는 삶입니다.

비겁한 자

우리가 상대방한테 "너 비겁하구나" 한다면 사실 여부를 떠나서 그 사람은 굉장히 기분 나빠 하고 듣기 싫어합니다. 반대로 우리가 다른 사람한테 "당신은 비겁하다"라는 말을 듣는다면 우리 역시 마음이 아주 상할 수 있습니다. "비겁한 사람이란 어떤 사람을 말할까요?" 라는 질문에 대한 사람들의 답은 다음과 같습니다.

강한 자에게 약히고, 약한 자에서 상한 사람, 잘못한 것을 잘못했다고 인정하지 않고 계속 핑계를 대면서 위기를 모면하려는 사람, 힘들거나 돈이 들어갈 것 같으면 무조건 바쁜 일 있다고 피하는 사람, 친구가 얻어맞고 있는데 피해 도망가는 사람, 은혜를 원수로 갚는 사람, 양심을 버리는 사람 등입니다.

비겁한 사람들의 특징에 대해서는 이렇게 말합니다. 1) 책임감이 없다. 2) 잘못을 저질러도 뉘우치는 법이 없다. 3) 남의 약점을 잡아서 공격한다. 4) 잘못했을 때 적반하장으로 나온다. 5) 거짓말을 잘한다. 6) 고집과 이기심이 가득하다. 7) 핑계와 변명으로 일관한다. 하여튼 비겁하다는 말이 안 좋은 말임에는 틀림없습니다. 우리는 상대방한테 비겁하다는 말을 듣지 않도록 조심해야 할 것입니다.

오늘 본문을 보면 진짜 비겁한 사람들이 나옵니다. 예수님을 따르던 한 청년도 자기의 베 홑이불을 버리고 벗은 몸으로 도망칩니다. 얼마나 급했으면 벗은 몸으로 도망을 칩니까? 창피한 것은 상관없고 일단 살고 보자는 것입니다. 정말 비겁합니다. 과연 옷을 벗고 도망친 이 청년은 누구일까요? 많은 성경학자들은 이 글을 쓴 마가라고 추측합니다.

도망친 한 제자와는 다르게 교회사에서 정말 용감했던 한 사람을 소개합니다. 예수님께서 가장 사랑하시던 제자, 요한의 제자이며 서머나 교회의 감독인 폴리갑은 로마 총독으로부터 "당신 나이를 생각해 봐라. 이제 그만 고집 피우고 예수 그리스도를 부인하고 황제를 신으로 인정하라"라고 권면했습니다. "그러지 않으면 화형에 처하겠다"라고 위협했지만, 폴리갑(Polycarp)은 이렇게 대답했습니다. "내가 그분을 섬기는 86년 동안 그분은 한 번도 나를 배신한 적이 없는데, 어찌 내가 그리스도를 부인할 수 있겠습니까? 당신이 붙인 불은 기껏해야 한 시간쯤 타다가 꺼질 뿐이오. 그러나 다가올 심판의 불을 모르는구려. 왜 망설이는가? 어서 당신 맘대로 하시오" 그리고 화형장에서 순교하게 되었습니다. 그는 비겁하지 않은 용감한 믿음의 사람이었습니다.

우리 모두는 비겁한 자를 싫어합니다. 그렇다면 내 자신이 비겁한 자가 되는 것도 싫어해야 할 것입니다. 특별히 하나님을 믿는 자는 하나님 앞에서나 사람들 앞에서 비겁한 자가 되지 않도록 해야 합니다. 용감한 자가 되어야 합니다. 믿음이 성숙할 때 비겁해지지 않고 용감할 수 있습니다.

우리도 무리처럼, 무턱대고 예수님을 배척하지는 않습니까? 우리도 가룟 유다처럼, 예수님을 사랑하는 척하며 우리 자신의 이익을 구하지는 않습니까? 우리도 베드로처럼, 예수님을 의지하지 않고 우리 자신을 내세우지는 않습니까? 우리는 주님으로부터 말로 다할 수 없는 은혜를 받은 사람들입니다. 그 은혜를 생각만 해도 감사와 간격이 차오릅니다. 이 은혜를 잊지 말고 항상 기억하고 감사해야 할 것입니다. 이 은혜를 생각하면서 어떤 상황 속에서도 주님에 대한 믿음이 흔들리지 않아야 할 것입니다. 그리고 나의 모든 것을 내려놓고 주님을 위해서 이웃을 위해서 전진하기를 바랍니다. 비겁한 자가 아니라 용감한 믿음의 사람으로 사시기를 주님의 이름으로 축복합니다.

Chapter 13

심문 받으시는 예수 그리스도
(The Interrogation)

마가복음 14:53-65

그들이 예수를 끌고 대제사장에게로 가니 대제사장들과 장로들과 서기관들이 다 모이더라 베드로가 예수를 멀찍이 따라 대제사장의 집 뜰 안까지 들어가서 아랫사람들과 함께 앉아 불을 쬐더라 대제사장들과 온 공회가 예수를 죽이려고 그를 칠 증거를 찾되 얻지 못하니 이는 예수를 쳐서 거짓 증언 하는 자가 많으나 그 증언이 서로 일치하지 못함이라 어떤 사람들이 일어나 예수를 쳐서 거짓 증언 하여 이르되 우리가 그의 말을 들으니 손으로 지은 이 성전을 내가 헐고 손으로 짓지 아니한 다른 성전을 사흘 동안에 지으리라 하더라 하되 그 증언도 서로 일치하지 않더라 대제사장이 가운데 일어서서 예수에게 물어 이르되 너는 아무 대답도 없느냐 이 사람들이 너를 치는 증거가 어떠하냐 하되 침묵하고 아무 대답도 아니하시거늘 대제사장이 다시 물어 이르되 네가 찬송 받을 이의 아들 그리스도냐 예수께서 이르시되 내가 그니라 인자가 권능자의 우편에 앉은 것과 하늘 구름을 타고 오는 것을 너희가 보리라 하시니 대제사장이 자기 옷을 찢으며 이르되 우리가 어찌 더 증인을 요구하리요 그 신성 모독 하는 말을 너희가 들었도다 너희는 어떻게 생각하느냐 하니 그들이 다 예수를 사형에 해당한 자로 정죄하고 어떤 사람은 그에게 침을 뱉으며 그의 얼굴을 가리고 주먹으로 치며 이르되 선지자 노릇을 하라 하고 하인들은 손바닥으로 치더라

'천국에 대한 실존'은 참으로 무겁고 엄중한 이슈입니다. 왜냐하면 천국이 있음으로 인하여 자동적으로 이 세상의 가치가 소멸하고

사라집니다. 이 세상에서 그 어떤을 겪어도 천국에 들어가게 된나면 축복입니다. 반면 이 세상에서 아무리 부유하고 화려하게 살아도 결국 지옥에 들어가게 된다면 인생 파탄 난 것이요 허망한 삶입니다. 그런데 하나님께서 천국을 말씀하실 때면 오직 예수님을 통해서만 들어간다고 언급하심으로 말미암아 지상의 인간들에게 비상이 걸렸습니다. 왜냐하면 사람들은 예수님 없이 자신의 행함으로 들어가는 천국을 원하고 있었기 때문입니다. 그들은 예수님 없이 사적인 행위에 의해서 사적으로 들어갈 수 있는 천국을 선호합니다.

대부분의 사람은 자신의 능력과 재량에 의해서, 자신들이 수고한 노력의 분량에 따라서 천국행이 결정될 것으로 기대했습니다. 그런데 그게 아니라 "천국 갈 다른 이름을 주신 적이 없다"는 논리로 천국행이 결정됩니다. 이 소식을 접한 그 당시 사람이나 오늘날 사람들은 예수님과 자신들의 생각이 일치될 수 있는 증거를 찾기 위해 예수님을 세워놓고 심문을 시작하게 됩니다. 단 하나라도 예수님과 자신들의 생각에 같은 것이 있다면 예수님을 용납함으로써 예수님의 세계가 곧 자신의 세계가 되기를 고대한 것입니다. 그런데 예수님을 심문하면 할수록 점점 예수님과 자신들 간에 전혀 공통점이 없음이 드러났을 때, 사람들은 더 이상 못 참고 예수의 존재를 없애는 것만이 자신의 존재 가치를 지속시키는 방법이라고 생각했습니다. 예수님은 진리이고 정의이기 때문에 그에게서 허물을 찾을 수 없었고 죄목은 더더욱 찾을 수 없었습니다.

Chapter 13_ 심문 받으시는 예수 그리스도 **197**

사실은 자신이 왕이시고 재판장의 자리에 앉아서 세상을 심판하실 자이시지만 구원이라는 대의를 위해서 인간의 모든 죄를 다 짊어지시고 이곳저곳으로 끌려 다니시면서 심문 받으신 것입니다. 이 모습을 보며 자신이 지은 죄와 인류가 지은 죄가 얼마나 심각한지를 깨닫게 되면서 은혜를 받습니다.

산헤드린 공회의 불법 재판

무리들은 예수님을 끌고 대제사장 가야바에게로 갔습니다. 평소에 예수님을 잡아 죽이고자 했던 종교지도자들은 이제 회심의 미소를 지으며 붙잡혀 온 예수님을 심문합니다. 당시 대제사장은 가야바였는데, 그는 야비하고 교활한 모사꾼으로서 공의와 정의와는 거리가 먼 파렴치한 사람이었습니다(마 26:3-4). 그는 자신의 야심을 성취하기 위해서 수단과 방법을 가리지 않는 양의 탈을 쓴 늑대와 같았습니다. 종교 재판을 열기 위해서 산헤드린 공회가 소집되었습니다.

이제 산헤드린 공회는 예수님을 사형으로 몰고 갈 심판을 시작합니다. 그런데 이 재판은 다음과 같은 여러 가지 면에서 불법적인 재판이었습니다. 첫째, 유대인들의 소송 중 중요한 소송은 야간 재판이 금지되었는데 이들은 야간에 서둘러서 재판을 진행하여 다른 사람들 모르게 자신들의 계획을 일사천리로 마무리 짓기 원했습니다. 둘째, 산헤드린 공회는 마땅히 공회당에서 열려야 하는데 이들은 가야바의 뜰에서 재판했습니다. 셋째, 중요한 소송 사건은 이틀 동안 재판해야 한다는 미쉬나 규정을 무시한 채 하루 만에 판결했습니다. 넷째, 예수님에게는 재판의 필수 요소 중 하나인 변호인이 없었습니다. 그리고 율법에 따르면 사형을 언도하려면 두 명의 증인이 있어야만 했는데(신 17:6) 그렇지 않았습니다. 이 모든 요소들이 그 재판이 불법적인 재판이었음을 입증해 주고 있습니다. 그런데 자신이 당하고 있는 상황이 이처럼 불법적인 것이었음에도 예수님은 한마디의 불평이나 반대의 의견을 표시하지 않으셨습니다. 그것은 예수님께서 우리의 죄를 대속하시려는 목적으로 털 깎는 자 앞에서 잠잠한 양처럼 스스로 침묵하셨던 것입니다. 이 가야바의 법정은 인간의 악랄한 교활성과 예수님의 무한한 사랑이 교차하는 장소이며 인간적인 면에선 예수님께서 실패한 것처럼 보이기도 하지만 예수님은 성경의 모든 예언을 성취하시고 승리하신 왕이십니다 (사 53:1-3). 가야바의 법정은 우리로 하여금 침묵의 승리자이신 예수님을 바라보게 합니다.

거짓 증언들

심문하는 가운데 여러 증인을 세워 예수님을 정죄하려고 했습니다. 그러나 예수님에 대한 여러 증언이 서로 부합하지 않자 어떤 자가 일어나 거짓 증언하기를 "**우리가 그의 말을 들으니 손으로 지은 이 성전을 내가 헐고 손으로 짓지 아니한 다른 성전을 사흘 동안에 지으리라**"(58) 하더라고 예수님을 고소합니다. 예수님께서 성전을 비유로 들어 자신의 부활을 예언하신 것을 문자적으로 해석하여 그것을 오히려 책잡아 고소하는 것입니다.

예수님을 유죄로 고발하려는 산헤드린 공회가 세운 증인들은 거짓 증언을 함으로써 스스로 그 재판이 불법인 것을 드러냈습니다. 첫째, 예수님께서 그 자신이 성전을 직접 헐겠다고 말하는 것을 들었다고 했습니다(58). 이것은 명백한 위증입니다. 저자 마가는 그들의 증언이 서로 맞지 않는다고 기록했습니다. "오히려 그 증언도 서로 일치하지 않더라"(59)라고 했습니다. 둘째, 예수님께서 "(인간의) 손으로 짓지 아니한" 다른 성전을 대체시켰다고 했습니다. 그러나 이것도 위증인 것은 예수님의 말씀 속에서 이러한 수식어가 발견되지 않기 때문입니다. 셋째, 그들이 주장하는 것은 예수님께서 성전을 모독하셨다는 것입니다. 이것도 위증인 이유는 그는 오히려 성전을 정결케 하시고 만민이 기도하는 집이라고 외치셨기 때문입니다(막 11:17). 간혹 우리도 하나님의 말씀을 인용하면서 그 말씀의 충분한 의미를 제대로 깨닫지 못하고 오용하는 경우가 있는데, 이것을 주의해야 합니다. 내 생각과 뜻대로, 그리고 주관적 경험에 의존해서 성경을 해석할 때 잘못된 결론으로 진리를 왜

곡되게 하는 죄를 지을 수 있습^니다.

종교지도자들에 의하여 심문 당하시기 위해 끌려 오신(53) 예수님은 "**자신을 죽이려고 칠 증거를 찾고**"(55) 있는 그들을 보셨습니다. 대제사장은 예수님에게 "**너는 아무 대답도 없느냐 이 사람들이 너를 치는 증거가 어떠하냐?**"(60)고 묻습니다. 그러나 놀랍게도 예수님을 치는 거짓 증언들이 많았음에도 불구하고(56), 그 거짓 증언들에 대해서 예수님은 "**침묵하고 아무 대답도 아니하**"(60)셨습니다. 주님은 위증자들과 다투어 말씀하시거나, 거짓 증인을 내세운 불의한 재판관들에게 변명하시지 않으셨습니다. 의도적인 거짓 증인들 앞에서 주님은 침묵으로 일관할 뿐 곤욕을 당하여 괴로울 때에도 입을 열지 아니하셨습니다(사 53:7). 예수님의 침묵은 그의 삶을 하나님께만 위탁하는 침묵이었습니다.

우리가 살아가는 이 세상은 큰소리 치는 사람이 이기는 세상, 자신의 정당함을 호소할 수 있는 많은 기관들이 있는 세상입니다. 우리 그리스도인들은 세상에 속한 자가 아니기에 세상과는 다른 삶을 살아가야 합니다. AD 68년 로마의 대화재 때, 그리스도인들은 화재의 주범이라는 누명을 썼고, 네로 황제에 의해서 큰 박해를 받기 시작했습니다. 베드로 사도는 거꾸로 십자가에 달려 순교했다고 하는 구전이 전해지고 있습니다.

사도 바울도 이때에 순교했습니다. 기독교인이라는 이유로 많은 그리스도인들이 사자 밥이 되거나, 십자가형을 당했습니다. 그들은 한결같이 로마에 있는 그리스도인들에게 보내진 마가복음을 읽으면서 예수님처럼 침묵했던 것입니다. 예수님은 종교지도자들 앞에서도(61), 그리고 빌라도 앞에서도(막 15:4) 침묵하셨습니다. 거짓 증언에 의한 누명과 오해에도 불구하고 침묵만이 이 사회를 천국으로 만들 수 있습니다. 예수님의 침묵은 많은 사람들을 살려냈고, 로마 그리스도인들의 침묵은 로마를 결국 콘스탄틴 황제에 의해서 기독교화 하는데 촉매제가 되었습니다.

내가 그니라

대제사장 가야바가 산헤드린 공회 중앙에서 예수님께 **"네가 찬송받을 이(하나님)의 아들 그리스도냐"**(61)라고 물었을 때 예수님은 **"내가 그니라"**(62)라고 분명하고 확신 있게 대답하셨습니다.

하나님의 아들은 고난을 받아 많은 사람의 죄를 위해서 십자가에 달려 죽어야 했습니다. 그것이 하나님의 아들의 자기 정체성이며, 이 땅에 오신 목적입니다. 사탄은 예수님을 시험할 때에 **"네가 하나님의 아들이거든"**이라고 말합니다. 그러나 그것은 하나님의 아들의 정체성과는 전혀 무관한 것들입니다. 마가복음 15장 32절에서는

"이스라엘의 왕 그리스도가 지금 십자기에시 내려와 우리가 보고 믿게 할 지어다"라고 조롱하는 장면이 나옵니다. 그러나 하나님의 아들이신 예수님은 십자가에서 내려와 자신을 구원하는 대신 많은 사람을 위해 십자가를 기꺼이 지셨습니다. 예수님은 그 길을 기꺼이 가셨던 것입니다.

우리는 그리스도인입니다. 그리스도께 속한 사람이기에 자기를 부인하는 삶을 살아야 합니다. 하나님께서는 그런 우리를 조금도 부끄러워하지 않으시고 욥을 자랑했듯이 우리가 그리스도인인 것을 흐뭇해 하시고 자랑하시며, 주실 상급을 준비하고 계실 것입니다. 아직도 내 자아가 살아 있다면, 나는 그리스도인이 아닙니다. **"내가 육체 가운데 사는 것은 나를 사랑하사 나를 위하여 자기 자신을 버리신 하나님의 아들을 믿는 믿음 안에 사는 것"**(갈 2:20), 이기에 많은 사람에게 복음과 생명을 전하는 그리스도인이 된 것입니다.

인자이신 예수님은 **"권능자의 우편에 앉을 것이고 하늘 구름을 타고 심판주로 오실 것"**(62)이라고 말씀하셨습니다. 그것을 아시기에 예수님은 '내가 하나님의 아들이며, 아들이 가야 할 고난의 십자가의 길을 간다'고 말씀하셨던 것입니다.

대제사장은 침묵하시는 예수님께 율법적으로 금하고 있는 질문까지 시도하여 고소할 죄목을 찾고자 했습니다. 즉 **"네가 찬송 받을**

자의 아들 그리스도냐'라는 질문입니다. 놀랍게도 이제까지 침묵하시던 주님은 "내가 그니라(에고 에이미 – ἐγὼ εἰμι)"(62)고 담대히 입을 열어 말씀하셨습니다. '나는 나다' 라는 이 말이 요한복음에서 예수님 자신의 정체성을 드러내는 데 여러 번 기록된 것을 알 수 있습니다. "나는 길이요 진리요 생명이니, 나는 참 포도나무요, 나는 생명의 떡이니, 나는 선한 목자라" 이 문장에 쓰인 "나는 … 이다(I am…)라는 문장이 헬라어 '에고 에이미' 이다. 예수님의 신분과 정체성을 잘 표현한 말씀인데 구약에서는 '여호와' 라는 단어로 사용되어 하나님 자신을 드러내는 표현이었습니다. 하나님께서 모세를 불러 자신을 소개하고 애굽으로 보내시면서 하신 말씀이 "나는 스스로 있는 자(I am who I am)"(출 3:14)라고 했을 때 그 동일한 의미가 바로 에고 에이미입니다.

여기서 우리는 중요한 교훈을 발견할 수 있습니다. 예수님은 불리한 조건 앞에서도 자기의 정체성을 드러내는 것을 주저하지 않으셨습니다. 그렇게 말하면 얼마나 자신에게 불리할 것인지 알고 있었지만 담대하게 자신을 드러내신 것입니다. 우리도 이제 어디서나 예수가 메시아인 것을 공적으로 시인할 때가 왔다는 사실을 주지시키고 있습니다. 성도는 언제 어디서나 예수님이 하나님의 아들이시며 구세주인 것을 시인하고 증거해야 합니다. 우리는 우리의 정체성을 묻는 질문 앞에서 침묵해서는 안 됩니다. 그것이 그리스도를 증거하는 신앙적인 자리라면 더욱 그리해야 합니다. 여기서 주님은 죽음을 두려워하지 않는 용기와 자신의 사명에 대한 확신을 가지고 대답하신 것입니다. 본문 62절에서 주님은 유대 지도자들이 묻지 않는 말씀까지 스스로 첨가하여 말씀하셨습니다. **"내가 그니라 인자가 권능자의 우편에 앉은 것과 하늘 구름을 타고 오는 것을 너희가 보리라."** 이는 장차 있을 부활과 승천, 그리고 재림의 모습을 선언하신 것입니다. 예수님은 누구에게나 반드시 깨우쳐져야 할 진리에 대해서는 침묵하지 않으셨습니다. 이때야말로 말씀을 통해 자신의 정체성을 알려야 할 때이기 때문입니다. 말해야 할 때 침묵하고 침묵해야 할 때 말하는 것은 그리스도인의 올바른 태도가 아닙니다. 예수님은 산상수훈 강해에서 직접 이 진리에 대해서 말씀하시기를 **"오직 너희 말은 옳다 옳다, 아니라 아니라 하라 이에서 지나는 것은 악으로부터 나느니라"**고 하셨습니다. 이 진리에 대한 확고한 태도를 대제사장 앞에서 보이신 것입니다.

아무런 잘못이 없는데 부당한 법과 행정적인 조치에 의해서 고난과 핍박과 억울함을 당할 때 두려워하거나 회피해서는 안 됩니다. 성도는 당당하게 심문 받고 침묵할 때 침묵하고 말할 때 말함으로 자신의 정체성(그리스도인)을 바르게 드러내야 합니다. 그리스도인으로 살아갈 때에 거짓 증언과 고발에 침묵하고, 우리의 정체성이 그리스도인인 줄 인식하고 그리스도인다운 삶, 곧 자기를 부인하는 삶을 떳떳하게 살아내야 합니다. 그렇게 할 때 예수님께 주어진 권능과 영광이 성령님에 의해서 우리 각자에게 주어지고, 앞으로 그러한 영광과 무한한 상급을 우리는 받게 될 것입니다. **"생각하건대**

현재의 고난은 장차 우리에게 나타날 영광과 비교할 수 없도다"(롬 8:18). 성도의 삶에 있어서 침묵과 증언이 균형 있게 이루어질 때 믿음의 성숙과 더불어 더 많은 상급과 하늘 영광이 주어질 것입니다.

Chapter 14

빌라도의 딜레마와 최종 판결
(The Dilemma and Judgment of Pontius Pilate)

마가복음 15:1-15

새벽에 대제사장들이 즉시 장로들과 서기관들 곧 온 공회와 더불어 의논하고
예수를 결박하여 끌고 가서 빌라도에게 넘겨 주니 빌라도가 묻되 네가 유대
인의 왕이냐 예수께서 대답하여 이르시되 네 말이 옳도다 하시매 대제사장들
이 여러 가지로 고발하는지라 빌라도가 또 물어 이르되 아무 대답도 없느냐
그들이 얼마나 많은 것으로 너를 고발하는가 보라 하되 예수께서 다시 아무
말씀으로도 대답하지 아니하시니 빌라도가 놀랍게 여기더라 명절이 되면 백
성들이 요구하는 대로 죄수 한 사람을 놓아 주는 전례가 있더니 민란을 꾸미
고 그 민란중에 살인하고 체포된 자 중에 바라바라 하는 자가 있는지라 무리
가 나아가서 전례대로 하여 주기를 요구한대 빌라도가 대답하여 이르되 너희
는 내가 유대인의 왕을 너희에게 놓아 주기를 원하느냐 하니 이는 그가 대제
사장들이 시기로 예수를 넘겨 준 줄 앎이러라 그러나 대제사장들이 무리를
충동하여 도리어 바라바를 놓아 달라 하게 하니 빌라도가 또 대답하여 이르
되 그러면 너희가 유대인의 왕이라 하는 이를 내가 어떻게 하랴 그들이 다시
소리 지르되 그를 십자가에 못 박게 하소서 빌라도가 이르되 어찜이냐 무슨
악한 일을 하였느냐 하니 더욱 소리 지르되 십자가에 못 박게 하소서 하는지
라 빌라도가 무리에게 만족을 주고자 하여 바라바는 놓아 주고 예수는 채찍
질하고 십자가에 못 박히게 넘겨 주니라

사람은 누구나 실수할 수 있지만 결정적인 실수를 하면 평생 악
명으로 남아 다른 사람의 입에 오르내리게 됩니다. 우리가 예배 때

마다 하는 신앙고백에서 언급되는 예수님 당시 로마 총독이었던
'본디오 빌라도'가 그러한 예입니다. 사도신경에 "본디오 빌라도에
게 고난을 받으사"(suffered Under Pontius Pilate)라는 내용이 기
록되어 있습니다.

'사도신경'은 비록 '사도'라는 말이 붙어 있긴 하지만 성경을 기
록한 사도들의 권위에 필적하는 것은 아닙니다. 그러나 로마 지역
을 중심으로 초대 교회에서 세례 받을 때 확인하고 진술한 신앙의
고백입니다. 그 내용을 토대로 시대마다 일어났던 이단들에 대처하
며 신앙 정체성을 분명히 하기 위해 정리되어 온 귀중한 신앙의 유
산이라 할 수 있습니다. 아마 주님께서 재림하실 때까지 모든 교회
가 사도신경을 고백할 때마다 빌라도의 이름이 거론될 것입니다.
그의 잘못된 판결이 얼마나 그리스도를 십자가에 못 박는 일에 결
정적 역할을 했는지 알 수 있게 될 것입니다. 여러 신앙 고백들 중
에 니케아(콘스탄티노플) 신경부터 총독 '본디오 빌라도'를 언급하
며 그 과오를 명백히 하고 있으며 오늘날 그의 책임이 분명히 명시
되어 있습니다. 예수님을 십자가에 죽도록 결정한 빌라도의 책임은
면제될 수 없습니다(15절). 아무리 한글 번역에서 빌라도의 직접적
책임을 약화시켜 주는 듯한 표현을 선택한다 해도 '빌라도'의 이름
을 군이 소환하여 신앙고백문에 삽입한 것 자체가 예수님의 죽음에
대한 빌라도의 악한 영향을 강조하고 있는 것입니다.

오늘 본문은 총독인 빌라도가 예수님을 심문하고 판결하는 모습을 그리고 있습니다.

로마 총독 본디오 빌라도

예수님을 심문하고 재판하여 사형을 선고한 본디오 빌라도는 누구입니까? 과거에는 성경에 있는 인물들이 과연 역사적 실제 인물인가 하는 논란이 있었습니다. 예수님의 십자가형을 선언한 본디오 빌라도도 그 논란의 중심에 있었습니다. 왜냐하면 성경 밖에서는 그 인물에 대한 정보를 찾을 수 없었기 때문입니다. 그러나 성경은 그가 실존 인물이었다는 것을 분명하게 말씀하고 있습니다. 본디오 빌라도는 로마 황제 디베료와 가이사 치하에서 유대 지역의 로마 5대 총독(AD 26-36)으로 임명되어 파송된 군 장교 출신이었고, 팔레스타인 지역에서 군대와 로마에 바쳐질 세금 징수와 치안 유지가 그의 주된 임무였습니다. 자기 관할 아래 있는 사람들의 생사에 대한 권한 이외에도 대제사장을 임명하는 권한과 사형 언도와 집행에 대한 권한도 그에게 있었습니다. 그러한 권한을 가지고 예수님의 재판을 직접 주관하였고 사형 언도를 했던 것입니다.

아그립바 1세는 빌라도가 천성적으로 고집이 세고 굽힐 줄 모르는 완고한 사람이었다고 평가하고 있습니다. 빌라도와 유대인들 간에는 그가 총독으로 부임하면서부터 원한의 감정이 있었다고 합니다. 초기 역사가인 필로(Pilo)와 요세푸스(Josephus)에 의하면, 그는 특별히 황제의 초상이 새겨진 휘장을 사용하거나, 빌라도와 황제의 이름이 새겨진 방패를 걸어 놓음으로써 유대인의 감정을 자극하였고, 또한 성전의 보물들을 압수하여 막대한 재산을 축적했던 것으로 기록하고 있습니다. 그래서 필로와 요세푸스는 빌라도를 강탈자와 포악자로 묘사하고 있습니다. 누가복음 13장 1절에 는 **"빌라도가 어떤 갈릴리 사람들의 피를 저희의 제물에 섞은"** 극악한 사건에 대해 기록하고 있습니다.

빌라도는 예수님을 재판하기 전에 그의 총독직을 위협하는 민중 봉기로 두 번이나 곤욕을 당했습니다. 첫 봉기는 로마군을 투입하여 거룩한 성 예루살렘을 세속화 시키려고 시도한 데서 발생했습니다. 유대인들은 즉각 폭동을 일으켰습니다. 빌라도는 5일 만에 군대를 철수시켰습니다. 두 번째는 예루살렘의 헤롯 궁전에 세운 로마 기념비를 제거하라고 민중 봉기를 일으켰습니다.

그는 그의 생애 중 가장 중요한 결단을 내려야 할 순간에 피에 굶주린 무리들이 외치는 소리에 무릎을 꿇고 말았습니다. 그의 아내의 청원이 그로 하여금 예수님을 석방시키도록 하는데 용기를 주었을 것이라는 데는 의심할 여지가 없습니다. 그는 자신의 지위와 권력으로 바른 판단을 내릴 수 있었음에도 불구하고 그렇게 하지 아

않았습니다. 이외 같은 그의 심적은 군중들의 압력 때문에 예수님에 대한 판결을 뒤집어 버린 성경의 기록을 참고할 수 있을 것입니다.

어떤 사마리아의 거짓 선지자가 그리심 산에서 성전 보물을 찾아내겠다고 주장하여 많은 유대인들이 그 산으로 몰려들었던 사건이 있었다고 합니다. 이때 빌라도는 군중들이 갑자기 모이는 것을 반란으로 곡해하고 유대인들 중에 지도자급 몇 명을 잡아 처형했다고 합니다. 이 사건이 화근이 되어 사마리아 지방에서 격렬한 폭동이 일어나게 되고 빌라도는 AD 36년에 로마로 소환되면서 총독자리에서 물러나게 되었습니다. 역사가 요세푸스에 의하면 빌라도는 항상 예수님의 비극의 순간을 잊을 수 없었으며, 그로부터 수년 후에 칼리굴라 황제 때에 유배를 당하여 고심하다가 자살했다고 하기도 하고, 어떤 주장에 의하면 네로 황제 때에 참수형을 당했다는 이야기도 있습니다.

그러나 어떤 전승에 의하면 그가 후에 회심하여 그리스도인이 되었고, 그의 아내와 함께 순교를 당하였다고 합니다. 특히 빌라도에게 예수님을 죽이지 말라고 하였던 그의 아내는 '클라오디아 프로쿨라(Claudia Procula)'라고 알려져 있는데, 에티오피아 교회에서는 빌라도와 그의 아내가 추앙을 받고 있으며, 희랍 정교회에서는 그의 아내 프로쿨라만이 추앙받고 있다고 합다. 우리는 빌라도를

Chapter 14_ 빌라도의 딜레마와 최종 판결 **211**

통해 한 지도자가 그 사회와 공동체에 미치는 영향이 얼마나 큰지 교훈을 얻게 됩니다. 전 유럽을 공포와 전쟁의 소용돌이로 몰아넣었던 전범 히틀러나 중국을 공산화했던 모택동과 같은 인물은 역사가 계속되는 동안 악명 높은 지도자로 남게 될 것입니다. 잘못된 판단을 통해 많은 사람의 피를 흘리게 하고 권력을 유지한 지도자들은 세세토록 사람들의 입에 오르내리게 되고 역사는 그 진실을 바르게 기록할 것입니다. 우리는 어떤 상황 가운데서도 자신의 유익을 위해서 오판하는 일이 없도록 늘 깨어 있는 지혜가 필요합니다.

그의 재판이 주는 교훈

판결 과정을 살펴보면 빌라도의 행동이 오늘 우리에게 어떤 점을 시사하고 있는지 알 수 있습니다.

1) 책임 의식

아마도 빌라도는 예수님의 십자가 죽음에 대하여 자신은 책임이 없다고 주장할 것입니다. 실제로 마태복음의 기록에 보면 빌라도는 무리 앞에서 물을 가져다 손을 씻으며 **"이 사람의 피에 대하여 나는 무죄하니"**라고 주장했습니다(마 27:24). 자신의 무결을 주장한다고 해서 잘못에 대한 면죄부를 받는 것은 아닙니다. 어떤 결정을 하고 나면 반드시 책임이 뒤따르는 법입니다. 우리도 이 세상에 살면서 세상의 악함에 대하여 빌라도와 같은 모습을 취하는 경우가 있습니다. 기도하면서 하나님께 '이 세상의 악에 대하여 저는 무죄합니다' 라고 주장하지만 과연 하나님께서는 우리에게 어떤 응답을 주실까요? 세상 속에 살면서도 세상과 무관하게 세상의 불의함에 대하여 침묵하고 하나님 앞에 나의 무관함과 무죄함을 호소한다면 하나님께서 어떻게 응답하시겠습니까? 우리는 이 땅에 하나님 나라의 원리가 적용되도록 살아가야 할 필요가 있습니다. 마치 총독 빌라도와 같이 손을 씻고 책임을 회피한다고 해서 그 책임을 면할 수 없는 것과 같이 나에게 주어진 권한을 바르게 사용할 때만 그것으로부터 자유로울 수 있습니다. 행동은 자기 중심적으로 해놓고 그 결과에 대해서 책임을 회피하는 것은 그리스도인의 올바른 자세가 아닙니다.

2) 민주적 선자의 함정

어찌 보면 빌라도의 선택은 백성들 다수의 요구를 수용하는 매우 민주적인 선택으로 여겨질 수 있습니다. 상황이나 여론을 고려하지 않고 고집스럽게 법과 원칙을 강조하다가 더 큰 혼란을 야기시키는 것보다, 융통성을 발휘하여 백성들의 요구를 들어주도록 하는 것이 훌륭한 정치 지도자로서 갖추어야 할 덕목과 역량이라고 할 수 있을 것입니다. 그러나 이 사회에서 말하는 민주주의와 신앙공동체인 교회에서 사용하는 민주적 의사 결정에는 근본적인 차이가 있습니다. 오늘날 민주주의에 따른 의사 결정 과정은 보다 많은 사람들의 뜻이 무엇인지 알아가기 위한 방법으로 사용됩니다. 때로는 대중들의 생각이 항상 합리적이지 못함을 생각하며 대의 민주주의 방식을 취하기도 하지만, 그럼에도 '소수 의견을 존중'한다는 민주주의 원리가 작동하기는 쉽지 않습니다. 법 앞에 모든 사람이 평등함을 강조합니다. 전문가 집단의 의견이나 소수의 강력한 영향력은 자신들의 이기적 욕망을 달성하기 위한 '악'으로 타락하기 쉽기에 소수의 강력한 영향력을 견제하는 방법으로 다수결의 원칙을 선호합니다. 보다 정의로운 사회를 위해 민주적 절차와 질서를 세워 나가는 것입니다.

그러나 교회에서 민주주의 방식에 따른 의사 결정을 하는 이유는 '하나님의 뜻'을 구하기 위함입니다. 신약 시대에 그리스도인 모두에게 성령님의 임재가 있고 하나님과의 교제가 가능하므로, 공동체에 임하는 하나님의 뜻이 무엇인지 함께 의논할 필요가 있게 된 것입니다. 한두 사람에게 하나님의 임재가 있고 그분의 뜻이 전달되는 시대에는 민주적 절차가 필요 없고 제사장의 판별이나 제비 뽑기와 같은 방법을 사용했지만, 그리스도인 각자에게 성령께서 임하는 신약 시대에는 혹시 있을지 모르는 인간적 욕심에 의한 왜곡을 방지하고자 함께 의논하고 민주적 절차에 따라 의사 결정을 합니다. 교회 안의 민주적 절차는 결코 사람의 뜻을 따르기 위함이 아니라 하나님의 뜻을 분별하기 위함인을 기억하며, 모든 공동체의 일원이 하나님의 뜻을 구하며 따르기 위한 신중함이 있어야 합니다. 개인적이고 주관적인 판단으로 전체 공동체와 사회를 혼란에 빠지게 하는 오류를 범해서는 안 됩니다.

3) 평계

빌라도가 과연 예수님의 무죄함을 몰라서 십자가에 죽도록 내어준 것일까요? 아닙니다. 결코 십자가에 죽을 죄를 범하지 않았다는 사실을 알고 있었음에도 현실적인 또 다른 문제를 위해 예수님을 십자가에 죽도록 내어준 것입니다. 그는 민란에 대해 트라우마를 가지고 있었기에 억지로 예수님에 대해 오판하고 사형 언도를 내렸습니다. 오늘날에도 많은 그리스도인들이 하나님의 뜻을 알려달라고 간절히 기도합니다. 분명 삶의 영역에서 하나님의 뜻을 몰라 선택하지 못하는 문제도 있을 수 있습니다. 그러나 대부분 우리의 기도 시간이 길어지는 것은 몰라서가 아니라 알기 때문인 경우가 많습니다. 나의 경험과 지식에 의한 선택이 하나님의 속성과 그분의 말씀에 비추어 합당하지 않음을 알고, 이를 놓고 기도의 씨름을 하는 것입니다. 그러므로 기도는 우리의 이기적 욕망에 근거한 기도 제목을 내려놓고 하나님 아버지의 뜻에 합한 결정을 수용하는 과정이 되어야 합니다. 이는 예수께서 잡혀 십자가의 죽음을 직면해야 하는 과정에서 간절히 기도하셨음을 통해 알 수 있습니다. 육신으로 오셔서 육신의 연약함을 입으셨기에 십자가 죽음의 고통도 아시고, 또 제자들의 배신으로 인한 마음의 고통도 충분히 알기에, 잡히시기 전날 밤에 간절히 기도한 것입니다. 하나님의 뜻을 이미 알지만 그것을 순종해 나가기 위한 용기와 힘을 구하는 것이 기도입니다. 인간적인 지시과 수양과 결단만으로 결코 하나님의 뜻에 순종하는 결정을 해나갈 수 없음을 예수님께서 친히 보여주신 것입니다. 진실을 몰랐다고 핑계할 수 없는 성령님의 말씀이 이미 내안에 있음을 생각하고, 그 성령님의 도우심을 구하는 간절한 기도가 필요합니다.

4) 잘못된 선택

본문 12절에 **"빌라도가 또 대답하여 이르되 그러면 너희가 유대인의 왕이라 하는 이를 내가 어떻게 하랴"**라고 하였습니다. 총독 빌라도는 바라바를 놓아달라는 많은 군중의 요청을 듣고 예수님을 어떻게 하길 원하는지 묻고 있습니다. 이것은 빌라도가 예수님이 무죄임을 알고 어떻게든 예수님을 놓아주려고 애쓴 흔적이라고 할 수 있습니다. 사람에게 일말의 양심이 있음을 빌라도의 재판 과정을 보면 확인할 수 있습니다. 아마도 그는 군중들이 예수님을 놓아주도록 요청하기를 기대했던 것 같습니다. 하지만 이것은 지극히 우유부단한 태도이고 선과 악의 중간을 선택한 것과 같습니다. 사실 당면한 문제를 해결할 권한을 쥐고 있는 당사자는 무리들이 아니라 빌라도 자신이었습니다. 그럼에도 불구하고 그는 도리어 군중의 뜻을 묻고 자기 결정을 포기하는 어리석음을 보입니다. 결정적인 순간에 올바른 판단을 하고 자기 결정을 선택하는 사람이 양심 있는 성품의 소유자입니다. 바른 판단과 선택은 지도자와 특히 성도들에게는 필수적인 요소입니다.

잘못된 판단 즉 자기의 의견을 포기하는 그릇된 선택을 한 것은 예수님을 자기 뜻대로 처리했다가 큰 소요가 일어날까 염려가 되었기 때문입니다. 하나님을 두려워하기 보다는 군중을 두려워하여 무엇이 옳은지 알고 있었음에도, 자신의 정치적 입지로 인해 태도를 분명히 하지 못한 것입니다. 하지만 선과 악에 대한 불분명한 태도는 이미 악을 행하는 것과 다름없습니다. 실제로 빌라도는 결국 예수님을 처형하는 판결을 내림으로써 씻을 수 없는 악을 행하였고 후세대의 기독교인들로부터 악명 높은 지도자로 남게 되었습니다.

과거의 한 전자 제품 광고가 생각납니다. '한 번의 선택이 십 년까지 간다'는 말입니다. 아니 한평생 자기 생애에 오점을 남기는 것입니다. 잠언 11장 27절에 **"선을 간절히 구하는 자는 은총을 얻으려니와 악을 더듬어 찾는 자에게는 악이 임하리라"**라고 하였습니다.

그렇다면 이제 자기 자신에게 다음과 같은 질문을 해봅시다. "매일의 삶 속에서 나는 선과 악 중 어느 편에 서 있는가? 선과 악의 결과가 어떻게 되는가? 빌라도처럼 우유부단하게 행동해서 후회한 적은 없는가? 과연 나는 누구를 두려워하는가? 선과 악은 각각 누구에게 속하는가? 어떤 일에 있어서 하나님께서 손들어 주시는 쪽은 어느 쪽인가? 일시적 유익을 위해 악에게 넘어지지 않기 위해 무엇을 할 수 있는가? 오늘 성령님은 내가 무엇을 선택하고 어떤 일을 행하기를 원하시는가?"에 대한 부끄러움 없는 답변을 해야 합니다.

성도는 선과 악에 대한 태도를 분명히 해야 합니다. 그래서 주님을 믿는 성도들은 선한 마음 안에 주님께서 일하시고 도우심을 확신하는 것입니다. 어떤 불이익이 눈앞에 있어도 선과 악에 대해 분명한 태도를 갖도록 결단해야 합니다. 세속적 이익이나 안전을 위해 선과 악에 대해 불분명한 태도를 취한다면, 빌라도와 같은 종국을 맞이하게 될 것입니다. 사람은 누구든지 선과 악을 선택해야 하며, 선을 택하지 않는 것은 곧 악을 택하는 것입니다. 그리고 그 결국은 영원한 파멸입니다. 어두운 시대를 걸어가는 신앙인으로서 선과 악이 공존하는 세상에서 믿음을 지키기가 쉽지 않습니다. 선하게 살려고 하는 자를 바보 취급하는 세상에서는 오히려 독하게 사는 사람이 더 잘되는 것처럼 보일 때가 많습니다. 그러나 성경은 악인의 형통함을 부러워하지 말라고 분명히 말씀하십니다. 그 결국에는 영원한 형벌이 기다리고 있기 때문입니다.

하나님의 자녀는 언제나 선택에 있어서 그분의 뜻과 의중을 따라야 합니다. 혹 순간적으로 손해 보는 것 같고 바보 취급 당하는 것 같아도 하나님의 뜻에 순종하는 쪽으로 선택하면 악을 이기는 승리의 삶을 살 수 있습니다. 그 결과로 그에 따른 위로와 상급이 주어지게 됩니다. 그러므로 성도는 항상 기도함으로 성령님의 인도와 지시에 따라 말씀 중심으로 끝까지 선을 추구해야 합니다. 그러한 삶을 살 때 하나님이 기뻐 받으시고 생명의 길로 인도해 주실 것입니다.

어부지리(漁父之利) 강도 바라바

본문 6절 이하에서 우리는 빌라도의 재판 과정에 등장하는 한 특이한 인물을 만나게 됩니다. 그는 민란을 일으켜 주도하고 사람을 죽인 살인자였습니다. 7절에 이렇게 기록하고 있습니다. "**민란을 꾸미고 그 민란 중에 살인하고 체포된 자 중에 바라바라 하는 자가 있는지라.**" 어떤 이슈의 민란이었는지 밝히고 있지 않지만 군중을 선동하여 로마가 통치하고 있는 유대 사회를 어지럽힌 인물이었고, 정적(政敵)을 죽인 살인 강도였습니다. 그가 빌라도에 의해서 놓임을 받게 되었는데 그것은 전적으로 예수님 덕분이었습니다. 선한 예수님 때문에 악당이었던 바라바가 사면 되는 자유를 얻게 된 것입니다. 이런 경우를 우리는 어부지리(漁父之利)라고 합니다. 그의 이력에 대해 사복음서에서는 무엇이라고 말하고 있는지 살펴봅시다. 그에 대한 설명은 복음서마다 약간씩 차이가 있습니다.

먼저 마태복음은 "유명한 죄수"(27:16), 마가복음은 "민란을 꾸미고 그 민란 중에 살인하고 체포된 자"(15:7), 누가복음은 "성중에서 일어난 민란과 살인으로 말미암아 옥에 갇힌 자"(23:19), 요한복음은 "강도"(18:40)라고 소개하고 있습니다. 사복음서의 공통점은 그가 구속되어 옥에 갇혀 있었다는 사실입니다.

오늘 본문인 마가복음과 누가복음에는 '민란과 살인' 이라는 공통점이 있습니다. 사복음서가 그를 소개하는 각각의 내용을 자세히 살펴보면 그가 어떤 인물이었는지 짐작할 수 있습니다.

마태복음에는 "유명한 죄수" 라고 소개하고 있는데 여기에 사용된 "유명한"뜻이란 헬라어 "에피세몬(ἐπίσημον)"은 원래 몸에 어떤 표식(mark, sign)을 하는 것을 의미했습니다. 죄수들이 도망하지 못하도록 몸에 표식을 했는데, 아마도 위험한 인물임을 나타내는 목적이었을 것입니다. 여기에서 유래하여 "악명 높다"(노토리우스 – νοτοριους)는 의미로 사용되었음을 짐작할 수 있습니다. 그러나 이 단어가 나쁜 의미로서 유명하다는 뜻으로만 사용된 것은 아닙니다. 로마서 16장 7절에도 그 단어가 나옵니다. "**내 친척이요 나와 함께 갇혔던 안드로니고와 유니아에게 문안하라 그들은 사도들에게 존중히 여겨지고 또한 나보다 먼저 그리스도 안에 있는 자라.**" 바울과 함께 갇혀 있던 "안드로니고와 유니아는 사도들에게 존중히 여겨지는" 사람들이라고 했는데 여기에 "존중히 여겨진다"는 뜻으로도 "에피세몬"이라는 동일한 헬라어가 사용되었습니다. 여기에서는 나쁜 의미로 쓰인 것이 아니라 좋은 의미로 사용된 것입니다. 이로 보건대 바라바는 이중적인 잣대로 평가할 수 있는 인물이라고도 할 수 있을 것입니다. 즉 로마에 대하여는 악명 높은 혁명가요(에피세모스) 살인자였지만, 유대인에게는 로마에 대항하여 혁명운동을 함으로 존중 받았던(에피세모스) 사람으로 이해할 수 있습니다. 유대인들이 예수님 대신 그를 놓아달라고 요구한 것은 이런 측면에서 이해할 수 있습니다.

마가복음과 누가복음은 바라바를 "민란을 일으키고 살인을 행한 자"라고 소개하고 있는데, 민란은 국어사전에서 '포악한 정치 따위에 반대하여 백성들이 일으킨 폭동이나 소요'라고 정의하고 있습니다. 이런 정의에 의하면 바라바는 폭력을 사용하여 로마에 항거했던 반란자(혁명가)라고 할 수 있을 것입니다.

마가복음은 그가 '민란을 꾸몄다'고 하는데 '민란의 동료'라는 뜻의 '스타시아스톤 (στασιαστων)'이 쓰였습니다. 이 단어는 폭력을 사용하여 정권에 대항하는 반란이나 혁명을 뜻하는 '스타시스 (στάσις)'와 '함께'라는 뜻의 '쉰(σύν)'이 합쳐진 합성어입니다. 여기에 살인까지 저질렀으니 그의 죄는 결코 작다고 할 수 없을 것입니다. 그런데 바라바는 누구를 살해했을까요? 만일 그가 로마인을 살해했다면 로마 총독이 결코 그를 석방하려고 하지 않았을 것입니다.

요한복음은 그를 "강도"라고 소개하는데 공관복음과는 다른 뉘앙스를 주고 있습니다. 그러나 강도라는 말의 헬라어를 살펴보면 결코 공관복음서와 다르다고 할 수 없습니다. 강도로 쓰인 '레스테스(ληστής)'는 원래 전리품을 뜻하는 '레이스(ληίς)'에서 파생한 말입니다.

복음서에서 그를 표현하고 있는 수식어의 헬라어 뜻을 종합하면 '강도(ληστής, 레스테스)'라는 말은 원래 로마에 대하여 혁명운동을 하다가 때로는 굶주림을 견디지 못하고 대열에서 이탈하여 강도로 둔갑하는 사람들입니다. 그들은 아무 마을이나 들어가 닥치는 대로 물건을 탈취하여 그것을 마치 전리품(ληίς, 레이스)을 챙기는 것처럼 생각했던 무리(ληστής, 레스테스)들이라고 합니다. 초기 역사가 요세푸스(Josephus)는 열심당을 가리키는 말로 이 단어를 사용했습니다. 그 와중에 살인을 저지르기도 했는데 바라바도 그런 사람들 중에 하나였다고 이해할 수 있을 것입니다.

이러한 사람이 예수님 대신 놓임 받게 된 것은 시사하는 바가 큽니다. 빌라도의 의중에는 예수님이 무죄하기 때문에 바라바와 비교하면 예수님의 석방을 당연히 요구할 것으로 기대했습니다. 그러나 예상과는 달리 대제사장들이 무리를 충동하여 도리어 바라바를 놓아달라고 했습니다. 그 요구대로 빌라도는 민란이 두려워서 종교지도자들과 군중들의 편을 들어 바라바를 놓아주고 예수님은 십자가에 못 박아 처형하는 극형에을 선고한 것입니다.

여기서 바라바가 예수님 때문에 어부지리로 자유롭게 된 사실이 주는 교훈이 무엇인지를 함께 생각해 보고자 합니다.

어떤 신학자는 바라바를 가리켜 "가장 상징적인 죄인"이라고 해석했습니다. 다시 말하면 그는 죄인 중의 괴수인 우리 모두를 지칭하는 실재입니다. 예수님이 바라바의 자리를 대신한 것, 바라바를 위해서 죽으신 것, 바라바 때문에 대신 그 자리를 취하신 것은 바라바와 같은 모든 강도와 바라바와 같은 정치적이고 세속적인 야심, 그와 같은 동기를 갖고 살아가는 우리 모두의 죄를 대신 담당하신 것입니다. 그래서 성경은 예수님께서 이 땅에 오신 목적을 일목요연하게 이렇게 말씀합니다. **"인자가 온 것은 섬김을 받으려 함이 아니라 도리어 섬기려 하고 자기 목숨을 많은 사람의 대속물로 주려 함이니라"**(마 20:28).

바라바의 석방과 자유함 그리고 참된 구원은 예수님의 죽음을 통해서 얻어진 은혜입니다. 그래서 성경은 죄사함 받고 구원 얻는 것을 은혜(카리스), 즉 선물이라고 말합니다. 에베소서 2장 8-9절에 **"너희는 그 은혜에 의하여 믿음으로 말미암아 구원을 받았으니 이것은 너희에게서 난 것이 아니요 하나님의 선물이라 행위에서 난 것이 아니니 이는 누구든지 자랑하지 못하게 함이라"**고 했습니다.

교회 전승에 의하면 바라바는 석방되어 주님께서 십자가에 처형되는 모습을 보면서 회개하여 '메시아! 당신은 나 때문에 죽었습니다' 라고 고백하고 나중에 전도자가 되었다는 이야기가 있습니다. 바라바는 그 후 자기가 만나는 모든 사람들에게 예수 그리스도가 참 메시아이신 것을 증언하는 가운데 다음과 같이 외치며 복음을 전했습니다. "그분은 나 때문에 죽었습니다. 예수님은 나 때문에 죽었습니다."

우리도 주님께서 왜 십자가를 지셔야 했는가를 생각하면 바라바처럼 나의 흉악한 죄 때문임을 인정하고 예수님을 전하는 복음의 전도자로 변신해야 할 것입니다. "예수님은 나 때문에, 예수님은 당신 때문에 죽으셨습니다"라고 선포하는 자들이 되어야 합니다. 사람 말입니다.

우리 모두는 강도였던 바라바처럼 다 어부지리 인생입니다. 하나님께로부터 받은 선물인 구원에 감격하면서 온 천하에 다니지는 못할지라도 이웃에 사는 사람들에게 복음을 전하는 증인으로 살아가는 복된 삶이 되어야 할 것입니다.

Chapter 15

십자가에 못 박히신 예수 그리스도
(The Crucifixion)

마가복음 15:16-32

군인들이 예수를 끌고 브라이도리온이라는 뜰 안으로 들어가서 온 군대를 모으고 예수에게 자색 옷을 입히고 가시관을 엮어 씌우고 경례하여 이르되 유대인의 왕이여 평안할지어다 하고 갈대로 그의 머리를 치며 침을 뱉으며 꿇어 절하더라 희롱을 다 한 후 자색 옷을 벗기고 도로 그의 옷을 입히고 십자가에 못 박으려고 끌고 나가니라 마침 알렉산더와 루포의 아버지인 구레네 사람 시몬이 시골로부터 와서 지나가는데 그들이 그를 억지로 같이 가게 하여 예수의 십자가를 지우고 예수를 끌고 골고다라 하는 곳(번역하면 해골의 곳)에 이르러 몰약을 탄 포도주를 주었으나 예수께서 받지 아니하시니라 십자가에 못 박고 그 옷을 나눌새 누가 어느 것을 가질까 하여 제비를 뽑더라 때가 제삼시가 되어 십자가에 못 박으니라 그 위에 있는 죄패에 유대인의 왕이라 썼고 강도 둘을 예수와 함께 십자가에 못 박으니 하나는 그의 우편에, 하나는 좌편에 있더라 (없음) 지나가는 자들은 자기 머리를 흔들며 예수를 모욕하여 이르되 아하 성전을 헐고 사흘에 짓는다는 자여 네가 너를 구원하여 십자가에서 내려오라 하고 그와 같이 대제사장들도 서기관들과 함께 희롱하며 서로 말하되 그가 남은 구원하였으되 자기는 구원할 수 없도다 이스라엘의 왕 그리스도가 지금 십자가에서 내려와 우리가 보고 믿게 할지어다 하며 함께 십자가에 못 박힌 자들도 예수를 욕하더라

십자가는 고대 로마인들이 범죄자들을 처형할 때 사용하던 치욕스럽고 소름 끼치는 도구였는데, 예수 그리스도의 고통과 죽음을 나타내는 상징으로도 잘 알려져 있습니다. 십자가에 못 박는 형벌

은 앗시리아나 페르시아 등에서 백성의 불복종을 방지하고 패배한 적을 조롱하기 위해, 특히 흉악한 범죄자나 포로로 잡힌 적들의 시신을 말뚝에 걸거나 뾰족한 막대기에 몸을 꿰어 도시로 드나드는 통로에 세워 놓았던 데서 유래한 것으로 보입니다.

사람을 십자가에 못 박는 것은 고대 세계에서 가장 고통스럽고 치욕적인 형태의 잔혹한 형벌이었습니다. 십자가형에 처해질 사람은 자기가 달릴 형구를 지고 처형장으로 가야 했는데, 흔히 생각하듯이 온전한 십자 모양의 틀이 아니라 가로 막대만 지고 간 것입니다. 십자가에 달린 사람은 매질과 못질, 그리고 감당하기 힘들게 밑으로 처지는 몸무게, 햇볕에 장시간 노출됨으로 인한 출혈, 질식, 탈진, 심장 이상, 고열, 경련, 갈증, 허기 증상 등으로 서서히 죽어갔는데 며칠씩 걸리는 경우도 있었다고 합니다. 죽음을 재촉하기 위해 곤봉으로 다리뼈를 부러뜨리기도 했습니다. 사망한 후에는 며칠 동안 썩게 방치하여 새들이 쪼아 먹게 만들었습니다. 이렇게 십자가에 못 박는 형벌은 공공장소에서 행해져 경고용으로 사용되었습니다.

예수님께서는 당시 통용되었던 로마법에 따라 총독의 명령으로 십자가에 못 박히셨습니다. 그 이유는 '유대인의 왕 나사렛 예수'라는 명패에서 보듯이 그분이 로마 통치에 위협이 된다는 정치적인 이유 때문이었습니다. 예수님의 십자가형은 대부분 당시의 로마식 절차에 따랐습니다. 예수 그리스도께서 십지기 위에서 처형되고 난 이후 십자가는 기독교 신앙에서 신성하고 중요한 대표적인 상징이 되었습니다. 예수님의 죽음과 부활 사건 이후 십자가는 무엇보다도 예수님께서 인간의 죄를 위해 기꺼이 당신 자신을 희생 제물로 내놓으심으로써 인간에게 속죄와 구원을 가져다 주셨다는 의미를 상징하는 것이 되었습니다. 뿐만 아니라 그것은 예수님을 따르는 참된 제자임을 나타내는 상징으로도 사용되고 있습니다. 또한 십자가는 예수님께서 당신에게 닥친 고통 앞에서도 하나님의 뜻을 끝까지 실천에 옮기셨음을 보여주는 좋은 모범이 되었습니다.

본문을 중심으로 예수님의 십자가 현장으로 가 보겠습니다.

로마 군인들의 조롱(16-20절)

"군인들이 예수를 끌고 브라이도리온이라는 뜰 안으로 들어가서 온 군대를 모으고 예수에게 자색 옷을 입히고 가시관을 엮어 씌우고 경례하여 이르되 유대인의 왕이여 평안할지어다 하고 갈대로 그의 머리를 치며 침을 뱉으며 꿇어 절하더라 희롱을 다 한 후 자색 옷을 벗기고 도로 그의 옷을 입히고 십자가에 못 박으려고 끌고 나가니라"

로마 군병들은 예수님을 채찍으로 때리고 피투성이가 된 채로 "브라이도리온"이라 부르는 뜰로 끌고 갔습니다. 그곳은 군사들이 머무는 곳으로 빌라도 관청 내에 있는 큰 정원이었습니다. 그들은 이 뜰로 가서 군사들을 모았습니다. 본문에서 "군대"로 번역된 말은 원래 "스페이라"(σπειρα)라는 말로 "레기온"(6천 명)의 10분의 1 정도, 즉 200-600명 규모의 부대였습니다. 이 군사들은 절기 때에 치안 유지와 민란을 막기 위해서 가이사랴에서 파견되었습니다. 그들은 반역죄로 사형 판결을 받은 예수님을 채찍으로 때려서 피투성이로 만들고 조롱했습니다. 로마 군사들은 로마에 항거하다 실패하여 사형 선고를 받은 죄수를 조롱거리로 삼았습니다.

그들은 예수님의 옷을 벗기고 병사들이 입는 색 바랜 자주색 외투를 입혔습니다. 이것은 왕이 입는 망토를 대신한 것이었습니다. 그리고 몇 명의 병사들은 밖으로 나가서 가시를 엮어 관을 만들어 예수님의 머리에 씌웠습니다. 이것은 왕들이 쓰는 관(황금 잎사귀 모양)을 상징했습니다. 그들은 예수님을 조롱하기 위해 예수님을 왕처럼 꾸며 놓고 그 앞에 절하면서 이렇게 말했습니다. **"유대인의 왕이여! 평안할지어다!"** 이 말은 황제에게 하는 인사("아멘! 가이사")를 흉내 낸 말이었습니다. 로마 군사들은 이렇게 "자칭 유대인의 왕"이라고 주장하는 반역자를 마음껏 희롱했습니다. 그들은 가시관에 눌려서 피가 흐르는 예수님의 머리를 채찍으로 마구 때렸습니다. 그리고 예수님의 얼굴에 침을 뱉고, 무릎을 꿇고서 왕에게 충성을 표현하는 흉내를 내면서 조롱했습니다. 매를 맞아 피투성이가 된 예수님의 머리에 가시관을 씌우고 몽둥이로 치는 일은 매우 잔인한 일이었습니다. 그러나 로마 군사들은 황제에게 반역한 유대인의 왕을 조롱하는 일을 주저하지 않았습니다(17-19).

"희롱을 다한 후 자색 옷을 벗기고 도로 그의 옷을 입히고 십자가에 못 박으려고 끌고 나가니라"(20) 군인들은 예수님을 조롱한 후에 낡은 자색 망토를 벗기고 다시 예수님의 옷을 입혔습니다. 예수님은 옷을 입은 채 매를 맞았기 때문에 옷을 입히고 벗기는 과정에서 살이 터져서 곳곳에서 피가 흘렀을 것입니다. 그 후에 백부장이 인솔하는 4인의 사형 집행조가 예수님을 십자가에 못 박기 위해서 성 밖으로 끌고 나갔습니다. 보통의 경우에 십자가 형을 선고 받은 죄수는 자신이 달릴 십자가를 지고 형장까지 가야 했습니다. 가는 도중에 군사들은 계속해서 그 죄수를 채찍질했습니다. 그러나 예수님은 이미 매질을 당했기 때문에 이 과정이 생략되었습니다. 아마 예수님께서 형을 받으러 가는 중에 매를 맞았다면 길 위에서 죽었을지도 모릅니다. 예수님께서 당한 조롱은 유대 민족 전체가 로마인들에게 당한 조롱과 비슷했습니다. 또한 이것은 죄인인 우리가 당해야 할 비난과 조롱이기도 합니다.

예수님의 탈진(21-25절)

"마침 알렉산더와 루포의 아버지인 구레네 사람 시몬이 시골로부터 와서 지나가는데, 그들이 그를 억지로 같이 가게 하여 예수의 십자가를 지우고"(21).

죄수들이 메고 가는 십자가의 가로 막대는 무게가 약 150파운드(약 70kg) 정도 되었습니다. 로마 군사들은 죄수의 모습을 군중들에게 보이기 위해서 죄수가 번화가를 지나 사형장으로 가게 했습니다. 예수님도 십자가를 메고 이 길을 걸어 갔습니다. 그러나 예수님은 채찍에 맞아서 너무나 몸이 약해졌기 때문에 얼마 가지 못해서 쓰러지셨습니다. 성문 가까이 이르렀을 때에 로마 군인들은 시골에서 금방 올라온 구레네 사람 시몬을 잡아서 강제로 예수님 대신 십자가를 지게 했습니다. 시몬은 구레네(아프리카의 해안 도시)에서 예루살렘으로 이사 온 이주민이었든지, 아니면 시골에서 살다가 유월절을 지키려고 예루살렘에 온 사람이었을 것입니다. 그는 예루살렘 근처에서 밤을 새우고 아침에 성으로 들어오다가 예수님의 십자가 행렬을 만난 것으로 보입니다. 마가가 시몬의 아들의 이름(알렉산더와 루포)을 언급한 것을 보면, 그들은 당시에 로마 교회에 잘 알려진 사람이었을 것입니다. 사도 바울이 로마서에서 **"루포에게 문안하라"**고 부탁한 말은 이러한 사실을 뒷받침해 주고 있습니다(롬 16:13). 이 말이 맞다면, 구레네 시몬과 그의 두 아들은 후에 예수님을 믿게 되었고, 로마 교회에 잘 알려진 성도가 되었을 것입니다. 이렇게 보면 시몬이 강제로 십자가를 진 것도 하나님의 섭리로 볼 수 있습니다.

"예수를 끌고 골고다라 하는 곳(번역하면 해골의 곳)에 이르러, 몰약을 탄 포도주를 주었으나 예수께서 받지 아니하시니라"(22-23).

로마 군병들은 예수님과 구레네 시몬을 성에서 멀지 않은 골고다로 끌고 갔습니다. "골고다"는 "해골의 장소"라는 아람어를 헬라어로 음역한 말입니다.(갈보리는 해골이란 뜻을 가진 '갈바'에서 파생된 라틴 역의 '갈바리아'에서 나온 말임) 골고다는 성 밖에 있는 사람의 두개골처럼 생긴 둥근 바위 언덕이었습니다. 마침내 예수님과 십자가를 진 시몬은 골고다 언덕에 도착했습니다. 전통적으로 예루살렘의 부녀들은 십자가형을 당할 죄수의 고통을 덜어 주기 위해서 사형수에게 마취성 있는 음료수를 주었습니다. 예수님께서 골고다에 이르렀을 때에도, 이러한 전통을 따라서 몰약을 탄 포도주가 제공되었습니다. 그러나 예수님은 그 포도주를 맛보신 후에 더 이상 마시기를 거절하셨습니다. 아마도 예수님은 인류의 모든 고통을 온전한 정신으로 대신 감당하시기를 원하셨던 것입니다.

마침내 사형을 집행하는 군사들은 3시(오전 9시)에 예수님의 손과 발을 십자가에 겹쳐 대고 그 손과 발에 큰 못을 박았습니다(25). 사형수의 경우에 나무판에 흰색을 칠하고 그 위에 검은 글씨로 죄목을 써서 죄수의 목에 걸었습니다. 그리고 때로는 선두에 선 사람이 이 죄목을 들고 가기도 했습니다. 사형 집행인들은 죄수를 십자가에 매단 후에, 죄목을 쓴 나무판을 죄수의 머리 위에 매달았습니다. 빌라도도 이러한 관례를 따라서 **"유대인의 왕 예수"**라고 쓴 죄목을 예수님의 머리 위에 매달았습니다(26). 예수님께서 로마를 부인하고 왕이 되려고 한 반역자였다는 것을 만천하에 알리려고 의도적으로 그렇게 한 것입니다. 빌라도는 이 명패를 통해서 유대인들이 로마에 항거하는 일이 부질없다는 것을 알리려고 했습니다. 예수님은 그 명패에 적힌 한정된 민족의 왕이 아니라 온 세상의 왕이요 구주가 되신 분입니다. 예수님은 빌라도의 잘못된 판단과 조롱하는 로마 군인들의 고문과 처신에 굴하지 않고 순수하게 그리고 기꺼이 십자가를 지셨습니다. 누구의 강요도 아닌 하나님의 뜻에 순종한 자발적인 행위였습니다. 그것이 하나님의 위대한 구원을 이루시는 방법이요 유일한 방편임을 아셨기에 십자가 위에 조금도 저항없이 매달리신 것입니다(25). 우리 또한, 우리에게 주어진 십자가를 억지로 지는 것이 아니라 자발적이고 헌신적으로 져야 합니다. 예수님은 우리에게 각자의 십자가를 지고 자기를 따르는 자가 예수님의 제자라고 분명하게 말씀하셨습니다. 가정에서 교회에서 직장에서 우리는 각자에게 주어진 십자가 즉 희생과 헌신의 길이 있습니다. 자기 몫의 십자가를 기쁘게 지고 갈 때 하나님의 뜻이 이루어지고 많은 사람들을 구원의 길로 인도하게 될 것입니다.

두 강도와 모욕하는 종교 지도자들(27-32절)

"강도 둘을 예수와 함께 십자가에 못 박으니 하나는 그의 우편에, 하나는 좌편에 있더라 (없음) 지나가는 자들은 자기 머리를 흔들며 예수를 모욕하여 이르되 아하 성전을 헐고 사흘에 짓는 자여 네가 너를 구원하여 십자가에서 내려 오라 하고 그와 같이 대제사장들도 서기관들과 함께 희롱하며 서로 말하되 그가 남은 구원하였으되 지기는 구원할 수 없도다 이 스라엘의 왕 그리스도가 지금 십자가에서 내려와 우리가 보고 믿게 할지어다 하며 함께 십자가에 못 박힌 자들도 예수를 욕하더라"(27-32).

첫째, 예수님의 십자가 양편에 달렸던 두 강도

총독 빌라도는 예수님을 두 강도 사이에 못 박았습니다(27-28). 예수님 당시에 절도나 강도는 십자가형을 당하지 않았다고 합니다. 그들을 십자가에 매달은 것을 보면 로마에 반역한 정치범이었을 가능성이 높습니다. 요세푸스는 당시 로마인들이 종종 '열심 당원'을 '강도'라고 불렀다고 기록했습니다. 열심 당원은 유일신 하나님 신앙을 지키기 위해서 로마에 무력으로 항거하기로 헌신한 사람들입니다. 그들은 결사대를 만들어 정부 요인들을 암살했습니다. 그러므로 그들은 체포되는 즉시 십자가 형을 당하는 것이 관례였습니다.

누가복음의 저자는 두 강도에 대해서 좀 더 상세하게 묘사하고 있습니다. 한 편의 강도는 예수님을 계속 조롱하고 자기와 같이 잘 못한 범인으로 몰아 세웠지만, 또 다른 편의 강도는 자신의 잘못을 뉘우치고 예수님을 구원주이신 왕으로 인정하고 구원을 받았습니다(눅 23:39-42). 우리는 양쪽에 달린 두 강도에 대하여 깊이 묵상해 볼 필요가 있습니다. 예수님과 함께 십자가에 달리고서도 그 죄를 깨닫는 사람과 그렇지 못한 사람이 있습니다. 자신의 죄를 깨닫지 못하는 강도는 "**네가 그리스도가 아니냐 너와 우리를 구원하라**"(눅 23:39)고 하였습니다. 이 고백이 진심이면 얼마나 다행이었겠습니까? 그런데 누가복음 본문에 보면 비방하였다고 했습니다. 객관적이요, 비판적이요, 야욕적인 말이었으니 얼마나 불행합니까? 현재도 십자가를 신앙적으로, 주관적으로, 영적으로 받아들이지 않으면 이 강도처럼 비방할 수밖에 없을 것입니다. "**십자가의 도가 멸망하는 자들에게는 미련한 것이요 구원을 얻은 우리에게는 하나님의 능력이라**" (고전 1:18)고 했습니다. 지금도 강도처럼 죽어가면서도 회개할 생각은 하지 않고 비방하는 자가 많습니다. 물론 십자가 위에서 선한 말이 나오기 힘들겠지만, 중앙에 계신 예수님이 하나님의 아들이며 구세주임을 알았다면 구원을 호소하였을 것입니다.

자신의 죄를 깨달은 강도에게는 예수님은 "**오늘 네가 나와 함께 낙원에 있으리라**"고 약속하십니다. 똑같은 사건의 한복판에 있으면서 어떻게 이렇게 다를 수가 있습니까? 참으로 이해가 안 되는 부분이지만 바로 우리의 모습입니다. 예수님을 중심에 두고 늘 영적인 시각으로, 긍정적인 믿음으로 바라볼 때 구원이 있습니다. 매사에 다른 강도처럼 부정적으로 보지 않고 믿음으로 생각하고 자신을 볼 수 있는 눈을 가져야 할 것입니다. 그것이 복된 삶을 보장합니다.

두 강도와 함께 십자가에 달리신 예수님의 모습은 다음과 같은 이사야의 예언이 성취된 것이었습니다. "**이는 그가 … 범죄자 중에 하나로 헤아림을 받았음이니라 그러나 그가 많은 사람의 죄를 담당하며 범**

죄자를 위하여 기도하였느니라"(사 53:12).

둘째, 조롱하는 행인들과 종교지도자들

그때에 그곳을 지나가던 행인들이 머리를 흔들면서 이렇게 조롱했습니다. "성전을 헐고 사흘에 짓는다는 자여 네가 너를 구원하여 십자가에서 내려오라"(29-30). 이 조롱은 다음과 같은 시편의 예언이 성취된 것이었습니다. "나를 보는 자는 다 나를 비웃으며 입술을 비쭉이고 머리를 흔들며 말하되 그가 여호와를 의탁하니 구원하실 걸, 그를 기뻐하시니 그를 건지실 걸 하나이다"(시 22:7-8). "나는 또 그들의 비방거리라 그들이 나를 보면 머리를 흔드나이다"(시 109:25). 그때 산헤드린 회원들도 군중들과 함께 이렇게 예수님을 조롱했습니다. "그가 남은 구원하였으되 자기는 구원할 수 없도다 이스라엘의 왕 그리스도가 지금 십자가에서 내려와 우리가 보고 믿게 할지어다"(31-32) 그들은 예수님께서 수많은 병자를 고쳐 주시고 죽은 사람을 살려낸 것을 알고 있었습니다. 그러나 지금 예수님은 무력하게 십자가에 매달린 채 죽어가고 있습니다.

예수님은 우리의 죄값을 지불하기 위해 십자가에 달리셨기 때문에 십자가에서 내려올 수 없었습니다. 무리들과 유대 관원들이 예수님을 조롱하는 것을 보고 옆에 매달린 강도도 예수님을 조롱했습니다(31-32). 누가는 강도 중 한 명이 예수님을 조롱했으며, 다른 한 명은 예수님께 구원을 요청했다고 기록하고 있습니다(눅 23:39-

43). 무리들은 십자가에 달려 무력하게 죽어가는 예수님을 보고 예수님께서 거짓으로 백성을 현혹한 자라고 생각했을 것입니다. 그러나 그분은 자신의 죄가 아니라 우리의 죄값을 지불하기 위해서 십자가에 매달리셨습니다. 팀 켈러 목사는 예수님의 십자가 죽음을 "우리의 운명을 바꾼 아름다운 죽음"이라고 표현했습니다. 그렇습니다. 형벌 받을 수밖에 없는 우리의 운명을 바꿀 방법은 예수님의 죽음 뿐이었습니다. 그러므로 우리는 십자가 앞에서만 우리의 모든 죄가 사라지는 것을 경험할 수 있습니다. 바울의 말대로 우리는 십자가에서 예수님과 함께 죽었고, 부활하신 예수님과 함께 다시 죽음에서 살아나게 되었습니다.

예수님이 십자가에 처형되는 사건은 전대미문의 대사건입니다. 하나님께서 인류 구원을 위해 희생제물로 드려지는 고통과 아픔의 순간이었습니다. 예수님은 빌라도에 의해서 사형 언도를 받고 로마 군인들에게 인도된 후 온갖 수모와 채찍질을 당하시고 조롱과 멸시를 받았습니다. 심지어는 입고 계시던 옷까지 벗겨져 군인들이 제비 뽑아 나누어 가지게 되었습니다. 벌거벗겨진 몸으로 십자가 형틀에 달릴 수밖에 없었지만, 군인들은 그래도 일말의 양심이 있었는지 홍포(죄수복)를 입혀 골고다로 끌고 갔습니다. 죄인들이 입어야 할 죄수복을 주님이 대신 입으시고 처형되신 것입니다. 우리가 가지고 있고, 입고 있는 오늘의 화려한 옷은 예수님 덕분입니다.

예수님은 기꺼이 십자가를 지시고 순종의 자리로 나아가셨습니다. 양편에 달린 강도의 조롱에 조금도 대꾸하지 않으시고 오히려 용서를 구한 한 강도를 즉시 낙원에 입성시키는 구원주로서의 당당한 모습을 보여주셨습니다. 우리가 받아야 할 멸시와 조롱을 한몸에 받으시고 골고다의 길(비아 돌로로사–The Via Dolorosa)을 올라가셨습니다. 우리도 예수님처럼 그 길을 묵묵히 걸어갈 때 생명의 역사, 구원의 역사가 일어날 것이라 확신합니다.

Chapter 16

예수님의 가상칠언
(The Seven Words)

마가복음 15:33-37

제육시가 되매 온 땅에 어둠이 임하여 제구시까지 계속하더니 제구시에 예수
께서 크게 소리 지르시되 엘리 엘리 라마 사박다니 하시니 이를 번역하면 나
의 하나님, 나의 하나님 어찌하여 나를 버리셨나이까 하는 뜻이라 곁에 섰던
자 중 어떤 이들이 듣고 이르되 보라 엘리야를 부른다 하고 한 사람이 달려가
서 해면에 신 포도주를 적시어 갈대에 꿰어 마시게 하고 이르되 가만 두라 엘
리야가 와서 그를 내려 주나 보자 하더라 예수께서 큰 소리를 지르시고 숨지
시니라

사복음서에 기록된 예수님의 일곱 말씀은 우리에게 큰 의미와 울
림을 줍니다. 마가복음을 강해하면서 이 부분을 특별하게 다루어보
려고 합니다. 더 깊고 상세한 말씀은 그간 여러 저자에 의해서 출판
된 '가상칠언'에 관한 책을 참조하시면 이해하는 데 큰 도움이 될
것입니다.

오늘 본문에는 하나의 말씀 즉 **"엘리 엘리 라마 사박다니"**(34)라는
말씀과 37절의 **"큰 소리를 지르시고 숨지셨다"**는 둘째 말씀('다 이루

었다'는 말씀으로 예측함)만 기록되어 있기에 나른 복음서를 잠조하여 십자가 위에서 예수님께서 하신 일곱 마디의 말씀을 나누려고 합니다.

예수님은 목요일 저녁에 마지막 유월절 만찬을 마치신 후 기도하러 겟세마네 동산으로 가셨습니다. 예수님이 제자들과 함께하신 마지막 유월절 만찬은 동시에 주님이 제정하신 첫 번째 성찬이 되었습니다. 예수님은 목요일 밤에 겟세마네 동산에서 배신자 가룟 유다가 데리고 온 사람들에 의해 체포되어 금요일 새벽에 산헤드린 공회로 끌려가셨습니다. 거기서 부당한 재판을 받으신 후 다시 총독 빌라도의 관저로 끌려가셨습니다. 산헤드린 공회는 사형을 언도할 권한이 없었기 때문입니다. 하지만 빌라도는 책임을 회피하려고 예수님을 헤롯 왕에게 보냈고, 교활한 헤롯왕은 다시 빌라도에게로 예수님을 보냅니다. 어둡고 쌀쌀한 새벽에 포승줄에 묶인 채 온갖 조롱을 받으며 끌려 다니신 예수님을 생각하면 인간적으로 너무 화가 치밀어 오릅니다. 예수님은 도살장에 끌려가는 양처럼 잠잠하셨습니다. 결국 빌라도는 예수님이 죄가 없는 것을 알면서 백성들의 환심을 사려고 예수님을 채찍질한 후 십자가 처형을 하도록 넘겨줍니다. 채찍질은 중죄인에게만 해당되는 형벌인데, 죄수를 기둥을 껴안은 형태로 묶어놓고 조금 떨어진 곳에서 채찍을 휘둘러 때리는 것입니다. 채찍 끝에는 날카로운 쇳조각이 달려 있습니다. 그래서 채찍을 휘둘러 때리면 채찍이 몸에 감기면서 쇳조각이 살에 박히고, 다시 채찍을 떼어내면 살점이 뜯겨 나가 온몸이 피투성이가 됩니다. 참혹하지요? 그런데 이사야서 53장 5절은 **"그가 채찍에 맞으므로 우리는 나음을 받았도다"**라고 말씀합니다. 이어지는 6절에서는 **"여호와께서는 우리 모두의 죄악을 그에게 담당시키셨도다"**라고 하였고, 8절에서는 **"마땅히 형벌 받을 내 백성의 허물 때문"**이라고 하였습니다. 다시 말하면, 우리가 맞아야 할 채찍을 예수님이 대신 맞으신 것입니다. 그러므로 참혹하다 혹은 예수님이 불쌍하다는 감상에 머물러 있으면 안 됩니다. 우리 대신 채찍에 맞으신 예수님의 고통을 함께 느껴야 하고, 하나님 우리 아버지와 주 예수 그리스도의 위대한 사랑 앞에서 우리의 죄를 회개해야 합니다.

예수님이 십자가에 못 박힌 시간은 오전 9시이며, 오후 3시까지 총 여섯 시간을 십자가에 달리셨습니다. 예수님께서 십자가 상에서 여섯 시간 동안 모두 일곱 번의 말씀을 하셨습니다. 우리는 이것을 가상(架上) 칠언(七言)이라고 부릅니다. 전통적으로 가상칠언의 순서는 다음과 같습니다.

첫째, 사죄의 기도: "아버지 저들을 사하여 주옵소서. 자기들이 하는 것을 알지 못함이니이다"(눅 23:34).

예수님은 "아버지여"라고 부르시며 가상칠언을 시작하셨습니다. 마지막 일곱 번째 말씀도 "아버지여 내 영혼을 아버지 손에 부탁하나이다"히고 아비지의 이름을 부르면서 종지부를 찍습니다. 그래서 가상칠언은 아버지의 이름을 부르는 것으로 시작하여, 아버지의 이름을 부르는 것으로 끝납니다. 이것은 예수님이 매달리신 십자가는 아버지가 계획하셨고 실행하신 구원 사건이었다는 것을 보여줍니다. 아버지가 함께하신 십자가였기 때문에 예수님은 십자가에서 승리하실 수 있었습니다. 예수님이 그러셨다면 우리는 더욱 그러합니다. 구원의 완성인 십자가는 아버지 하나님으로 시작하여 하나님 아버지로 막을 내리는 사건입니다. 하나님을 떠나서는 시작조차 할 수 없고 완성은 더더욱 그렇습니다.

예수님은 십자가에 못 박히신 상태에서도 아버지에 대한 신뢰와 사랑을 버리지 않으셨습니다. 예수님은 아버지가 아들을 영원히 버리시는 것이 아니라, 자신의 죽음을 통해서 죄인들을 구원하시기 위해 잠시 아들을 버리시는 것을 아셨습니다. 예수님은 아버지의 그 뜻을 아시고 지금 죽음에 이르기까지 순종하고 계신 것입니다.

아버지가 기뻐하시는 뜻은 이사야서 53장 10절에 계시되어 있습니다. **"여호와께서 그에게 상함을 받게 하시기를 원하사 질고를 당하게 하셨은즉 그의 영혼을 속건제물로 드리기에 이르면 그가 씨를 보게 되며 그의 날은 길 것이요 또 그의 손으로 여호와께서 기뻐하시는 뜻을 성취하리로다."** 그렇습니다. 하나님 아버지의 뜻은 그 아들 예수 그리스도의 영혼을 죄인들을 위한 속건 제물(레위기 5장)로 드리는 것이었습니다.

예수님의 첫 번째 말씀은 죄 사함을 구하는 기도입니다. 지금 예수님은 자기를 정죄하고 조롱하고 십자가에 처형하는 대적자들과 원수들의 무지한 죄를 용서해 달라는 간절한 기도를 하나님 아버지께 드리고 있습니다. 죄 사함은 오직 하나님만이 하실 수 있다는 것을 누구보다 잘 알고 있었기 때문입니다. 예수님은 공생애 중에 중풍병자를 고치실 때 내가 너의 죄를 용서한다고 암시적으로 말씀하셨습니다. 그런데 왜 여기서는 내가 너희의 죄를 용서한다고 말씀하시지 않으실까요? 그것은 지금 예수님이 우리를 대신하여 심판을 받는 죄인의 자리에 서 있기 때문입니다.

예수님은 죄 사함, 다시 말하면 용서를 위해서 기도하는 이유를 말씀하셨습니다. 저들이 하는 것을 알지 못하기 때문입니다. 지금 저들은 하나님의 아들을 죽이려고 하고 있습니다. 물론 그것은 예수님이 하나님의 아들임을 알지 못하기 때문입니다. 그들은 도리어 예수님이 하나님의 신성을 모독했다고, 그들 나름대로 하나님의 영광을 위해서 하나님의 아들을 십자가에 못 박아 처형하고 있는 것입니다.

예수님의 첫 번째 말씀은 무지로 인해 지은 죄를 용서받을 수 있다는 의미의 기도가 아닙니다. 예수님은 하나님의 사랑에 대해서 알지 못하고, 하나님의 뜻에 대해서 무지한 자들에 대해 안타까움을 말씀하신 것입니다. 동일한 기도를 지금 하늘에 있는 지성소에

242 마가복음 강해서 4 하나님의 아들, 예수 그리스도

서 예수님께서 하시고 계십니다. 그렇지 않다면 우리는 이미 죄 가운데에서 멸망했을 것입니다. 우리의 연약함과 어리석음, 즉 죄입니다. 땅에서는 성령께서 우리의 연약함을 인해 탄식하면서 기도하시고, 하늘에서는 예수 그리스도께서 우리의 죄에 대하여 변호하며 기도하시기 때문에 오늘 나 같은 죄인이 이 자리(하나님의 보좌 앞)에 나올 수 있는 것입니다. 아무리 흉악한 죄인이라도 하나님 앞에 나와서 자신의 죄를 고백하는 자에게는 동이 서에서 먼 것처럼 멀리 치워 주시고, 흰눈처럼, 양털처럼 깨끗하게 씻어 용서해 주시는 것입니다. 할렐루야!

W. 헛셀포드 목사님은 다음과 같은 시를 통해 사죄의 은총을 노래하고 있습니다.

> 깊고도 깊은 강을 건널 때 건너 오라고 그대를 손짓 하노라
> 슬픔의 강은 흘러 넘치지 않으리라
> 내가 그대와 함께 할 것이며 그대의 시련을 축복하리라.
> 그대를 깨끗하게 할 것이며
> 아무리 큰 근심이라도 없이해 주리라
> 쉼을 얻으려고 예수를 의지하는 영혼을
> 내가 결단코 결단코 원수들에게 넘겨 주지 않으리라
> 모든 지옥이 침노하여 뒤흔들지라도
> 내가 결단코 결단코 버리지 않으리라

둘째, 구원과 천국 소망: "오늘 네가 나와 함께 낙원에 있으리라"(눅 23:43)

두 번째 하신 예수님의 말씀은 회개한 강도에게 주신 구원과 천국 소망에 관한 약속입니다. 구원받은 강도를 통해서 알게 되는 진리는, 구원이 오직 하나님의 은혜로 말미암는다는 것입니다. 그는 처형되기 전까지 선한 일을 행한 것이 없습니다. 예수님을 메시아로 받아들이고 믿고 세례 받음으로 회심한 적이 없습니다. 그의 행위는 구원의 조건에 하나도 부합되지 않습니다. 그는 오직 **"우리는 우리가 행한 일에 상당한 보응을 받는 것이니 이에 당연하거니와 이 사람이 행한 것은 옳지 않은 것이 없느니라"**(눅 23:41)라고 자신은 죄인으로 당연히 받는 형벌이기에 합당한 것이요, 예수님은 죄가 없으신 의로우신 분임을 고백했습니다. 그리고 **"예수여 당신의 나라에 임하실 때에 나를 기억하소서"**(눅 23:42)라고 예수님의 긍휼을 간구했습니다. 그는 절호의 기회를 선용했습니다. 이제 목숨이 끊어지면 지옥으로 떨어질 수밖에 없는 절박한 상황이었습니다. 그 때를 놓치면 구원 얻을 수 있는 기회가 오지 않습니다. 그는 예수님을 바라보면서 자신을 기억해 달라고 간구했습니다. 그 즉시 그는 천국에 들어갈 수 있는 보증수표를 받게 된 것입니다. 우리는 잊지 말아야 합니다. 그가 구원받은 단 하나의 이유는 천국에 이를 때 나를 기억해 달라는 한 문장의 솔직한 요구가 전부입니다. 우리도 마찬가지입니다. 구원을 얻을 만한 때에 그 기회를 선용하는 믿음이 필요합니다.

지금이 그 때요 내일이면 너무 늦습니다. 우리 역시 하나님 앞에서는 강도보다 의롭다고 자랑할 것이 없는 죄인이기 때문입니다. 그러나 우리가 천국을 보장받게 된 것은 전적으로 하나님의 은혜입니다. 사도 바울은 이 진리를 이렇게 표현하고 있습니다. **"너희가 그 은혜를 인하여 믿음으로 말미암아 구원을 얻었나니 이것이 너희에게서 난 것이 아니요 하나님의 선물이라"**(엡 2:8). 우리의 구원은 전적으로 예수님의 십자가의 은혜로 말미암은 주권적인 하나님의 선물입니다. 그래서 우리는 하나님과 주 예수님께 감사하고 보은하는 삶을 살기 위해서 노력하고 몸부림치고 있는 것입니다.

예수님은 그에게 **"오늘 네가 나와 함께 낙원에 있을 것"**(눅 23:43)이라고 선언하셨습니다. 낙원은 천국과는 다른 장소로 부활하기 전에 의인의 영혼이 잠시 안식을 누리는 곳이라는 주장이 있습니다. 하지만 계시록 2장에서 **"이기는 그에게는 내가 하나님의 낙원에 있는 생명나무의 열매를 주어 먹게 하리라"**(계 2:7)고 하셨는데, 계시록 22장을 보면 새 예루살렘에 바로 그 생명나무가 있습니다. 이것으로 낙원과 새 예루살렘은 동일한 장소임을 알 수 있습니다. 그러면 새 예루살렘은 어디에 있습니까? 히브리서 12장 22절을 보면 **"너희가 이른 곳은 … 살아 계신 하나님의 도성인 하늘의 예루살렘"**이라고 합니다. 새 예루살렘은 하늘에 있습니다. 그리고 이어지는 히브리서 12장 23-24절을 보면 그곳은 만민의 심판자이신 하나님과 온전하게 된 의인의 영들과 예수님이 계시는 곳임을 알 수 있습니다. 그곳은 바로 천국입니다. 낙원과 새 예루살렘은 서로 다른 장소가 아니라 천국의 다른 이름일 뿐입니다.

그러면 누가 천국에 들어갈 수 있습니까? 자신의 죄를 고백하고 믿음으로 예수님을 영접하는 사람이 천국에 들어갑니다. 천국에는 언제 들어갑니까? 육신의 생명이 다하는 바로 그 순간 천국에 입성하게 됩니다. 그 천국은 어떤 곳입니까? 아버지 하나님께서 거처하시는 곳이며, 주 예수 그리스도께서 함께 거하시는 곳입니다. 그래서 다시는 사망이 없고 애통하는 것이나 곡하는 것이나 아픈 것이 없는 곳입니다(계 21:4). 빌립보서 1장 23절에 보면 바울은 로마의 감옥에서 사형 집행을 기다리고 있었지만 죽음을 두려워하지 않고 도리어 주님과 함께 거하게 될 그날을 사모했다고 했습니다. 이것은 바울만의 신앙고백이 아니라 우리 모든 그리스도인들의 확신과 유일한 소망이어야 합니다.

셋째, 효심: "여자여 보소서 아들이니이다 … 보라 네 어머니라"(요 19:26-27)

세 번째 예수님의 말씀은 모친 마리아와 제자 요한에게 하신 말씀입니다. 어떤 사람은 예수님이 십자가 상에서 혈육 관계를 부정했다고 말합니다. 예수님이 지상에 계실 때만 어머니와 아들의 관계이므로 이제 하늘로 돌아가실 때가 되었기에 마리아를 "여자여"

라고 불렀다는 것입니다. 과연 그럴까요? 예수님은 마리아에게 십자가 상에서 처음으로 "여자여"라고 부른 것이 아닙니다. 예수님은 가나의 혼인 잔치에서도 마리아에게 "여자여"라고 하셨습니다(요 2:4). 예수님이 사용하신 "여자여"라는 호칭은 헬라어로 "귀나이" (γύναι)인데 이 단어는 복음서에서 "여성" "부인" "아내" 등 다양한 의미로 사용되었습니다. 그러므로 예수님이 마리아에게 사용하신 "여자여"는 "부인이시여"라는 존칭어로 이해해야 할 것입니다.

예수님은 어머니 마리아를 제자 요한에게 부탁하셨습니다. 요한은 예수님이 체포되실 때 달아났다가 십자가 밑으로 돌아와 있었습니다. 요한은 자신이 기록한 복음서에서 본인의 이름을 밝히는 대신 "주님이 사랑하시는 제자"라고 자신을 소개합니다. 예수님이 특별히 요한을 편애하신 것은 아닐 것입니다. 그러나 요한은 예수님이 자신을 특별히 사랑하신다고 믿었습니다. 그 믿음이 요한을 다시 십자가 밑으로 놀아오게 하였습니다. 돌아온 요한을 예수님은 용서하시고 받아 주셨습니다. 그리고 어머니 마리아를 요한에게 부탁하셨습니다.

예수님은 운명하기 직전에 이렇게 마리아와 요한을 새로운 가족으로 묶어 주시는 것으로 그의 효심을 드러내셨고 요한에게 마지막까지 효성을 다해 섬기고 공경해야 할 것을 부탁하신 것입니다. 땅 위에 사는 동안 자녀들은 부모님을 공경하고 죽을 때까지 봉양하고 돌보는 효도를 실천해야 합니다. 이것이 제 오계명이 가르치는 만고불변의 진리입니다. 그러므로 성도는 부모님이 세상을 떠나시기 전에 부모님께 효성을 다해서 공경해야 합니다. 예수님 당시 바리새인들은 장로의 유전을 중시하여 '고르반'이는 말로 맹세한 경우, 그것이 부모 부양에 필요한 것일지라도 취소를 인정하지 않았습니다. 그리고 후에 이 맹세는 악용되어 부모에 대한 의무를 게을리하게 되는 구실과 핑계가 되었습니다. 예수 그리스도는 장로의 유전보다는 하나님의 말씀의 우월성을 강조하면서 율법의 정신이 얼마나 무시되고 있는지를 말하기 위해 사용하였습니다. 예수님는 마가복음 7장 11절에서 **"너희는 이르되 사람이 아버지에게나 어머니에게나 말하기를 내가 드려 유익하게 할 것이 고르반 곧 하나님께 드림이 되었다고 하기만 하면 그만이라 하고"**라고 지적하셨습니다. 고르반은 바쳐진 성물이나 돈을 말하는데 《미슈나》를 보면 후기 유대교에서 이 용어로 성별된 물건을 무엇이든지 간에 결코 다른 목적으로 사용될 수 없음을 알 수 있습니다. 그러므로 사람들은 자기 재산을 하나님께 바치는 경건을 가장하여 자기들의 연로한 부모를 부양할 책임을 회피하였습니다. 예수님는 이러한 사실이 자녀는 부모를 공경해야 한다고 가르치는 계명에 전적으로 위배되고 있음을 지적하고 성경대로 해야 할 것을 주문하였습니다.

우리는 가족의 결속과 책임을 소홀히 해서는 안 됩니다. 물론 하나님께서 예수님을 섬기도록 부르시는데 여러분의 부모님이 이 일을 못하게 한다면 그것을 단호히 박차고 하나님의 말씀을 따라야 합니다. 그러나 우리가 항상 기억해야 할 것은 하나님의 자녀로서의 책임입니다. 교회를 잘 섬긴다는 핑계로 가정과 가족을 등한히 하거나 소홀히 하는 것은 교회와 하나님의 나라에 결코 유익이 되지 않습니다. 뿐만 아니라 모든 시간을 집과 가족을 위해 바친다고 하나님의 교회에는 전혀 관심도 가지지 않는 경우도 있습니다. 성숙한 성도는 교회와 가정을 동시에 사랑하고 섬깁니다. 이것이 성경이 가르치는 섬김의 균형이며 조화입니다.

십계명 중 제5계명의 정신은 부모님을 잘 공경하고 봉양하는 것이 하나님을 잘 섬기고 경외하는 것입니다. 예수님은 공생애를 시작하기 전까지 어머니 마리아에게 효성이 지극했습니다. 왜냐하면 육신의 아버지인 요셉이 일찍 세상을 떠난 것으로 추정되기 때문에 아버지께서 하시던 목수일을 하면서 가족들을 부양하고 특별히 어머니를 잘 모셨던 것입니다. 이런 이야기는 살아계신 부모님과 어른에 대한 나의 효성을 다시 한번 돌아보게 하면서 큰 도전이 되었습니다. 어느 신사가 어머니에게 보내드릴 꽃다발을 주문하기 위해서 꽃가게 앞에 차를 세웠습니다. 그런데 한 소녀가 꽃가게 앞에 앉아 울고 있는 것이었습니다. 신사는 그 소녀에게 다가가 왜 우는지 물었습니다. 그러자 소녀는 신사에게 대답했습니다. "엄마에게 드릴 꽃을 사고 싶은데 제가 가지고 있는 돈은 저금통에 들어 있는 동전 몇 개가 전부라서요." 신사는 미소를 지으면서 말했습니다. "나랑 가게 안으로 들어가자. 내가 꽃을 사줄게." 신사는 소녀를 데리고 가게 안으로 들어가 소녀에게 꽃을 사주었습니다. 그리고 자기 어머니의 꽃다발도 함께 주문하고, 배달해 달라고 요청했습니다. 신사는 가게를 나오면서 소녀에게 집까지 태워다 주겠다고 말했습니다. 소녀는 신사에게 정말 고맙다고 말하면서 길을 안내하였습니다. 그런데 한참을 달려 도착한 곳은 뜻밖에도 공동묘지였습니다. 차에서 내린 소녀는 한 묘 앞으로 다가갔습니다. 그리고 '엄마' 하면서 꽃을 내려놓았습니다. 이 소녀의 모습을 본 신사는 크게 깨달았습니다. 곧바로 꽃가게로 돌아가서 어머니에게 보낼 꽃 배달을 취소했습니다. 그리고는 가장 예쁜 꽃다발을 직접 사 들고 나와 멀리 떨어져 있는 어머니의 집으로 갔습니다. 참된 효와 부모 사랑이 무엇인지를 가르쳐 주는 이야기입니다.

이 말씀이 가르치는 또 다른 교훈은 혈육보다 믿음의 형제 자매가 더 가까운 가족이라는 사실입니다. 바울은 루포의 어머니는 곧 내 어머니라고 했습니다(롬 16:13). 루포의 어머니는 예수님의 십자가를 대신 진 구레네 시몬의 아내입니다. 바울은 유대교에서 기독교로 개종한 후 가족과 친족, 그리고 동족들부터 버림을 받았습니다. 그는 결혼하지 않아 아내도 없었습니다. 그런 외로운 바울에게 따뜻한 가족의 사랑을 느끼게 해준 사람이 바로 루포의 어머니였습니다. 위대한 한 사람 사도 바울의 뒤에는 루포의 어머니인 믿음의 어머니가 있었습니다(롬 16:13). 무슨 일이든지 저절로 되는 것은 없습니다. 위인과 영웅도 홀로 만들어지지 않습니다. 교회 공동체 안에서 그리스도의 피로 하나된 형제 자매들이 서로에게 위로가 되고 도움이 되고 버팀목이 되는 형제애가 돈독해야 할 것입니다. 개인주의와 자기 중심주의가 팽배해 가는 현대사회에서 교회 공동체는 함께 하나님을 섬기면서 그리스도를 중심으로 한 공동체성을 더 강화해야 할 필요성이 있습니다.

그리고 요한복음 19장 27절은 예수님께서 부탁하신 그 말씀을 들은 그때부터 제자 요한이 마리아를 자기 집에 모셨다고 기록합니다. "모셨다"에 해당하는 헬라어는 "엘라벤(elaben)"인데 이 단어는 소중한 선물처럼 '받아들이는 것'을 의미합니다. 요한은 마리아를 예수님이 주신 소중한 선물처럼 생각하고 지극 정성으로 섬겼다는 것입니다. 그런데 예수님에게 있어 교회는 마리아보다 더 소중한 존재입니다. 자기 피로 사셨기 때문입니다. 예수님께서는 그 소중한 교회를 우리에게 맡기셨는데 최선을 다하여 죽기까지 충성을 다하는 열정이 있는 성도가 되었으면 좋겠습니다.

넷째, 지옥 형벌: "나의 하나님, 나의 하나님, 어찌하여 나를 버리셨나이까?"(마 27:45-46)

예수님이 이 말씀을 하실 때는 정오(낮 12시)였습니다. 해가 하늘 한복판에 와 있는 가장 환한 시간입니다. 그러나 이때부터 예수님이 운명하신 오후 3시까지 앞을 분간할 수 없는 어둠이 사방을 덮었습니다. 이 어둠은 과연 무엇을 의미할까요? 성경은 예수님이 **"엘리 엘리 라마 사박다니(Ηλι Ηλι λεμα σαβαχδανι)"**(마 27:46)라고 크게 외치셨다고 말씀하고 있습니다. 이것은 당시 유대인들이 일상어로 사용하던 아람어입니다. 그래서 이 아람어를 번역하면 "나의 하나님 나의 하나님 어찌하여 나를 버리셨나이까"라는 뜻이라고 설명을 덧붙입니다. 더 정확하게 표현하면 예수님은 "엘로이 엘로이 라마 사박디니($E\lambda\omega\iota$ $c\lambda\omega\iota$ $\lambda\epsilon\mu\mu\alpha$ $\sigma\eta\beta\alpha\chi\delta\alpha\nu\iota$)"(막 15:34)라고 하셨습니다. '엘리'는 히브리어로 '나의 하나님'이라는 뜻이고 '엘로이'는 아람어로 '나의 하나님'이라는 뜻이기 때문입니다. 그래서 원어로 된 마가복음에는 "엘로이"라고 기록하고 있습니다. 중국어 성경도 마가복음에서는 "엘로이"라고 기록합니다. 예수님께서 "엘로이"라고 하셨기 때문에 십자가 곁에 섰던 사람들은 예수님이 "엘리야"를 부른다고 오해하기도 했습니다.

세 시간 동안의 어둠은 우연히 발생한 일식(日蝕)이 아닙니다. 과학자들이 컴퓨터로 계산해 본 결과 그날 그 장소에는 일식이 발생할 수 없었습니다. 칼뱅의 주석에 의하면 그 세 시간 동안 예수님은 지옥의 형벌을 경험하셨습니다. 저는 칼뱅의 해석에 동의합니다. 어둠이 임했을 때 십자가에서 예수님께서 버림 받은 쓰라린 경험과 성경이 묘사하는 지옥의 상황은 몇 가지 공통점이 있기 때문입니다.

첫째, 지옥은 하나님으로부터 버림받은 곳입니다. 이것은 죄의 형벌 때문입니다. 죄는 하나님과의 분리와 단절을 가져옵니다. 하나님과 아무 관계가 없는 상태가 바로 지옥입니다. 지상에도 지옥

같은 삶이 있을 수 있습니다.

둘째, 지옥은 암흑의 천지로 캄캄한 곳입니다. 이것은 해보다 더 밝은 하나님이 낯을 돌리셨기 때문입니다. 흑암 즉 죄가 지배하고 사탄이 지배하는 암흑 천지가 바로 지옥입니다. 인간이 죄된 생활을 하는 것이 바로 지옥과 같은 어두움의 삶입니다.

셋째, 지옥은 목 마른 곳입니다. 이것은 지옥이 뜨거운 불못이기 때문에 갈증의 연속입니다. 이 세상의 것으로는 이러한 갈증을 채울 수 없습니다. 예수님 만이 인간의 근원적인 갈증을 해소해 주는 분이기에 그 분은 영원한 생수이십니다. 지옥은 갈증이 해소되지 않고 지속되는 목이 타는 불행한 장소입니다.

넷째, 지옥은 자비가 조금도 허용되지 않고 극심한 고통만 있는 곳입니다. 이것은 지옥이 하나님의 진노를 받는 장소이기 때문입니다.

이 세번 째 절규는 죄의 심판으로 인한 지옥 형벌에 관한 말씀입니다. 누가 심판합니까? 공의의 하나님이 심판하십니다. 하나님은 공의로운 재판장이시기 때문에 죄인을 무조건 용서하시는 분이 아니라 죄에 대해서는 그 대가에 상응하는 벌을 내리셔야만 했기에 예수님은 당연히 하나님으로부터 버림을 당하신 것입니다. 그 결과 하나님의 모든 은혜가 끊어지고 그분과 완전히 단절 되었던 것입니다. 그것이 죽음이며 지옥의 형벌입니다.

그러면 하나님은 왜 예수님을 버리셨을까요? 그리고 왜 예수님

Chapter 16_ 예수님의 가상칠언(架上七言) **253**

은 아버지라고 부르지 않고 나의 하나님이라고 부르셨을까요? 그 이유는 지금 예수님이 모든 죄인을 대신해서 하나님으로부터 공의의 심판을 받고 있기 때문입니다. 하나님은 지금 아들을 버리시는 것이 아니라 죄인들을 버리시는 것입니다. 그리고 죄인들은 반드시 심판을 받고 지옥에 가세 된다는 사실을, 앞을 분간할 수 없는 캄캄한 어둠과 예수님이 겪으신 목마름 및 극심한 고통을 성경을 통해서 미리 보여주신 것입니다.

하나님은 아담 이후의 인류가 지은 모든 죄에 대한 진노를 십자가 위에서 남김없이 그 아들에게 쏟아 부으셨습니다. 이사야 선지자는 **"우리는 다 양 같아서 그릇 행하여 각기 제 길로 갔거늘 여호와께서는 우리 무리의 죄악을 그에게 담당시켜셨도다"**라고 했습니다. 하나님께서는 지구상에 살면서 그릇 행한 인류의 죄를 예수님께 다 뒤집어 씌워 십자가에 죽게 하시므로 그 죄를 담당하게 하신 것입니다. 십자가형은 인간이 고안해낸 가장 잔악한 형벌입니다. 특히 유대인의 관점에서 나무에 달려 죽는 자는 저주받은 자였습니다(갈 3:13). 다시 말하면, 하나님은 십자가에 매달린 아들을 향하여 죄에 대한 거룩하신 하나님의 진노와 율법이 정한 모든 저주를 남김없이 쏟아 부으셨습니다. 그렇게 예수 그리스도는 하나님이 세우신 속건 제물과 화목 제물이셨습니다. 그 결과 하나님의 공의는 만족되었고, 죄인들은 용서를 받았습니다.

우리는 하나님의 은혜로 인한 믿음으로 죄 사함을 받았지만, 하나님께서는 죄인들을 용서하시기 위해서 그 아들을 죄의 댓가로 지불하신 것입니다. 예수님이 대신 버림받았기 때문에 이제 죄인들은 버림받지 않습니다. 죄로 인해 우리를 외면하셨던 하나님은 그 얼굴을 다시 우리에게로 향하셨습니다. 그래서 예수님이 십자가에서 돌아가신 후 다시 밝은 해가 나타났습니다.

하나님은 십자가에서 인류의 모든 죄를 용서하셨습니다. 용서는 다시 기억하지 않는 것입니다. 성경은 하나님의 용서에 대해서 설명하기를 우리의 죄를 등 뒤로 던지셨다고 말하고, 또 깊은 바다에 던지셨다고 말합니다. 다시 찾지 않으신다는 것입니다. 이것이 하나님의 용서입니다.

예수님은 세 시간 동안 하나님으로부터 버림을 받으셨습니다. 예수님은 세 시간 동안 사랑하는 아버지와의 교제가 단절되었습니다. 그러나, 그 세 시간의 단절도 예수님에게는 견디기 어려운 고통이었습니다. 그것은 육체의 고통과는 비교할 수 없는 것이었습니다. 지옥에 간 사람들은 세 시간 동안만 하나님과 단절되는 것이 아닙니다. 영원히 하나님과 단절됩니다. 영원히 어둠 속에서 살고 영원히 목마름 속에서 살고 영원히 고통과 번뇌 속에서 삽니다. 그래서 이것을 영원한 사망, 혹은 둘째 사망이라고 합니다.

다섯째, 갈증의 고통: "내가 목마르다"(요 19:28)

십자가의 처형은 인간으로서 상상할 수도 없는 가장 견디기 어려운 고통의 유형이라고 합니다. 피 한 방울 남기지 않고 다 흘러 내리기 때문에 극심한 갈증이 초래됩니다. 배고픈 것도 고통스럽지만 갈증의 고통과는 비교할 수 없습니다. 여기에 "내가 목 마르다"고 하신 것은 예수님 자신의 목마름의 고통을 토로하신 말씀인데 두 종류의 갈증을 의미하고 있습니다.

첫째는 육체적인 갈증입니다. 예수님은 십자가에서 물과 피를 다 쏟으셨습니다. 그 전에 십자가를 지시고 골고다 언덕을 올라오셨고, 뜨거운 태양 아래 세 시간이나 매달려 있었습니다. 육체적으로 목마를 수밖에 없었습니다.

둘째는 영적인 갈증입니다. 예수님이 말씀하신 진정한 목마름은 이것입니다. 다윗이 기록한 시편 69편 21절에 **"그들이 쓸개를 나의 음식물로 주며 목마를 때에는 초를 마시게 하였사오니"**라는 구절이 있습니다. 그리고 시편 42편 1절에서는 고라 자손 가운데 한 사람이 **"하나님이여 사슴이 시냇물을 찾기에 갈급함 같이 내 영혼이 주를 찾기에 갈급하니이다"**라고 기도합니다. 이것은 그들의 개인적인 고백이지만, 성령께서는 이것을 메시아에 대한 예언으로 미리 기록하게 하셨습니다. 그래서 요한복음 19장 28절에서 **"그 후에 예수께서 모든**

256 마가복음 강해서 4 하나님의 아들, 예수 그리스도

일이 이미 이루어진 줄 아시고 **성경을 응하게 하려 하사 이르시되 내가 목마르다 하시니**"라고 기록합니다.

예수님께서 십자가 위에서 견딜 수 없는 목마름의 고통을 당하신 것은 바로 우리에게 영원히 목마르지 않고 영생하도록 솟아나는 샘물을 선사하시기 위해서입니다. 예수님께서는 십자가 위에서 "내가 목마르다"라고 말씀하면서 지옥과 같은 목마름의 고통을 당하신 것입니다. 지옥은 끝없이 불타고 있는 곳이기에 그곳은 영원히 목마른 장소입니다. 누가복음 16장의 부자는 지옥에서 얼마나 목마르고 갈증을 느꼈는지 천국에 있는 아브라함을 보자마자 이렇게 간곡하게 부탁합니다. " … **아버지 아브라함이여 나를 긍휼히 여기사 나사로를 보내어 그 손가락 끝에 물을 찍어 내 혀를 서늘하게 하소서 내가 이 불꽃 가운데서 괴로워하나이다**"(눅 16:24). 얼마나 지옥이 목마르고 갈증을 견딜 수 없는 곳이었으면 손가락 끝에 찍힌 한 방울의 물로 자기의 혀를 서늘하게 해달라고 부탁했을까요? 이처럼 지옥은 너무나 목마른 곳이기에 손가락 끝에 찍은 한 방울의 물로 혀를 서늘하게 해달라고 간청할 수밖에 없는 고통스러운 곳입니다. 예수님께서는 우리가 지옥에서 겪어야 할 이런 견딜 수 없는 목마름의 고통을 십자가 위에서 우리 대신 겪으신 것입니다. 예수님께서 십자가 위에서 지옥의 목마른 고통을 겪은 것은 바로 우리로 하여금 영원히 목마르지 않는 곳인 천국을 우리에게 선물로 주시기 위해서였습니다. 천국은 영원히 목마르지 않는 곳입니다. 영원한 선한 목자이신 예수님께서 영생하도록 솟아나는 생명수 샘물로 우리를 인도하시고 그 샘물을 마음껏 마시도록 하시기 때문입니다.

"그들이 다시는 주리지도 아니하며 목마르지도 아니하고 해나 아무 뜨거운 기운에 상하지도 아니하리니 이는 보좌 가운데에 계신 어린 양이 그들의 목자가 되사 생명수 샘으로 인도하시고 하나님께서 그들의 눈에서 모든 눈물을 씻어 주실 것임이라"(계 7:16 17).

이 세상이 주는 물은 결코 우리의 목마름을 근본적으로 해결할 수 없습니다. 재물, 쾌락, 권력, 지위, 명예, 학식, 출세, 술, 담배, 마약, 취미, 스포츠, 여행, 등산 등 이것들은 잠시 잠깐의 목마름을 해갈할 수는 있겠지만 영원히 해결할 수는 없습니다. 우리 인간에게는 하나님의 호흡으로 만드신 영혼이 있기 때문입니다. 우리의 영혼은 이 세상의 어떤 것으로도 만족을 누릴 수 없습니다. 오직 우리 영혼을 창조하신 하나님만이 진정한 만족을 주실 수 있고, 그분 안에서만 우리의 근원적인 갈증이 해갈될 수 있습니다. 우리가 하나님 대신 세상 것으로 만족을 누리려고 하면 그것은 마치 목이 너무 말라서 견딜 수 없는 갈증을 느낄 때 바닷물을 마시는 것과 같습니다. 이 세상 것들은 마시면 마실수록 우리의 영혼을 더욱 목마르게 할 뿐입니다. 십자가 위에서 우리 영혼의 갈증과 목마름을 해결해주시기 위해서 타는 듯한 목마름의 고통을 당하신 예수님을 만나고 그분의 사랑을 깊이 체험한 사람은 예수님이 주시는 영생하도록 솟아 나오는 샘물을 마시게 되기에 목마르지 않는 삶을 살 수 있습니다. 이런 사람이 이 땅에서 참된 만족을 맛볼 수 있고, 천국에서도 영원토록 참된 만족을 누리게 됩니다.

수가성의 여인에게 예수님께서 하신 말씀을 기억하십니까? "**이 물을 마시는 자마다 다시 목마르려니와 내가 주는 물을 마시는 자는 영원히 목마르지 아니하리니 내가 주는 물은 그 속에서 영생하도록 솟아나는 샘물이 되리라**"(요 4:13-14). 2천 년 전, 나를 대신하여 십자가 위에서 타는 듯한 목마름의 고통을 당하신 예수님께서는 오늘도 성령님을 통해서 영원히 목마르지 않는 영생의 생수를 우리에게 값없이 주십니다. "**오호라 너희 모든 목마른 자들아 물로 나아오라 돈 없는 자도 오라 너희는 와서 사 먹되 돈 없이, 값 없이 와서 포도주와 젖을 사라**"(사 55:1). "**성령과 신부가 말씀하시기를 오라 하시는도다 듣는 자도 오라 할 것이요 목마른 자도 올 것이요 또 원하는 자는 값없이 생명수를 받으라 하시더라**"(계 22:17).

이 말씀을 통해서 우리는 갈증의 고통을 해소해 주시고 진정한 만족을 가득 채워주실 예수님을 보게 됩니다. 그리스도인은 날마다 예수님께 나아가 그분이 주시는 영생수를 마심으로 결코 목마르지 않는 진정한 만족을 누리며 살 수 있습니다. 이 땅에서부터 천국을 맛보며 살 때 인생이 끝나는 날 하나님께서 창세 전부터 우리를 위해서 예비해 놓으신 영원한 천국에 넉넉히 들어가서 마르지 않는 생명 샘으로부터 영생수를 마시며 예수님과 더불어 영원토록 살게 될 것입니다.

여섯번째, 구원의 성취: "다 이루었다"(요 19:30).

십자가 위에서 하신 여섯 번째 말씀은 "다 이루었다"입니다. 요한복음 19장 30절의 다 이루었다는 말씀은 헬라어로 "테텔레스타이(Τετέλεσται)"입니다. 첫 번째 의미는 '다 성취했다'는 이미입니다. 다시 말하면 그의 죽음을 통해 대속을 성취했다는 것이고, 아버지의 뜻과 율법의 요구를 다 이루셨다는 것입니다. 창세기 3장 15절의 원시복음에서 시작하여 노아와 아브라함과 모세와 다윗과 맺은 언약을 통해서 계시된 하나님 나라의 계획이, 그리고 가죽옷과 아벨의 제단과 출애굽과 성막과 속죄 제사와 절기를 통해 예표로 보여주셨던 하나님의 구속이 이제 십자가 위에서 다 이루어졌다는 것입니다. 이제 구속은 성취되었습니다. 그 증거로 지성소와 성소 사이에 드리워졌던 휘장이 위로부터 아래로 찢어져 둘이 되었습니다. 위로부터 아래로 찢어졌다는 것은 하나님이 찢으셨다는 것이고, 찢어져 둘이 되었다는 것은 완전히 찢어졌다는 것입니다. 하나님과 인간 사이를 가로막고 있던 죄의 문제가 완전히 해결되었기 때문에 이제 더 이상 필요가 없다고 하나님께서 친히 찢어 버리신 것입니다. 누가복음 23장 45절은 특별히 휘장 한가운데가 찢어졌다고 기록합니다. 이 구절은 히브리서 10장 20절의 **"그 길은 우리를 위하여 휘장 가운데로 열어 놓으신 새로운 살 길이요 휘장은 곧 그의 육체니라"**는 구절과 연결되기 때문에 아주 중요한 말씀입니다.

예수님이 말씀하신 "다 이루었다"라는 헬라어 "테텔레스타이"의

두 번째 의미는 상업 용어로 내신 대금을 다 지불했을 때 사용하는 단어입니다. 물건 대금을 다 받은 후에 하는 말이 "테텔레스타이"입니다. 더 이상 체불이 없다는 것입니다.

세 번째 의미는 화가가 그림을 그릴 때 하는 말로써 그림을 완성한 후 자기가 뜻한 대로 표현되었을 때 만족해서 하는 말이 "테텔레스타이"입니다. 예수님은 십자가에서 흘리신 피로 모든 죄값을 지불하셨습니다. 그래서 우리는 더 이상 정죄를 받지 않습니다. 예수님은 또 십자가에서 율법의 모든 요구를 성취하셨습니다. 그래서 완전한 의를 이루셨습니다. 그 의의 대가가 바로 영생입니다. 그러니까 예수님은 십자가에서 두 가지를 성취하신 것입니다. 하나는 죄인들을 구속한 것이고 또 하나는 죄인들을 위해 하나님의 의를 이루신 것입니다. 왜 하나님의 의입니까? 사람이 아니라 하나님이 하셨기 때문에 하나님의 의이고, 하나님이 은혜로 주셨기 때문에입니다.

우리가 치뤄야 할 죄의 대가도, 우리가 지켜야 할 율법의 요구도 예수님이 다 이루셨습니다. 믿음으로, 은혜로 구원받으니까 행위는 상관없다는 것이 아닙니다. 믿음으로 구원받는 것이니 교만하지 말고 겸손하라는 것입니다. 은혜로 구원받았으니 그 은혜를 잊지 말고 감사하면서 거룩한 삶을 살라는 것입니다.

바울은 로마서 7장 24절에서 **"오호라 나는 곤고한 사람이로다 이 사망의 몸에서 누가 나를 건져내랴"**하고 절망하며 탄식합니다. 그러나 바로 다음 구절에서 **"우리 주 예수 그리스도로 말미암아 하나님께 감사하리로다"**라고 찬양합니다. 누가 우리를 이 절망 가운데서 건져내십니까? 우리 주 예수 그리스도 바로 그분이십니다. 그분은 우리를 위해서 모든 것을 이미 이루어 놓으셨습니다. 그분이 구원을 성취했고, 다 이루었고, 그리고 완성하셨습니다.

일곱번째, 영혼 위탁: "아버지 내 영혼을 아버지 손에 부탁하나이다" (눅 23:46).

예수님은 처음에 불렀던 아버지의 이름을 다시 부릅니다. 이것은 지금까지 예수님이 하신 일들은 아들이 아버지의 기쁘신 뜻에 따라 죽기까지 순종한 것임을 말합니다. 조금 전에 하나님은 십자가에서 아들을 버리셨습니다. 그러나 완전히 버리신 것은 아닙니다. 하나님은 아들을 잠시 버리셨던 것입니다. 이제 아들은 다시 아버지의 품으로 돌아왔습니다. 아버지의 뜻을 알고 아버지의 뜻에 순종하여 아버지가 부탁하신 모든 일을 마친 아들은 이제 마지막으로 그 영혼을 아버지 손에 부탁합니다. 사도행전 7장을 보면 스데반이 순교할 때 예수님께서 보좌에서 일어나 그의 영혼을 받으셨습니다. 예수님이 그의 영혼을 아버지 손에 부탁하실 때도 아버지께서 자리에서 일어나 그 영혼을 받으셨다고 믿습니다. 우리의 영혼이 끝날 때에도 주님은 천사들의 손을 빌려 우리 각자의 영혼을 받아 아버지께 드림으로 영생하게 될 것입니다. 죽음이 가까워 올수록 우리는

262 마가복음 강해서 4 하나님의 아들, 예수 그리스도

예수님처럼, 스데반처럼 '내 영혼을 아버지의 손에 부탁합니다'라는 의탁의 기도를 드림이 필요합니다. 그것이 하나님 아버지에 대한 믿음이며 영원한 삶을 보장 받는 유일한 길입니다. 죽음을 맞이하는 상황과 장소는 저마다 다릅니다. 어떤 사람은 병상에서 어떤 사람은 전쟁터에서 어떤 사람은 사역 현장에서 어떤 사람은 감옥에서 또 어떤 사람은 불의의 사고로 죽음을 맞이합니다. 그러나 우리가 어디에서 어떤 모습으로 이 세상 최후의 순간을 맞이할지 모르지만, 예수님을 믿는 자는 하나님의 품 안에서 다시 눈을 뜨게 될 것입니다.

거대한 폭풍이 지나가고 전쟁은 끝이 났습니다. 십자가 사건은 인류 역사에 있어서 지상 최대의 영전입니다. 많은 성경 주석가들은 계시록에 등장하는 아마겟돈 전쟁과 곡과 마곡 전쟁을 십자가 사건에 대한 은유로 해석합니다. 예수님은 요한복음 12장 31-32절에서 **이제 이 세상에 대한 심판이 이르렀으니 이 세상의 임금이 쫓겨나리라 내가 땅에서 들리면 모든 사람을 내게로 이끌겠노라**"고 제자들에게 말씀하셨습니다. 결국 예수님의 죽음은 사탄에게 승리하기 위한 죽음이었습니다. 예수님이 십자가에 못 박혀 돌아가신 바로 그 골고다(해골언덕)에서 사탄의 나라는 결정적으로 격퇴를 당하고 그 자리에 하나님의 나라가 세워지게 된 것입니다.

숙제를 마친 아이가 편한 마음으로 잠자리에 들듯이, 사명을 다한 사람은 고요히 죽을 수 있습니다. 특히 하나님 손에 그 영혼을 부탁할 수 있는 사람은 행복한 사람입니다. 스데반이 그랬고, 베드로가 그랬고, 그리고 바울이 그랬습니다. 왜냐하면 결코 썩지 않는 영광과 생명의 면류관이 그들에게 주어지기 때문입니다.

예수님께서는 해야 할 일을 다 마치시고 아버지에게로 돌아가셨습니다. 바울이 죽음을 앞두고 쓴 디모데후서 4장에서 고백했듯이 우리도 선한 싸움을 싸우고 나의 달려갈 길을 마치는 그날에, 의의 면류관을 예비하고 천국에서 나를 기다리고 계신 주님을 만나게 될 것입니다. 할렐루야!

Chapter 17

하나님의 아들, 예수 그리스도
(Jesus Christ, the Son of God)

마가복음 15:33-39

제육시가 되매 온 땅에 어둠이 임하여 제구시까지 계속하더니 제구시에 예수께서 크게 소리 지르시되 엘리 엘리 라마 사박다니 하시니 이를 번역하면 나의 하나님, 나의 하나님 어찌하여 나를 버리셨나이까 하는 뜻이라 곁에 섰던 자 중 어떤 이들이 듣고 이르되 보라 엘리야를 부른다 하고 한 사람이 달려가서 해면에 신 포도주를 적시어 갈대에 꿰어 마시게 하고 이르되 가만 두라 엘리야가 와서 그를 내려 주나 보자 하더라 예수께서 큰 소리를 지르시고 숨지시니라 이에 성소 휘장이 위로부터 아래까지 찢어져 둘이 되니라 예수를 향하여 섰던 백부장이 그렇게 숨지심을 보고 이르되 이 사람은 진실로 하나님의 아들이었도다 하더라

그리스도의 수난과 죽음에 관한 이야기 중에는 인간적인 생각으로 참 이해하기 어려운 부분들이 있습니다. 본문은 바로 그러한 미스터리와 같은 부분 몇 가지를 언급합니다. 하나님께서 하시는 일을 우리의 머리로 다 이해할 수는 없겠지만, 그 결과를 보니 이해가 되고 믿어지는 것입니다. 바로 이것이 하나님의 은혜요 신비(미스테리)입니다.

유한성을 가진 인간은 영원성을 가진 하나님께 불순종함으로 인하여 죄를 짓고 범죄자 즉 죄인이 되었습니다. 봉건사회에서도 가해자는 피해자의 지위에 따라 보상을 해야만 했습니다. 특히 왕에 대한 죄는 귀족과 농노에 대한 죄보다 훨씬 더 많은 보상과 속전이 필요했음에 두말할 나위가 없었습니다. 어쩌면 피해자 한 사람의 목숨보다 더 큰 것을 내놓아야 했을 것입니다. 이러한 사회 규범에 따라 유한성을 가진 인간의 죄로 인한 하나님께 대한 보상은 그 방법적 측면에서 해결 방안이 전혀 없는 것이었습니다. 결과적으로 영원한 죽음 외에 다른 길이 없었습니다. 그러나 하나님의 무한한 능력과 자비에 의해 인간은 공동체적 재창조 행위 속에서 사죄의 길이 활짝 열렸습니다. 그것은 죄의 정화를 가져오는 것이었습니다.

인간은 하나님의 영광을 위해 지음 받았습니다. 그러나 인류는 범죄하였고 영광을 위한 존재로서의 가치는 상실되었습니다. 사도 바울은 이 사실을 이렇게 서술하면서 죄인을 고발하고 있습니다. **"하나님을 알되 하나님을 영화롭게도 아니하며 감사하지도 아니하고 오히려 그 생각이 허망하여지며 미련한 마음이 어두워졌나니 스스로 지혜 있다 하나 어리석게 되어 썩어지지 아니하는 하나님의 영광을 썩어질 사람과 새와 짐승과 기어다니는 동물 모양의 우상으로 바꾸었느니라"**(롬 1:21-23).

이러한 중요한 범죄에도 불구하고 이것을 스스로 해결할 방법이 인간에게는 없었습니다. 이것은 오직 하나님께만 가능한 것이었습니다. 이러한 중대한 문제를 해결하기 위해 하나님은 스스로 인간이 되어 속죄의 죽음을 통하여 보상 받는 길을 택하셨습니다. 그러나 이것으로 모든 인간에게 구원의 길이 주어진 것은 아니었습니다. 인간은 이러한 중요한 하나님의 역사를 믿고 받아들여야만 구원의 길이 보장된다는 것을 깨달아야 했습니다.

오늘 본문은 그러한 보상의 책임을 지시고 십자가에 달려 절규하시며 하나님께 인류의 죄를 속죄 받도록 하는 하나님의 아들인 예수 그리스도의 사역과 모습을 우리에게 보여주고 있습니다.

하나님께 버림 받음

십자가에 달리신 예수님의 고통의 시간을 세 시간 동안의 어둠으로 표현하고 있습니다. 33절에 **"제육시가 되매 온 땅에 어둠이 임하여 제구시까지 계속 되었다"**고 기록하고 있습니다. 가상칠언 네번째에서 다룬 것처럼 흑암은 죄에 대한 현상의 상징적인 것입니다. 원래 해가 떠 있을 시간인데 해가 빛을 잃고 온 땅에 어두움이 덮힌 것입니다. 이러한 현상에 대해서 몇 명의 주석가들은 의의 태양이 무너짐에 대한 상징으로 해석하기도 합니다. 매튜 헨리는 "특별한 빛이 그리스도께서 탄생하심을 알렸으므로 특별한 어두움이 그의 죽음을 알린 것은 당연한 것이었다"라고 표현했습니다. 칼빈은 "그 백성들이 어리석게도 빛을 배척한 만큼 하나님께서는 그리스도의 죽음을 통해서 자신의 놀라운 목적을 생각하도록 하는 뜻에서 그들에게 흑암을 내리셔서 깨우치고 있다. 즉 이깃은 그들로 하여금 하나님의 심판을 보고 무서워 떨게 하려는 뜻에서다"라고 해석했습니다. 온천지가 어둠으로 가득 찬 것은 예수님을 죽이려는 백성들의 죄와 무지를 심판하시는 하나님의 의도를 상징적으로 보여주신 것으로 이해할 수 있습니다. 또한 빛 되신 그리스도께서 인류의 죄를 대속하시기 위해 십자가에 달려 돌아가시는 순간을 어둠으로 표시하여 인류의 죄값을 하나님께 보속하시는 장면을 표현한 것으로도 해석할 수 있을 것입니다.

앞 장에서 살펴본 것처럼 **"엘리 엘리 라마 사박다니(**$\epsilon\lambda\omega\iota \ \epsilon\lambda\omega\iota \ \lambda\alpha\mu\alpha \ \sigma\alpha\beta\alpha\chi\theta\alpha\nu\iota$**)"**(34)는 예수님이 십자가에서 죽으시기 전에 외친 절규의 말씀입니다. 이 말씀은 아람어(**ילא ילא המל ינתבוע**)입니다. 여기 "엘리"는 "나의 하나님"이란 말이고, "라마"는 "왜"라는 말이고, "사박다니"는 "당신은 나를 버렸습니다"라는 말입니다. 즉 "나의 하나님, 나의 하나님 왜 나를 버리셨습니까?"라는 뜻입니다.

이 말씀은 주님이 자신의 고통스러운 죽음에 대해 하나님 아버지께 어떤 아쉬움을 표현하고 있는 것같이 보이지만 실상은 성경의 예언을 이루시기 위함이었습니다. **"내 하나님이여 내 하나님이여 어찌**

나를 버리셨나이까 어찌 나를 멀리하여 돕지 아니하시오며 내 신음 소리를 듣지 아니하시나이까 내 하나님이여 내가 낮에도 부르짖고 밤에도 잠잠하지 아니하오나 응답하지 아니하시나이다"(시 22:1-2). 하나님으로부터 진노와 형벌을 받아 지옥으로 버려지는, 그래서 아무런 소통이 이루어지지 않는 최악의 고통과 단절의 시간을 표현한 말씀입니다. 하나님과 분리되고 단절되는 것이 죄 지은 인간의 결과라는 것을 아시기에, 하나님으로부터 외면 받는 것이 그토록 처절한 절규로 나오게 된 것입니다. 사회의 따돌림이나 정신적인 고립이 아니라 하나님과 분리되는 영적인 고통이 가장 크다는 것을 우리는 알아야 합니다. 하나님과의 단절은 바로 죽음입니다.

"버리셨나이까?"(엥카텔리페스 - εγκατελιπες)라는 말은 '쓰레기를 버리듯 버렸다'는 말이 아니라 '어떤 궁핍한 상태에 있는 사람을 돕지 않고 홀로 남겨 두다'라는 말입니다. 주님이 제자들을 부르신 때 제자들이 그물을 버려두고 따라간 것처럼 홀로 남겨진 상태를 말합니다. 천사도 떠났고 제자들도 모두 도망간 외로운 모습을 말하고 있습니다. 영적으로 보면 하나님께서 예수님을 버리신 것은 아들을 버리셨다기 보다는 인류의 죄를 십자가에 둔 것입니다. 죄를 짊어진 제물을 버려둔 것입니다. 바로 우리의 죄를 못 박았고 주님은 화목제물이 되어 홀로 남겨진 것입니다. 하지만 죄 없으신 하나님의 아들 예수 그리스도는 하나님이 살리셔서 사흘 만에 살아나셨습니다.

예수님은 부활하셨습니다. 그분이 부활하신 것은 죄가 없으시다는 증거입니다. 이것이 기독교의 믿음이요 힘입니다. 우리가 예수 그리스도를 믿는다는 것은 유명하고 훌륭한 죽은 아무개를 믿는 것이 아니라 우리의 죄를 짊어지고 죽으신 후 다시 살아나신 분을 믿는 것입니다. 그분께서는 부활의 첫 열매가 되셨습니다. 고린도전서 15장 20절에 **"그리스도께서 죽은 자 가운데서 다시 살아나사 잠자는 자들의 첫 열매가 되셨도다"**라고 했습니다. 이처럼 예수 그리스도는 부활의 첫 열매가 되셨고 이후 주님이 공중에 재림하실 때 우리들은 생명의 부활로 말미암아 그리스도와 연합한 많은 열매들이 될 것입니다.

우리의 신앙은 열매(행위)가 있어야 합니다. 빛을 비추면 그 빛으로 말미암아 사물을 볼 수 있고 형체가 드러나듯이, 또한 열매를 통해 그 나무를 알듯이 우리는 하나님의 자녀로서 빛의 자녀요 빛의 열매들입니다. 에베소서 5장 9절에 **"빛의 열매는 모든 착함과 의로움과 진실함에 있느니라"**라고 했습니다. 우리들이 그리스도 예수 안에서 착함과 의로움과 진실함으로 살아갈 때 하나님의 자녀로서 빛과 열매를 나타내게 되지만, 반대로 불순종하고 정욕대로만 산다면 어둠이요 어둠의 열매만을 맺을 것입니다. 폴(Paul)이라고 하는 한 회사원이 뉴욕에서 중요한 미팅을 마치고 자기 팀 동료와 함께 공항에 가려고 거리로 나왔습니다. 그런데 그날이 금요일 오후 저녁 시간이어서 교통체증이 심해 택시 잡는 것이 거의 불가능해 보였습니다. 그런데 정말 기적적으로 빈 택시 하나가 그들에게 다가오고 있었습니다. 이 택시를 보는 순간 다른 동료들이 쏜살같이 달려가서 그 택시를 잡아탔습니다. 그런데 문제가 발생했습니다. 너무 빨리 달려가는 바람에 길가에서 장사하고 있는 노점상의 야채 과일 박스를 차버리게 됐고, 과일과 야채가 바닥으로 굴러 떨어졌습니다. 폴의 일행 중 어느 누구도 이를 개의치 않고 택시를 탔습니다. 그런데 폴은 택시를 타지 않고 순간 멈추어 섰습니다. 택시 안의 동료들이 외쳤습니다. 빨리 타라고. 그리고 덧붙였습니다. 이 택시를 타지 않으면 비행기를 놓친다고. 그럼에도 불구하고 폴은 먼저 가라고 일행을 떠나 보냈다고 합니다. 그리고 나서 노점상 할머니에게 다가가니 그 할머니는 울고 있었습니다. 자세히 봤더니 앞을 보지 못하는 시각 장애인이었습니다. 눈이 성한 사람이라면 바닥에 흩어진 과일이나 야채를 주우면 그만인데, 앞을 보지 못하는 할머니가 어떻게 그 과일과 야채를 주워 담을 수 있겠습니까? 그래서 앉아서 울고 계신 할머니를 폴이 위로해 드리면서 땅바닥에 떨어진 야채와 과일을 하나씩 줍기 시작했습니다. 이때도 폴 곁에 수많은 사람들이 지나갔지만 다들 자기 갈 길이 바쁜지 아무도 노점상 시각장애인 할머니의 울음과 폴의 행동에 관심 갖지 않았습니다. 폴이 야채와 과일을 다 정돈한 후에 지갑을 꺼내 돈을 할머니 손에 쥐어주면서 이렇게 말했다고 합니다. "할머니, 이 돈이면 손해 보신 것 충분히 해결이 될 것 같습니다. 그랬더니 그 할머니가 이렇게 물었다고 합니다. "Are you JESUS? (혹시 예수님 아닌가요?)" 이 말을 듣고 당황한 폴이 나는 절대 예수가 아니라고 대답했습니다. 그러자 할머니가 이렇게 말했다고 합니다. 아까 노점 가판대가 넘어지고 과일과 야채가 땅에 떨어질 때 제가 도움을 요청할 분은 예수님 한 분밖에 없었습니다. 그래서 이렇게 기도했습니다. 'JESUS please come help me. (예수님 나에게 다가 오셔서 제발 나를 도와주십시오.)' 그랬는데 기도의 응답처럼 당신이 와서 나를 도와주었으니, "You must be JESUS(당신은 예수님이 틀림없다.)"라는 것입니다. 그날 밤 폴은 비행기를 놓치는 바람에 집에 돌아가지 못하고 하룻밤을 더 뉴욕 호텔에서 머물면서 한밤중에 자신에게 이런 질문을 던졌다고 합니다. "When the last time someone confused you for JESUS? (누군가가 당신을 예수님 같다고 착각하게 했을 때가 언제인가?)"

본문에서 주님이 "어찌하여 나를 버리셨나이까?"(34절)라고 말씀하셨습니다. 이제 이 말씀은 부활하신 주님과 연합한 성도에게는 새롭게 변화된 메시지로 다가옵니다. "나의 하나님, 나의 하나님 어찌하여 나를 버리셨나이까?" 이 말은 예수 그리스도의 십자가 은혜로 말미암아 하나님의 자녀로 거듭난 우리에게 "나의 하나님, 나의 하나님, 어찌하여 나를 버리지 아니하시나이까?"로 바뀌었습니다. 이것이 대속의 은혜입니다.

"어찌하여 나를 멀리하시며"는 "어찌하여 나를 멀리하지 아니하시며"로, "어찌하여 나를 돕지 아니하시며"는 "어찌하여 나를 도와

주시며"로, "어찌하여 내 신음소리를 듣지 아니하시며"는 "어찌하여 내 신음소리를 들어 주시니이까"로 반전이 되어 고백하게 됩니다. 왜냐하면 예수님이 십자가에서 우리의 모든 고통과 슬픔과 절망과 저주와 사망과 죽음을 기꺼이 담당하셨기 때문입니다. 이제 이 모든 연약함들 가운데서 외치는 탄식이 아니라, 기쁨과 감사와 평강과 믿음과 소망과 담대함 가운데 외치는 고백으로 바뀌어지는 것입니다.

그리스도를 버리심이 바로 우리를 하나님 앞에 담대하게 서고 자녀로 받아들이도록 하신 삼위 하나님의 위대한 계획과 방법이셨습니다. 예수님을 버림이 오히려 인류 전체의 구원으로 완성된 것입니다. 이것이 하나님의 은혜요 축복입니다. 거저 받은 것이 아니라 엄청난 대가를 지불하고 나서 받은 선물입니다.

이렇게 아파하시며 지옥에 가는 고통으로 절규하시는 예수님의 의도를 알지 못하고 엉뚱하게 반응하는 무리들이 있음을 알 수 있습니다. 마태복음 27장 47-49절에 보면 "엘리"라는 말에 대해서 엘리야로 들었는지 이렇게 말합니다. **"이 사람이 엘리야를 부른다 하고 그 중의 한 사람이 곧 달려가서 해면을 가져다가 신 포도주에 적시어 갈대에 꿰어 마시게 하거늘 그 남은 사람들이 이르되 가만 두라 엘리야가 와서 그를 구원하나 보자 하더라"**. 신학자 칼뱅은 그들이 **"그리스도를 고의적으로 모욕하는 가운데 그의 말을 고의적으로 곡해하고 있음에 틀림 없다"**고 말합니다. 즉 "엘리 엘리"라고 말했을 때 그들이 그 말을 알아듣지 못했을 리는 없다는 것입니다. 다 알아들었지만 모욕하는

Chapter 17_ 하나님의 아들, 예수 그리스도 **273**

차원에서 "**엘리야가 와서 그를 구원하나 보자**"라는 말로 조소하며 비아냥거렸다는 것입니다. 앞부분에서 예수님을 욕하면서 "**하나님이 저를 구원하시나 보자**"라고 말한 것과 다를 바 없습니다. 이는 주변 사람들이 예수님께서 십자가에 달리신 이유를 모르고 있었으며, 그린 만큼 철저히 무지와 어둠 가운데 있었음을 반증하는 것입니다.

성소 휘장이 찢어짐

예수님은 자신의 영혼을 아버지 손에 부탁하시고 운명하셨습니다. 일시적으로 기절하신 것이 아니고, 무의식 상태에 빠진 것은 더욱 아니고, 그 영혼이 떠나가시므로 운명하신 것입니다. 영과 육이 완전히 분리되어 인간이 죽는 일차적인 죽음을 겪으신 것입니다.

그리고 예수님께서 큰 소리로 외치며 운명하실 때 "**성소 휘장이 위로부터 아래까지 찢어져 둘이 되니라**"(38)라고 기록하고 있습니다. 놀라운 사건입니다. 기적 중에 기적입니다. 사람에 의해서 찢어지지 아니한 것을 '위로부터 찢어졌다'고 표현했습니다. 예수님을 통해서 하나님께서 하신 위대한 일입니다.

성막의 휘장은 전체 10폭으로 만들어졌고, 그 10폭을 각각 5폭으로 연결하여 한 막이 되게 했습니다. 그 막은 길이가 28규빗(14m), 넓이가 4규빗(2m)이었습니다. 각 막에 고리 50개를 만들어 꿰게 되었는데, 이 막의 재료는 "가늘게 꼰 베실, 청색, 자색, 홍색

실로" 만들어졌습니다(출 26:31-37). 여기에 기록된 여러 가지 색채는 예수 그리스도의 성품을 나타낸다고 할 수 있습니다. "가늘게 꼰 베실"은 주님의 성결을 의미하는데 그의 거룩함과 의로움 뿐 아니라 영광을 의미하는 것입니다. 청색은 하늘색으로 그리스도의 하늘 나라에 속함, 즉 하나님의 아들 되신 신성을 의미하며, "자주색"은 주님의 위엄과 존귀의 상징이고, "홍색"은 피의 색채로 주님의 능력과 권세를 의미합니다. 즉 왕 되심을 나타내는 것으로 그리스도의 인격적 사역의 여러 가지 모습을 보여준다고 할 수 있습니다 (히 11:20; 10:19).

휘장으로 가려진 지성소는 일 년에 단 한 번 대제사장이, 그것도 속죄하고 난 다음에 들어가도록 허락되어 있었습니다. 그 누구도 지성소 안에 들어가면 안 되고 혹 들어가면 죽게 되어 있었습니다. 그것은 그곳이 하나님의 영광이 가득 찬 곳이고 하나님이 임재하시는 공간이었기 때문입니다. 죄 지은 인간이 들어가면 그 영광의 빛 앞에 쓰러져 죽게 되어 있었습니다. 죄는 하나님과 단절을 가져온 주범입니다. 예수님께서 속죄의 제물이 되신 후에 성소의 휘장이 갈라진 것처럼 하나님과 하나님의 자녀들 사이에 막힌 죄의 담이 헐어졌습니다.

휘장이 위에서 아래까지 찢어져서 둘이 되었다는 것은 막힌 담이 제거된 것을 말합니다. 즉 예수 그리스도의 십자가 죽음으로 인하여 죄인 된 하나님의 백성이 하나님의 거룩한 면전에 나아갈 수 있음을 보여줍니다. 다시 말하면, 예수 그리스도께서 자신을 드려 하나님과 죄인 된 인간 사이에 막힌 죄악의 담을 허시고, 하나님과 인간을 화목케 하신 것입니다. 그러므로 예수님은 하나님과 인간 사이의 화목 제물이요, 중보자이십니다. 예수님만이 하실 수 있는 사역이었기에 인류 구원의 길은 예수님 밖에 없는 줄 믿습니다. 사도 베드로는 공회 앞에서 **"다른 이로써는 구원을 받을 수 없나니 천하 사람 중에 구원을 받을 만한 다른 이름을 우리에게 주신 일이 없음이라"**(행 4:12)고 단호히 말씀하고 있습니다.

히브리서 기자는 그리스도께서 십자가 위에서 운명하실 때 하나님께서 열어 놓으신 보배롭고 산 길 되신 예수님을 이렇게 묘사하고 있습니다. **"그러므로 형제들아 우리가 예수의 피를 힘입어 성소에 들어갈 담력을 얻었나니 그 길은 우리를 위하여 휘장 가운데로 열어 놓으신 새로운 살 길이요 휘장은 곧 그의 육체니라"**(히 10:19-20). 예수님의 보혈의 피의 효력이 없이는 그 누구도 들어갈 담력을 얻지 못합니다. 그 길은 우리를 위해 죽으심을 통해서 열어 놓으신 휘장, 곧 새 언약인 십자가의 도입니다. 새로운 산 길이란 구약의 율법의 길이 아니라, 예수님의 십자가의 죽으심을 통해서 다시 사는 길을 열어 놓으신 믿음의 길, 진리의 길입니다.

"휘장은 곧 그의 육체니라"(히 10:20)라고 하셨는데, 우리 육체의 마음 곧 율법의 마음이 두 미음 곧 선과 악으로 말미암아 죄 가운데서 벗어날 수 없음을 자각해야 합니다. 십자가의 도를 믿음으로 율법의 마음은 버리고 오직 진리의 성령 보혜사께서 주시는 능력에 순종하여 주님의 뒤를 따르는 자가 되어야 합니다. 휘장의 찢어짐은 하나님께서 만나 주시겠다는 선언이며 특권입니다. 죄인은 거룩하시고 영광스러운 하나님의 보좌 앞에 그리고 그의 임재 안으로 들어갈 수 없는데, 주님의 죽으심으로 하나님과의 관계 회복의 길을 열어주셔서 마음껏 하나님께 나아가 그분의 은혜를 누리며 교제할 수 있게 하신 것입니다. 그러므로 우리 모두는 성전에 들어와서 예배할 수 있고 직접 하나님 앞에 기도하며 교통할 수 있습니다. 그 누구를 통하지 않고도 직접적이고 담대하게 하나님께 나올 수 있는 특권을 누리게 된 것입니다. 천주교처럼 성자나 사제를 통하지 않고도 직접적으로 하나님의 임재 안으로 들어가 그분과 더불어 먹고 마시는 교제와 소통의 시간을 가질 수 있게 된 것입니다.

하나님의 아들, 예수 그리스도

처형 현장에 있었던 백부장, 아마 그는 예수님을 골고다까지 끌고 와서 십자가에 못 박는 일에 주도적 역할을 했던 로마 군인으로 총책임자였을 것입니다. 그가 예수님이 십자가 위에서 말씀하신 것과 예수님으로 인하여 일어난 일련의 사건을 가까이에서 목격하고,

고통 중에 운명하시는 예수님을 바라보며 "**이 사람은 진실로 하나님의 아들이었도다**(Truly this man was the Son of God)(39)"라고 고백했습니다. 십자가 처형의 총감독과 통제를 맡았던 지휘관이 예수님을 채찍질하고 뺨을 때리고 침 뱉고 이곳저곳으로 끌고 다니며 온갖 조롱과 고문을 담당했던 그가 이렇게 고백할 수 있었던 것은 전적으로 예수님의 태도 때문이었을 것입니다. 그리고 하나님께서 현장을 보고 깨닫게 하신 은혜였을 것입니다. 아무리 현장을 목격하거나 경험을 해도 믿지 못하는 사람이 있는데, 하나님의 은혜는 우리의 의지적 결심을 뛰어넘어 믿음의 고백을 하게 하는 강력한 힘이 있습니다.

백부장은 예수님을 처형하는 일을 도맡아 담당하였지만, 현실을 뛰어넘는 초유의 사건 앞에서 "**이 사람은 진실로 하나님의 아들이었도다**"라고 고백함으로 반전의 은혜를 받았습니다. 고문과 처형하는 일은 상부의 명령에 의한 것이었지만, 그의 마음속에 일어나는 변화로 인해 잠잠하거나 결코 부인할 수 없었습니다.

이러한 변화가 우리에게도 있어야 할 것입니다. 자기 의도와는 다르게 전개되는 세상 일에 마음을 쏟고 행동하지만, 최종적으로는 하나님께서 하시는 일 앞에 겸손히 백부장처럼 고백할 수 있어야 합니다. '예수님 당신은 하나님의 아들입니다'라고 고백함으로 구속의 은혜에 깊이 동참하기를 소망합니다. 가이사랴 빌립보 지역에서 베드로가 예수님께 "**주는 그리스도시요, 살아계신 하나님의 아**

들입니다"라고 고백했을 때 참으로 복된 자로 인정 받고, 그 고백 위에 수많은 교회가 세워지는 축복을 누리게 된 것처럼 말입니다. 단순한 고백인 것 같지만 이보다 더 큰 고백과 진솔한 시인(是認)은 없습니다. 그렇기 때문에 **"마음으로 믿어 의에 이르고 입으로 시인하여 구원에 이른다**(with the mouth confession is made to salvation)" (롬 10:10)는 사도 바울의 메시지는 진리입니다. 우리는 백부장의 고백, 베드로의 고백처럼 예수님을 나의 주, 나의 하나님으로 고백 하며 살 수 있으면 좋겠습니다.

스데반은 이에 대한 좋은 모델입니다. 복음을 전하다가 피 흘리 며 순교하는 순간에도 대적들을 저주하지 않고, 하늘에서 자기를 지켜보며 서서 환영하는 하나님의 아들이신 예수님을 바라보았습 니다. 그 순간만 지나면 그렇게 그리워했던 예수님을 만나는 영광 을 누릴 수 있음을 믿음으로 바라보며 참고 인내했습니다.

미국에서 교수로 보장이 된 삶을 버리고 조국 독일로 돌아온 디 트리히 본회퍼 목사는 히틀러의 나치, 독일의 광기를 저지하려고 신앙인들의 모임인 고백 교회를 세웠습니다. 이들은 말로만 외쳐서 는 안 되겠다는 생각을 가지고 히틀러를 제거하기 위한 계획에 직 접 뛰어들었습니다. 그리고 내부자의 밀고로 나치에게 체포되어 가 족과 함께 처형을 당했습니다. 그는 감옥에서 십자가를 묵상했습니 다. "많은 기독교인들은 자신들이 그리스도의 십자가를 사랑한다고 믿지만 그들은 십자가를 이용했지 사랑한 것은 아니다. 그리스도께 서 누구를 부르실 때에는 와서 죽으라고 명령하신다. 예수의 모든 명령은 십자가이다. 우리의 모든 애착과 욕망에 대해 죽으라는 부르심이다."라고 했습니다. 이것이 우리의 태도이며 마음가짐 그리고 실천하는 행동이었으면 좋겠습니다.

하나님의 사역은 인간의 모든 사선이 끝난 후에 시작됩니다. 사람이 더 이상 소망도 가질 수 없고 상상할 수도 없는 상황에서, 예수님이 운명하신 후 모두 돌아간 상황에서 부활의 역사가 이루어졌습니다. 우리가 기대하고 상상할 수 없는 상황에서 하나님은 일을 시작하십니다. 모든 것이 끝났다는 생각이 들 때도 성도에게는 희망이 있습니다. 하나님의 일은 그때부터 시작되기 때문입니다.

아무리 어려운 상황에서도 좌절하거나 자포자기하면 안 됩니다. 내일 죽어도, 내일까지 남은 시간을 감사할 수 있는 사람이 성도입니다. 아무런 기적도 반전도 없는 인생일지라도, 아직 무언가 남아 있습니다. 하나님께서 하실 일이 남아 있습니다. 백부장은 자기의 할 일이 아니라고 거듭 후회하면서 그 일을 했을 것입니다. 끝까지 십자가 현장에 있었던 그는 인간적인 비애 속에서도 하나님의 은혜를 맛보는 귀한 축복을 누렸던 것입니다. 이것이 하나님께서 인간에게 베푸시는 호의이며 사랑이고 은혜입니다.

우리는 해마다 사순절을 맞이하면서 어떻게 이 절기를 보내야 하는가에 큰 관심을 가지지 않습니다. 이것은 주님의 십자가를 깊이 있게 깨닫지 못한 무지에서 비롯된 것입니다. 예수님을 한 인간의 선동자로 생각히고 죽이리고 하는 음모는 오늘날에도 일어나고 있습니다. 가룟 유다와 같이 탐욕에 사로잡혀 신앙 생활까지도 주님을 이용하려는 사람들이 늘어나고 있는가 하면, 주님의 사랑과 구원하심에 감격하여 여전히 구원 사역에 기쁨으로 헌신하는 사람들이 있습니다. 나는 어떤 부류의 사람입니까? 온몸으로 체득되는 고난과 고통을 통해서 주어지는 은혜를 누리며 감격하는 삶을 살고 있습니까?

이 은혜로 말미암아 십자가에 못 박혀 돌아가신 예수님을 내 삶의 중심에 두고 살면 소유하고 있는 모든 물질과 재능 그리고 시간까지도 예수 그리스도를 위해서 기꺼이 드리는 헌신의 삶을 살게될 줄 믿습니다.

Chapter 18

무덤에 안장된 예수 그리스도
(Jesus Christ Laid in a Sepulcher)

마가복음 15:40-47

멀리서 바라보는 여자들도 있었는데 그 중에 막달라 마리아와 또 작은 야고
보와 요세의 어머니 마리아와 또 살로메가 있었으니 이들은 예수께서 갈릴리
에 계실 때에 따르며 섬기던 자들이요 또 이 외에 예수와 함께 예루살렘에 올
라온 여자들도 많이 있었더라 이 날은 준비일 곧 안식일 전날이므로 저물었
을 때에 아리마대 사람 요셉이 와서 당돌히 빌라도에게 들어가 예수의 시체
를 달라 하니 이 사람은 존경 받는 공회원이요 하나님의 나라를 기다리는 자
라 빌라도는 예수께서 벌써 죽었을까 하고 이상히 여겨 백부장을 불러 죽은
지가 오래냐 묻고 백부장에게 알아 본 후에 요셉에게 시체를 내주는지라 요
셉이 세마포를 사서 예수를 내려다가 그것으로 싸서 바위 속에 판 무덤에 넣
어 두고 돌을 굴려 무덤 문에 놓으매 막달라 마리아와 요세의 어머니 마리아
가 예수 둔 곳을 보더라

대부분의 교회는 예배를 드릴 때마다 사도신경으로 신앙을 고백
합니다. 신앙고백이란 우리가 믿는 내용을 간단한 핵심만 요약한
것입니다. 그러므로 사도신경에 담긴 문장과 단어들은 모두 기독교
신앙을 대표하고 상징하는 것이라 해도 과언이 아닙니다. 예를 들
어 예수님께서 '본디오 빌라도에게 고난을 받으셨다' 는 표현은 예

수님의 고난이 역사적으로 일이났던 실세 사선이라는 것을 입증하는 부분입니다. 그리고 이어서 예수님이 십자가에 못 박히셨다는 것을 고백합니다. 그런데 사도신경은 바로 부활을 고백하지 않고 "예수님께서 십자가에서 죽으시고, 장사 되셨다" 라고 고백합니다. 분명히 우리가 항상 고백하는 신앙고백의 내용 속에 예수님의 죽음과 장례가 담겨있습니다. 그러므로 우리는 예수님께서 십자가에 못 박히신 것도 믿고 십자가에서 죽으셨다는 것도 믿으며 돌아가신 뒤에 장사 되셨다는 것도 사실로 받아들이며 나의 신앙의 토대가 되는 것입니다.

예수님의 장례에 얽힌 이야기를 통해서 하나님께서 말씀하시고자 하는 바가 무엇인지, 어떤 의미가 있는지 함께 나누어 보고자 합니다.

십자가 아래 여인들(40-41)

십자가에 달리신 예수님을 바라보며 안타까워하던 여인들이 있었습니다. 본문에 그들도 멀리서 바라보고 있었다(40)는 것을 기록한 것을 보면 십자가의 현장 바로 그 자리는 아니었을 것입니다. 살벌한 군인들의 경계 속에 집행되는 사형이었기 때문에 일반인들이 가까이 올 수 없었을 것입니다. 그러나 예수님을 평소에 따라 다니며 심지어 죽음의 자리까지 따라 가겠다고 장담했던 그들은 두려움에 사로잡혀 뿔뿔이 흩어져 도망가고 없었는데 평소에 예수님을 사랑하고 사모했던 여인들은 그 자리에 있으면서 예수님을 바라보고 있었습니다. 이 여인들은 평소에 주님을 사랑하면서 실제 자신의 것을 기꺼이 느낀 어싱들입니다. 그들은 예수님의 장례를 위해 장례용품(향품과 향유)을 준비하고 무덤에 먼저 찾아간 정성이 지극한 여인들입니다. 예수님의 제자는 우리가 알고 있는 제자들 외에도 다양한 제자들이 있었음을 알 수 있습니다. 예수님과 공생애 기간을 같이 한 열두 제자처럼 눈에 보이는 제자들이 있었다면, 평소에는 잘 드러나지는 않지만 위기 상황에서 적극적으로 돕는 숨은 제자들도 있었습니다. 그들은 온 마음과 정성과 뜻을 다해 자신의 가장 귀한 소유를 드려 예수님의 장례를 도운 제자들입니다. 그 외에도 갈릴리로부터 예수님을 따라온 여인들은 십자가의 죽음과 무덤을 목격하고 장례를 위해 향품과 향유를 준비했습니다(눅 23:56).

오늘 우리의 모습을 돌아볼 수 있었으면 좋겠습니다. 좋은 자리, 이름이 드러나는 자리는 누가 초대 하지 않아도 앞자리에 앉기를 좋아하는 본성을 가진 우리들입니다. 그러나 궂은 자리, 힘이 드는 자리는 서서히 피하고 싶은 마음을 가지고 있는 것이 사실입니다. 제자들을 생각해 보면 누가 높은 자리에 앉을 수 있을 것인가에는 아귀 다툼을 하였지만, 정작 예수님의 십자가 처형 앞에서는 속절없이 무너지고 도망가는 연약한 모습을 보였습니다. 그에 반해 여인들은 평소에 잘 드러나지도 않는 자들이었지만, 끝까지 즉 주님의 죽는 모습의 살벌한 현장까지 따라와 예수님의 죽음을 안타까워하며 십자가의 사랑과 은혜를 경험하게 된 것입니다. 우리도 이 여인들처럼 평소에 유별나게 신앙생활 하지 않아도 죽음의 자리 즉 믿음과 복음 때문에 죽음을 불사할 수 있는 현시대의 숨어 있는 성숙한 예수님의 제자들이 되어야 할 것입니다.

아리마대 사람 요셉

오늘 본문에는 우리의 귀에 익숙한 아리마대 사람 요셉이라는 사람이 등장합니다. 그는 예수님의 죽음과 장례를 지켜보고 자기의 묘지를 예수님의 장례를 위해서 기꺼이 내어준 부자였습니다. 성경은 그를 "**선하고 의로우며 하나님의 나라를 기다린 사람**"이라고 기록하고 있습니다(눅 23:50-51). 그는 당시 입법 사법 행정의 최고 의결기관인 산헤드린 공회원으로서 율법에 능통하고 존경 받던 고위 관리요, 엘리트(화이트 칼라)였습니다.

그렇기 때문에 그는 예수님의 제자임을 공개적으로 드러내기를 꺼렸습니다(요 19:38). 예수님의 제자라는 사실이 알려지면 출교당하거나 재산이 몰수되거나 아니면 공회원 자격을 박탈당할 수도 있는 위험한 형편이었기 때문입니다.

그런데 그가 주님의 죽음 앞에서 예수님의 사람이라는 것을 당당하게 밝혔습니다. 그는 예수님의 죽음 앞에서 그의 모든 것을 다 내어놓았습니다. 예수님의 십자가의 죽음 앞에서 도망간 제자들과는 사뭇 다르게 그는 용감한 믿음을 보였습니다. 오늘 본문에 보니 그가 빌라도 공관에 가서 당돌하게 '빌라도 총독에게 예수님의 시체를 달라'고 요구했습니다(막 15:43). 여기에서 '당돌히'라는 헬라어 '톨메사스(τολμησας)'는 '어떤 일에 대하여 확실한 신념으로 증거가 될 때 나타내는 행동'을 의미합니다.

아리마대 사람 요셉은 담대하고 용감하게 행동했습니다. 믿음의 사람 예수님을 전적으로 사랑하는 사람은 세상과 권력 앞에서 예수님을 부끄러워하지 않습니다. 주님을 구세주로 인정하고 선포하는 자들입니다. 자신에게 손해와 불이익이 생긴다 하더라도 주님을 절대 포기하지 않습니다. 왜냐하면 주님도 우리를 포기하지 않으셨기 때문입니다. 그는 예수님의 장례를 위해서 최상의 것을 드렸습니다(마 27:60). 그는 유대 지도자의 신분을 가졌음에도, "예수님의 시체를 달라"며 자신이 예수님의 제자라는 것을 공개적으로 밝혔습니다.

그는 예수님의 시체를 받아서 훗날 자신의 무덤 혹은 가족 무덤으로 사용하려고 예비해 두었던 새로 단장한 무덤에 주님을 장사지냈습니다(눅 23:53). 고난의 상황에도 죽기를 각오하고 더욱 예수님을 대하는 굳건한 믿음을 보여주었습니다. 주님의 십자가 사건은 요셉을 변화시켰습니다. 세상 사람들에게는 자신이 가진 모든 것을 버리고 주님을 지킨 요셉이 미련하게 보일 수 있습니다.

286 마가복음 강해서 4 하나님의 아들, 예수 그리스도

그런데도 십자가는 아리마대 사람 요셉을 새로운 사람으로 변화시켰습니다. 십자가에 묻어나는 예수님의 지극한 사랑과 하나님의 은혜가 그를 예수님의 사람으로 거듭나게 한 것입니다. 하나님 나라를 대망하는 성도에게 세상의 것은 주님 없이는 아무 의미가 없습니다. 주님을 위한 것이 아니라면 아무 가치가 없고 쓸모가 없습니다. 다시 말하면 세상의 소유나 명예와 지위도 예수님과 관련될 때 가치가 있고 의미가 있습니다. 여러분들은 지금 세상의 것과 예수님과의 관계가 어떤 수준에 있습니까? 무엇이 우선순위로 자리 잡아 여러분의 삶의 방향을 움직이고 있습니까? 세상사도 중요하고 자신의 사역도 중요하지만 제일 우선적인 것은 주님과의 관계입니다. 올바른 관계가 우리의 삶을 더 풍성하게 하고 보람되고 가치 있게 만듭니다.

산헤드린 공회원, 니고데모

예수님의 장례, 특별히 시신을 위해 몰약과 침향 섞은 것을 많이 준비한 니고데모입니다. **"일찍이 예수께 밤에 찾아왔던 니고데모도 몰약과 침향 섞은 것을 백 리트라쯤 가지고 온지라"**(요 19:39). 그는 남의 눈을 의식해 한밤중에 예수님을 찾아왔던 사람입니다. 영원한 생명에 관한 관심을 보이며 구원에 대해 상담했던 바리새인이었습니다. 당시 유대인의 지도자(산헤드린 공회원)이기도 했습니다. 그는 예수님으로부터 물과 성령으로 거듭나지 않은 사람은 천국을 볼 수 없고 갈 수도 없다는 복음을 들었습니다. 그리고 모세가 뱀을 든 것 같이 예수님도 십자가에 달려 돌아가실 것을 듣게 됩니다(요 3:14). 평소에는 드러내 놓고 예수님의 제자로 자처하지 않았지만 뒤에서 조용히 주님의 믿음을 마음에 깊이 새기고 믿음의 삶을 살았습니다. 짧은 3년의 기간이었지만 물과 성령으로 거듭나지 않으면 천국에 들어갈 수 없다는 영원불변의 진리를 가슴에 새기고 그것을 따라 살았습니다. 그리스도께서 거듭나는 자에게 하나님의 자녀가 되는 권세를 주도록 십자가의 죽음을 통해 성취하시는 소식을 듣고 의로우신 예수님의 장례를 위해 헌신적으로 준비해서 드린 사람입니다. 아리마대 사람 요셉과 함께 더 이상 숨길 것이 없다는 판단 하에 협력하여 예수님의 시신을 유월절 시작 전에 안장했던 것입니다.

이렇게 두 사람의 헌신과 섬김은 우리에게 큰 귀감이 됩니다. 죽은 사람은 더 이상 별 볼일 없다고 치부할 수도 있는 상황이었지만 자발적인 헌신으로 예수님의 시신에 향유를 뿌리고 세마포 옷으로 싸서 유대인의 장례 풍습대로 새 무덤에 안장했던 것입니다. 안장된 후 큰 돌로 무덤 문을 막고 빌라도 총독이 인봉하였습니다(마 27:66). 이제 치열한 전쟁은 끝난 셈입니다. "십자가에 못 박으소서" 하고 아우성치는 소리도 사라졌습니다. 비웃고 욕하고 조롱하던 군중들도 종적을 감추었습니다. 이제 만물은 고요히 잠들었습니다. 이 적막은 새벽 여명의 한 징조가 되었습니다. 그러나 예수님의 무덤은 영원히 봉해져 있을 수는 없었습니다. 안식 후 첫날 새벽을 기다리고 있었습니다. 어두움의 침묵이 끝나고 부활의 새 아침이 다가올 것입니다. 인생의 가장 큰 숙제인 죽음의 문제를 해결하시고, 사망의 권세가 여지 없이 깨뜨려지는 부활의 아침을 맞이하는 것이 모든 인류의 소망입니다.

끝으로, 아리마대 사람 요셉과 니고데모는 의를 위하여 분연히 일어났습니다. 이들은 예수님이 하나님의 아들이심과 죄가 없는 의인임을 알았습니다. 그들은 하나님이 진리이심과 의로우심을 믿고 반드시 진리가 승리할 날이 올 것을 굳게 믿었던 것입니다. "**악인이 의인 치기를 꾀하고 그를 향하여 그의 이를 가는도다 그러나 주께서 그를 비웃으시리니 그의 날이 다가옴을 보심이로다**"(시 37:12,13). 하나님께서 의인을 영영 버리지 아니하시고 반드시 구원하신다는 신념이 그들을 용기 있게 만든 것입니다. 또한 그들은 그리스도의 고난에 동참하는 것이 일생에 가장 값진 행동인 것을 인식한 까닭에 용기 있게 나섰습니다. 의를 위하여 핍박을 받는 것, 고난 받으신 주님과 함께 고난을 받는 것이 가장 가치 있는 삶입니다. 예수님은 이렇게 말씀하십니다. "**나로 말미암아 너희를 욕하고 박해하고 거짓으로 너희를 거슬러 모든 악한 말을 할 때에는 너희에게 복이 있나니 기뻐하고 즐거워하라 하늘에서 너희의 상이 큼이라 너희 전에 있던 선지자들도 이같이 박해하였느니라**"(마 5:11-12).

때때로 우리도 예수님을 믿기 때문에 경제적인 손실과 불이익을 당하기까지 하지만 믿음을 포기하지 않고 인내하며 모든 것을 감수하며 굳건히 살아가는 성도가 바로 이 시대의 아리마대 요셉이며 니고데모임을 믿습니다.

아리마대 요셉은 예수님께서 십자가에서 죽으신 이후에 성경에 등장한 것을 보니, 아마도 예수님이 살아 계실 때에는 동료 산헤드린 공회 의원으로 유대인이 두려워 예수님의 제자임을 숨기며 살았을 가능성이 많습니다. 세상 눈을 의식하며 주변의 눈치를 보며 살았던 것 같습니다. 그러나 예수님께서 모든 죄를 지시고 십자가에서 죽으신 이후 완전히 변하여 자신이 예수님의 제자임을 드러냈습니다. 우리도 주님의 십자가 사랑을 경험하고 사회에서 그리스도인임을 드러내며 당당하게 살아가는 성도가 되어야 할 것입니다. 십자가의 사건이 자신의 정체성을 당당하게 드러내는 변화의 원동력이 되고 깊은 은혜를 누릴 수 있기를 주님의 이름으로 축복합니다.

Chapter 19

그리스도의 부활
(The Resurrection)

마가복음 16:1-8

안식일이 지나매 막달라 마리아와 야고보의 어머니 마리아와 또 살로메가 가
서 예수께 바르기 위하여 향품을 사다 두었다가 안식 후 첫날 매우 일찍이 해
돋을 때에 그 무덤으로 가며 서로 말하되 누가 우리를 위하여 무덤 문에서 돌
을 굴려 주리요 하더니 눈을 들어본즉 벌써 돌이 굴려져 있는데 그 돌이 심히
크더라 무덤에 들어가서 흰 옷을 입은 한 청년이 우편에 앉은 것을 보고 놀라
매 청년이 이르되 놀라지 말라 너희가 십자가에 못 박히신 나사렛 예수를 찾
는구나 그가 살아나셨고 여기 계시지 아니하니라 보라 그를 두었던 곳이니라
가서 그의 제자들과 베드로에게 이르기를 예수께서 너희보다 먼저 갈릴리로
가시나니 전에 너희에게 말씀하신 대로 너희가 거기서 뵈오리라 하라 하는지
라 여자들이 몹시 놀라 떨며 나와 무덤에서 도망하고 무서워하여 아무에게
아무 말도 하지 못하더라

기독교의 꽃은 십자가에서 죽으시고 삼 일 만에 살아나신 예수
그리스도의 부활입니다. 예수님의 생애 가운데 부활을 암시하는 여
러 사건들이 있었는데, 나사로를 위시한 나인성 과부의 독자, 그리
고 백부장의 하인 등 세 명의 부활 사건과 변화산에서의 그의 변형
사건입니다. 죽으면 끝이라는 사상이 지배적인 세상에서 다시 살아

난다는 것을 말하는 것은 황당한 거짓말로 들릴 수 있기 때문에 주님은 3년의 공생애 속에 부활에 관한 말씀뿐 아니라 실제 죽은 자를 살리시는 기적을 행하셨습니다. 지금도 많은 사람들이 예수님의 부활을 부인하려고 백방으로 노력하고 있습니다. 그러나 부활은 사람들을 변화시키는 능력이 있습니다.

프랑스의 황제 루이 14세(Louis XIV) 때에 있었던 일입니다. 그는 "짐이 곧 국가다"라고 외치면서 베르사이유 궁전을 완성하고 프랑스의 권위를 만방에 널리 떨쳤습니다. 그러나 그는 가톨릭 신자로서 신교를 박해하는 데 앞장섰고 개신교 신앙의 자유를 인정하지 않고 핍박의 손길을 뻗쳐 칙령 거역 죄로 세오졸프를 체포하여 파리 탑의 높은 감옥 속에 감금하여 버렸습니다. 때마침 부활절이 되어 그는 황제의 권위를 갖추고 호화찬란한 부활절 행렬대를 거느리고 파리 시가를 행진하며 나아갔습니다. 높은 감옥의 탑 위에서 이 행렬을 바라본 세오졸프는 하늘의 영감을 받아 부활절 찬송을 힘차게 부르기 시작했습니다. **"할렐루야 우리 예수 부활 승천 하셨네 세상 사람 찬양하니 천사 화답하도다 구주 예수 부활하사 사망 권세 이겼네 구주 예수 부활하사 사망 권세 이겼네"**(찬송가 161장)

이렇게 찬송이 울려 퍼지는 가운데 황제는 발걸음을 멈추고 귀를 기울여 들었습니다. 이 찬송 소리는 감옥 탑을 뚫고 나와 의기양양하게 행진해 가던 루이 14세의 양심을 자극했습니다. 부활하신 주님이 '왕 중의 왕'이 되신다는 사실이 그를 겸손하게 만들었습니다. 그리고 황제의 영혼에 큰 충격과 가책을 주었습니다. 황제는 행렬을 세우고 감옥으로 들어가 세오졸프의 손을 잡았습니다. 그러고는 자신의 잘못을 빌고 세오졸프를 석방하여 신앙의 자유인이 되게 하였습니다. 예수님의 부활이 양심에 충격을 주고 삶을 변화시키는 큰 능력이 있음을 입증했습니다.

오늘 본문은 그리스도의 다시 살아나심에 대해서 증거하고 있습니다. 우리 함께 부활의 현장으로 가서 부활의 주님을 만나는 기쁨을 누립시다.

무덤으로 간 여인들

본문 1-4절은 이렇게 기록하고 있습니다. "**안식일이 지나매 막달라 마리아와 야고보의 어머니 마리아와 또 살로메가 가서 예수께 바르기 위하여 향품을 사다 두었다가 안식 후 첫날 매우 일찍이 해 돋을 때에 그 무덤으로 가며 서로 말하되 누가 우리를 위하여 무덤 문에서 돌을 굴려주리요 하더니 눈을 들어본즉 벌써 돌이 굴려져 있는데 그 돌이 심히 크더라**"(막 16:1-4).

안식 후 첫날 이른 새벽(여명이 밝아 올 때)에 미처 주님의 장례를 위해 손을 쓰지 못한 몇몇 여인들이 예수님의 시체에 향(몰약)을 넣어 오래 보관하기 위해서 무덤을 찾아갔습니다. 15장에서부터 여인들의 이름(막달라 마리아, 야고보와 요셉의 어머니 마리아, 살로메)이 반복해서 기록된 것은 그들이 확실한 증인이라는 뜻입니다. 성경 학자 리차드 보캄(Richard Bauckham)은 저자 마가가 역사적 사실을 기록하고 있다는 사실을 강조하기 위해 그렇게 했다고 말합니다.

여인들은 무덤으로 가면서 서로 이야기하는 가운데 입구에 큰 돌로 인봉한 사실을 알고 누가 그 돌을 굴려줄 수 있을 것인지에 대해 염려했습니다. 그런데 그곳에 가 보니 이미 입구의 돌이 굴려져 있고 무덤 속에 흰 옷 입은 천사가 우편에 앉아 있는 것을 목격했습니다. 천사는 예수님이 살아나셨고 여기 계시지 않다는 소식을 여인들에게 전합니다.

여인들은 이제서야 평소에 예수님께서 여러 번 말씀하신 바를 기억하고 제자들에게 예수님의 부활 소식을 전하기 위해 갔습니다. 예수님은 수시로 자신의 죽음과 부활에 대해서 말씀하셨습니다. 저자인 마가는 예수님의 대적자들이 듣고 무덤에 경비병(마 27:62-66)을 세워 보초를 서도록 할 정도로 여러 차례 예수님께서 죽으시고 삼일 만에 다시 살아나실 것을 미리 말씀드렸다는 것을 아래와 같이 기록하고 있습니다.

"이는 제자들을 가르치시며 또 인자가 사람들의 손에 넘겨져 죽임을 당하고 죽은 지 삼 일만에 살아 나리라는 것을 말씀하셨기 때문이러라"(막 9:31).

294 마가복음 강해서 4 하나님의 아들, 예수 그리스도

"그들은 능욕하며 친 뱉으며 체찍질하고 죽일 것이나 그는 삼 일 만에 살아나리라 하시니라"(막 10:34).

"내가 살아난 후에 너희보다 먼저 갈릴리로 가리라"(막 14:28).

그러나 여인들은 예수님의 죽음과 부활에 대한 언급을 어쩌면 믿고 싶지도 않았을 것이고, 이성적인 판단에 의한 합리적인 사고를 했기 때문에 부활에 대해서 미심쩍은 마음을 가지고 무덤을 찾아갔던 것입니다. 전혀 믿지 못한 것은 아니지만, 그런 일이 일어날 것이라고는 예상을 못한 상태였습니다. 실제로 그리스도인을 자처하는 현대 그리스도인들도 죽은 자가 다시 산다는 사실을 믿지 못하고 반신반의하는 분이 많습니다. 사도 바울이 아레오바고에 서서 아덴 사람들에게 예수 그리스도의 부활을 증거하였을 때 아덴 사람들은 바울의 증거를 받아들이지 않았습니다(행 17:22-34). 그 이유는 합리적인 사고에 의하면 죽은 자의 부활은 있을 수 없다는 의심 때문입니다. 이것은 순전히 인간의 능력만으로 예수 그리스도를 믿음으로 구원에 이를 수 없다는 것을 알려 주면서 믿음은 하나님의 초자연적 개입이 없이는 불가능함을 보여 주는 사례입니다.

과학만능주의와 합리주의 시대를 살고 있는 현대인들도 아덴 사람들과 같은 불신앙에 사로잡혀 있습니다. 과학으로 입증되는 것만 믿으려고 합니다. 그러나 사람들이 믿지 않는다고 해서 예수님의 부활이 없는 것은 아닙니다. 성경을 읽고 깊이 있게 연구하면 할수록 더 부활의 확실성이 뚜렷해집니다. 하버드 대학의 그린리프 (Greenleaf, Royal Professor) 박사는 법학계에서 최고의 석학으로 손꼽히는 사람입니다. 그의 유명한 저서 『A Treatise on the Law of Evidence』는 많은 이들이 최고의 법학 고전으로 꼽기를 주저하지 않습니다. 그린리프 박사는 예수 그리스도의 부활이 허구라고 믿었으며, 그래서 그 '허구성'을 단판승부로 완전히 폭로하기로 작정했습니다.

그러나 부활에 대한 증거들을 꼼꼼히 탐구하는 과정에서 그는 예상과는 정반대의 결론에 도달하고 말았습니다. 그래서 그는 『법정에서 준용되는 증거 규범에 의한, 사복음서 저자들의 증언에 관한 검토』(An Examination of the Testimony of the Four Evangelists by the Rules of Evidence Administered in the Courts of Justice)라는 책을 썼습니다. "예수 그리스도가 정말로 죽은 자로부터 살아나지 않았다면, 사도들은 자신들이 진술한 사실을 그렇게 확고하게 붙들고 있을 수가 없었을 것이다"(Simon Greenleaf, p.29). 그는 예수 그리스도의 부활은 법적 증거의 관점에서 볼 때, 역사상 증거가 가장 확실한 사건이라는 결론을 내렸습니다. 더구나 이 넘쳐나는 증거들에 매료된 나머지, 자신도 이를 계기로 그의 삶을 예수 그리스도께 드렸다고 합니다.

과학적인 사고를 하는 현대 지식인들은 죽음 후의 부활을 믿지 않으려고 합니다. 죽으면 끝이라고 생각하기 때문입니다. 그러나 성경은 "한번 죽는 것은 사람에게 정해진 것이요 그 후에는 심판이 있으리니" (히 9:27)라고 말씀하고 있습니다. 여인들이 불신앙을 가지고 무덤을 찾아갔지만 비어 있는 무덤을 보고, 천사들의 부활 소식 전함을 듣고 믿었던 것처럼 우리도 주님이 살아 나신 현장으로 가게 될 때 부활의 영광을 믿게 될 것입니다. 무덤에 가까이 가면 빈 무덤이 보이고 살아나신 그리스도께서 생생하게 살아났음을 체험하게 될 줄 믿습니다. 중요한 것은 처음에 의심했더라도 귀한 향유, 즉 주님을 사랑하는 마음을 가지고 무덤으로 나아가는 것입니다. 우리가 주님 앞에 나오는 이유도 여기에 있습니다. 의심도 있고 두려움도 있지만 나오기만 하면 부활의 영광에 참여하게 됩니다. 그것은 우리의 힘으로 불가능하기 때문에 예수님께서 이렇게 말씀하셨습니다. "사람으로는 할 수 없으나 하나님으로서는 다 하실 수 있느니라"(마 19:26). 그러므로 믿음은 자력으로 얻을 수 있는 것이 아니라 하나님께서 믿도록 은혜를 주실 때 가능한 것입니다. 우리는 그의 은혜로 말미암은 믿음에 의하여 인산이 불가능하다고 하는 사실을 믿고 확신하게 된 것입니다.

천사들의 증언

무덤을 지키며 예수님의 부활을 알려주기 위해 무덤에 있었던 천사가(요한복음 20장 12절에서는 흰 옷 입은 두 천사로 나타남) 아침 이른 시간에 무덤을 찾아온 여인들에게 십자가에 못 박히신 예수님을 너희들이 찾는데 그는 살아나셨다고 증언했습니다. 주님의 부활은 너무나 확실한 증거를 가지고 있는데 여인뿐 아니라 부활 소식을 알려 준 천사들의 증언은 너무나 명백 했습니다. 이러한 증거들이 있음에도 불구하고 이 땅의 많은 사람들은 예수님의 부활을 부인하려고 부단히 노력하고 있습니다. 고린도 교회 안에도 부활을 부인하는 무리들이 있음을 바울은 지적하면서 확실한 부활 사건을 증언하고 있습니다. 고린도전서 15장 12절에는 "**그리스도께서 죽은 자 가운데서 다시 살아나셨다 전파되었거늘 너희 중에서 어떤 사람들은 어찌하여 죽은 자 가운데서 부활이 없다 하느냐**"라고 기록하고 있습니다.

부활의 증거가 너무 확실하다는 학자들의 증언이 있습니다. 전직 옥스퍼드 대학의 역사학 주임 교수이며 여러 유명한 책의 저자인 토마스 아놀드(Thomas Arnold) 교수는 역사적 사실을 연구하는 일에 능숙한 석학인데, 이렇게 말했습니다.

> "본인은 여러 시대의 역사를 연구하고 이에 관해 글을 남긴 사람들이 제시한 증거의 무게(신빙성)를 가늠하는 일에 다년 간 몸담아 왔다. 그런데 하나님께서 우리에게 주신 위대한 표적, 즉 예수 그리스도가 죽었다가 죽은 자로부터 다시 살아났다는 사실보다 더 탁월하고 완벽한 증거로 입증되는 사실을 나는 인류 역사상 단 하나도 알고 있지 않다."

예수 그리스도의 부활을 부인하려면 그 누구든지 압도적인 역사적 사실들을 모조리 눈 딱 감고 외면해야만 할 것입니다. 천사는 예수님이 누웠던 곳을 보라고 하면서 빈 무덤의 증거뿐 아니라 실제 부활이 일어난 장소를 통해 확신시켜 주었습니다. 이것이 부활에 대한 사실 증거입니다. 오늘 우리에게는 그것보다 더 확실한 증언이 있습니다. 그것이 바로 성경 말씀입니다. 사도 바울은 예수님을 친히 다메섹에서 목격하고 난 다음에 부활에 대해 이렇게 증언하고 있습니다. "그리스도께서 죽은 자 가운데서 다시 살아나셨다 전파되었거늘 너희 중에서 어떤 사람들은 어찌하여 죽은 자 가운데서 부활이 없다 하느냐 만일 죽은 자의 부활이 없으면 그리스도도 다시 살지 못하셨으리라"(고전 15:12-13).

베드로전서 1장 3절에 사도 베드로는 "우리 주 예수 그리스도의 아버지 하나님을 찬송하리로다 그의 많으신 긍휼대로 예수 그리스도를 죽은 자 가운데서 부활하게 하심으로 말미암아 우리를 거듭나게 하사 산 소망이 있게 하시며"라고 증언하고 있습니다

부활 증거

여인들이 천사들의 증언을 듣고 예수님께서 평소에 제자들에게 말씀하신 대로 갈릴리에 가서 만날 것(막 14:28)을 전하라고 했을 때, 그들은 그 말을 듣고 와서 제자들에게 그리스도의 부활을 알려 주었습니다. 부활을 목격한 사람들은 성경에 기록한 대로 다른 사람들에게 전해야 합니다. 베드로와 다른 제자들은 여인들의 소식을

듣고 빈 무덤으로 찾아와 부활을 확인하고(요 20:1-8), 부활하신 주님을 여러 차례 만났으며 그가 승천하신 후, 특별히 오순절 성령 강림 후에 부활의 증인으로 활동했습니다.

사도행전 2장에서 베드로의 증거를 보십시오. **"이스라엘 사람들아 이 말을 들으라 … 하나님께서 나사렛 예수로 큰 권능과 기사와 표적을 너희 가운데서 베푸사 … 하나님께서 정하신 뜻과 미리 아신 대로 내준 바 되었거늘 너희가 법 없는 자들의 손을 빌려 못 박아 죽였으나 … 이 예수를 하나님이 살리신지라 우리가 다 이 일에 증인이로다"**(행 2:22-32).

두려움과 혼동으로 가득했던 제자들을 용기백백하고 담대한 사자처럼 돌변 시킨 것은 과연 무엇이었습니까?

"그들을 불러 경고하여 도무지 예수의 이름으로 말하지도 말고 가르치지도 말라 하니 베드로와 요한이 대답하여 이르되 하나님 앞에서 너희의 말을 듣는 것이 하나님의 말씀을 듣는 것보다 옳은가 판단하라"(행 4:18-19). 그리고 20절을 보십시오. **"우리는 보고 들은 것을 말하지 아니할 수 없다."**

이들은 무엇을 보고 들었습니까? 구타, 위협, 투옥, 고문, 심지어 죽음조차 입다물게 하지 못한 이 사건은 대체 무엇입니까? 사도행전 5장을 보면 그들은 감옥에 갇히고 두들겨 맞았고, 41절에는 이렇게 기록되어 있습니다. **"사도들은 그 이름을 위하여 능욕 받는 일에 합당한 자로 여기심을 기뻐하면서 공회 앞을 떠나니라."** 제자들은 부활을 목격하고 난 후에는 완전히 변하여 온 천하에 다니면서 복음을 증거하는 그리스도 부활의 증인이 되었습니다. 오늘 우리가 증거할 수

300 마가복음 강해서 4 하나님의 아들, 예수 그리스도

있는 믿음과 담력은 바로 그리스도의 부활을 개인적으로 경험해야 가능한 것입니다. 믿음은 사실이 아닌 것을 의지한다는 뜻이 아니라 보이지 않는 것을 확신한다는 뜻이기에 그들이 사실을 확인하고 난 다음에는 더 담대하게 복음의 증인으로 살 수 있게 되었습니다.

그렇다면 우리가 전해야 할 부활의 구체적인 내용은 무엇이겠습니까?

첫째, 부활의 첫 열매가 되신 예수 그리스도를 증거해야 합니다.

고린도전서 15장 20-21절에 "**그러나 이제 그리스도께서 죽은 자 가운데서 다시 살아나사 잠자는 자들의 첫 열매가 되셨도다 사망이 한 사람으로 말미암았으니 죽은 자의 부활도 한 사람으로 말미암는도다**"라고 했습니다. 처음으로 다시 살아나신 예수 그리스도이십니다. 예수님은 역사 이래 처음으로 죽음에서 다시 살아나신 분입니다. 우리 신자들은 종종 성경에 기록된 나사로가 살아난 사건과 나인성 과부의 독자가 살아난 사건, 그리고 예수님의 부활을 동일한 것으로 여기는 경향이 있습니다. 그들은 다시 죽었습니다만 오직 예수님만이 부활하여 영원한 생명을 누리고 계십니다. 따라서 신자들은 예수님이 온전한 부활을 성취하신 유일한 분이심을 고백하여야 합니다.

예수님께서 역사상 부활하신 첫 열매라는 사실은 성도들에게 매우 중요합니다. 왜냐하면 예수님께서 처음으로 온전한 부활을 이루신 분이라는 사실은 신자들에게 있어서 부활의 증거와 보증과 약속이 되기 때문입니다(롬 8:11). 그러므로 예수님의 부활이 증거로 제시됨으로 성도들은 부활의 약속을 보다 분명하게 믿을 수 있게 되었으며 부활하신 예수님께서 우리도 부활하게 할 것임을 믿고 확증하게 되었습니다. 우리에게는 예수님의 부활이라는 분명한 증거와 보증이 있습니다.

그러면 주님의 부활이 우리에게 어떤 형태로 적용이 되겠습니까? 과거와 현재와 미래를 생각해야 부활의 문제가 이해됩니다. 과거의 부활은 우리가 그리스도를 믿음으로 부활하게 되었다는 것입니다. 시제 상으로 우리는 2천 년 전에 주님이 못 박히실 때 옛 사람이 죽었고, 믿는 순간에 다시 새 사람으로 부활하게 되었다는 것입니다.

"너희가 세례로 그리스도와 함께 장사되고 또 죽은 자들 가운데서 그를 일으키신 하나님의 역사를 믿음으로 말미암아 그 안에서 함께 일으키심을 받았느니라"(골 2:12).

현재는 우리가 부활 신앙의 능력으로 승리하며 살고 있는 부활의 실제입니다. 모든 삶의 영역 가운데 우리는 부활을 경험하고 있습니다. 최요한 목사님 아들은 고등학교 때 자기 반에서 꼴찌에서 2등을 했다고 합니다. 그러나 부활의 주님을 만나 인격적으로 받아들인 후에는 열심히 공부하여 서울대 의대에 들어가 의사가 되었다고 합니다. 이것이 오늘 우리가 누리는 부활의 능력이며 부활 신앙입니다.

미래의 부활은 '사도 바울의 부활장'이라고 하는 고린도전서 15장에서 씨앗의 이미지로 땅 위의 몸과 천국의 몸 사이에는 유기적인 관계가 있을 것이라고 했는데, 그와 같이 영광스럽게 변화될 것을 의미합니다. 죽음이 없이는 부활이 있을 수 없기에 씨앗이 땅에 떨어져 썩음으로 새싹이 나오고 자라며 꽃이 피고 열매를 맺는 것처럼 우리의 육체도 죽음이라는 관문을 통과함으로써 썩지 아니하는 새로운 몸을 입게 됩니다.

닛사의 그레고리(St. Gregory of Nyssa)는 다음과 같이 설명하고 있습니다.

> "부활은 본성이 원래 상태로 회복되는 것이다. 왜냐하면 성경은 창조 때 땅이 처음에 녹색 식물을 냈고, 그 다음으로 이 식물에서 씨가 나왔으며, 씨가 땅에 뿌려졌을 때 씨에서 본래의 식물과 동일한 형태의 식물이 나왔다고 하기 때문이다. 정확히 이런 일이 부활 때에도 일어난다고 영감을 받은 사도가 말한다. 따라서 우리는 그에게서 인간의 본성이 훨씬 더 고상한 상태로 변하리라는 것을 바울뿐 아니라 인간의 본성이 본래 상태로 회복되리라고 소망해야 한다는 것도 배운다."

라고 말했습니다.

그러면 어떻게 부활할 것인가에 대해서 12세기 위대한 신학자 피터 롬바르트(Peter Lombard)는 '인간 창조에 사용된 육체의 본질은 하나도 버릴 것이 없다. 오히려 모든 입자들이 흩어진 후 다시 모이고 나면 몸을 구성하는 자연적인 본질이 다시 회복될 것이다. 따라서 성도들의 몸은 그 어떤 결함도 없이 일어날 것이며, 해와 같이 빛날 것이며, 흉한 부분은 모두 제거될 것이다' 라고 했습니다. 데살로니가전서 1장 10절에는 "또 죽은 자들 가운데서 다시 살리신 그의 아들이 하늘로부터 강림하실 것을 너희가 어떻게 기다리는지를 말하니 이는 장래 노하심에서 우리를 건지시는 예수시니라"라고 증거하고 있습니다. 그러므로 성도들은 온전한 형태로 부활할 영광스러운 소망을 가지고 믿지 아니하는 사람들에게 이 진리를 외치고 증거해야 할 것입니다.

둘째, 어둠의 권세를 이기신 예수 그리스도를 증거해야 합니다.

고린도전서 15장 54-56절 "이 썩을 것이 썩지 아니함을 입고 이 죽을 것이 죽지 아니함을 입을 때에는 사망을 삼키고 이기리라고 기록된 말씀이 이루어지리라 사망아 너의 승리가 어디 있느냐 사망아 네가 쏘는 것이 어디 있느냐 사망이 쏘는 것은 죄요 죄의 권능은 율법이라"고 했습니다. 예수님께서는 죽음의 권세를 이기셨습니다. 세상을 지배하고 있는 사단의 강력한 권세는 사망입니다. 인간이라면 너나 할 것 없이 죽음 앞에서는 숙연 해지며 공포감에 사로잡히기 마련입니다. 사람은 누구든지 죽음을 두려워하고 죽기 싫어합니다. 그러나 예수님을 영접한 성도들은 죽음 앞에서도 담대해 질 수 있습니다. 왜냐하면 신자들의 주가 되신 예수님께서 부활하심으로 사망 권세를 이기셨기 때문입니다.

인류의 조상인 아담과 하와가 범죄함으로 인해 죄가 세상에 들어오고 죄가 사망을 낳음으로 말미암아 역사 이래로 인간이라면 누구나 사망의 지배를 받아야만 했습니다. 그러나 단 한 분, 곧 예수 그리스도는 십자가에서 죽고 3일 만에 부활하심으로 죽음의 지배를 받지 않으셨으며, 더 나아가 죽음의 권세를 깨뜨리셨습니다. 따라서 죽음의 권세를 이기신 예수 그리스도 안에 거하는 성도들도 역시 사망 권세를 이깁니다. 왜냐하면 예수님께서 부활하심으로 궁극적으로 사단의 세력에 대해 이기셨기 때문입니다. 요한복음 16장 33절에 **"이것을 너희에게 이르는 것은 너희로 내 안에서 평안을 누리게 하려 함이라 세상에서는 너희가 환난을 당하나 담대하라 내가 세상을 이기었노라"**고 했습니다.

그러므로 성도들은 더 이상 죽음의 권세를 휘두르는 사탄을 두려워하거나 피할 필요가 없습니다. 도리어 담대하게 죽음의 권세를 내석해서 승리를 쟁취해야 합니다. 이미 사탄은 그 힘을 다 상실하고 말았습니다. 독일의 히틀러에게 순교 당한 본 회퍼 목사는 감옥에 있을 때 이렇게 썼습니다. '이제 나의 신앙에 관하여 완전히 확신할 수 있게 되었다. 나의 신앙은 무거운 짐 아래서도 깨어지지 않고 항거한다. 주저하거나 절망하는 일은 없게 되었다. 좀 이상하게 들리는지 모르겠으나, 나는 감옥 안에서 기뻐하는 것을 배웠다.' 처형당하는 날, 교도관이 그를 불러낼 때 그는 이 말을 남겼습니다. '이로써 끝이다. 그리고 생명의 시작이다' 라고 했습니다. 존 스토트(John Stott)는 '죽음은 그를 잡아 둘 수 없었는데, 이는 죽음이 이미 패배했기 때문이다. 십자가에서 그들의 무기와 그들이 위엄을 박탈당한 악한 정사와 권세들은 이제 그의 발 아래 정복되어서 그에게 복종하고 있다'라고 했습니다. 그렇습니다. 부활은 확인되고 선언된 정복이었습니다. 십자가의 죽음은 획득된 승리이고 부활은 추인되고, 선언되어 입증된 승리 선언입니다. 이렇게 십자가와 부활로 인하여 승리하신 예수 그리스도를 증거함으로써 모든 영역에 하나님의 나라를 확장해 나가야 할 것입니다.

셋째, 만 왕의 왕이 되신 예수 그리스도를 증거해야 합니다.

빌립보서 2장 9-10절에 **"이러므로 하나님이 그를 지극히 높여 모든 이름 위에 뛰어난 이름을 주사 하늘에 있는 자들과 땅에 있는 자들과 땅 아래에 있는 자들로 모든 무릎을 예수의 이름에 꿇게 하시고"**라고 했습니다. 예수 그리스도의 부활은 예수님께서 만유의 주이심을 증명하는 것입니다. 사람에 따라서 섬기는 주인이 다릅니다. 어떤 사람은 오래된 고목 나무나 이상하게 생긴 바위를, 그리고 사람이나 짐승을, 어떤 이는 재물을, 어떤 이는 귀신을 주인으로 섬깁니다. 이런 것들은 다 헛된 신이며 그것을 섬기는 것은 곧 우상숭배입니다. 그러나 우리가 섬겨야 할 분은 참된 주인이시며 만유의 주 되신 오직 예수 그리스도 뿐 입니다. 예수님의 부활은 바로 이것을 증명하는 사건이었습니다.

하나님께서는 전지전능하신 능력으로 예수님을 죽은 자 가운데서 다시 살리심으로 예수님이 자신의 아들임을 입증하시고 예수님에게 뛰어난 이름을 주시고 삼라만상이 예수님 앞에 무릎을 꿇도록 권세를 주셨습니다. 따라서 그의 피로 거듭난 성도들은 마땅히 예수님을 이 세상의 주인으로 섬겨야 합니다. 그럼에도 혹시 물질만능주의가 만연한 세상 속에서 재물과 예수님, 곧 두 주인을 섬기고 있지는 않는지 우리 자신을 돌아봅시다. 오직 예수님만을 주인으로 섬겨야 하며 그분의 명령에 온전히 순종해야 합니다. 예수 그리스도는 영원한 살아 계신 왕이십니다. 부활은 예수님께서 하나님의 아들이시며 만왕의 왕이 되심을 입증하는 사건입니다. 예수님은 죽은 자 가운데서 부활하셔서 하늘에 오르시므로 만왕의 왕이신 하나님 우편에 앉으셨습니다(벧전 3:22). 하나님 우편에 앉는다는 것은 왕위에 오르심을 뜻합니다. 하나님과 권세가 똑같다는 말입니다. 예수님은 죽음의 권세를 이기고 부활하셔서 만유의 주로 만물을 통치하는 권세를 얻으셨습니다. 예수님이 만왕의 왕 되심을 고백하는 신자들에게 요구되는 것은 순종입니다. 따라서 성도라면 누구나 왕이 되신 예수님의 말씀에 순종해야 합니다. 그럴 때 성도들은 마지막 날에 부활하여 만왕의 왕이신 예수님과 더불어 왕 노릇하게 될 것입니다. 인도에서 스탠리 존스 선교사가 노방 전도를 하고 있는데, 이슬람교도 한 사람이 설교 중간에 나서서 외쳤습니다. '우리는 당신네 기독교인들이 못 가진 것 한 가지를 가졌소.' 그러자 그가 물었습니다. '그것이 무엇이오?' 우리는 메디나에 가면 마호메트의 시체가 들어 있는 관이 있어서 정말 마호메트란 사람이 있었다는 것을 알 수 있소. 하지만 당신네 기독교인들이 예루살렘에 가면 빈 무덤밖에 볼 수 없지 않소?' '고맙소.' 스탠리 존스는 이렇게 대답한 뒤 계속 이야기했다. '당신의 말이 그대로 사실인데, 그것이 바로 기독교의 다른 점이오. 우리의 주님께서는 부활하셨습니다. 그렇기 때문에 우리에게는 빈 무덤밖에 없습니다.'

예수님은 만왕의 왕이시며 영원한 왕이십니다. 예수님이 저와 여러분의 왕이십니다. 생명의 구주이십니다. 부활주일 아침에 무덤으로 가서 천사들의 증언을 듣고 예수님을 만나고 감격하며 기뻐했던 여자들 처럼, 제자들이 예수님의 부활을 경험하고 난 후에 죽음의 위협도 불사하고 복음의 증인으로 살았던 것처럼, 그리고 바울이 담대하게 복음을 증거한 것처럼 아직 부활의 확실성 앞에 머뭇거리거나 부인하는 사람들에게 담대하게 이 복음을 증거하는 삶을 살아야 할 것입니다.

19세기 영국의 역사가였던 아놀드 토인비(Arnold Joseph Toynbee)는 '그리스도가 부활한 사실은 어떤 다른 고전 기사들을 실증하는 것보다 훨씬 더 확실한 사건이다'고 했습니다. 예수 그리스도의 부활의 사실성은 다른 사람들의 증언보다 성경의 증언이 더 확실합니다. 더 말할 필요가 없을 것입니다. 즉 여인들의 빈 무덤 목격, 천사들의 증언, 사도들의 증언 즉 예수님의 무덤이 비어 있다는 사실입니다. 그리고 성경이 오늘날 1,800여 방언으로 번역되어 전 세계에 반포된 현실, 그리고 오늘날 많은 성도들이 부활하신 그리스도를 체험하고 있음은 그리스도의 부활이 더욱 분명하게 실증되고 있음을 의미합니다. 더 중요한 것은 우리가 부활신앙으로 능력 있게 이 세상 속에서 승리하며 살고 있다는 실증입니다. 그러므로 우리가 경험한 부활의 영광을 온 세상에 널리 전하는 증인들이 되어야 할 것입니다.

Chapter *20*

부활 후의 예수님
(The Post Resurrection)

마가복음 16:12-13

그 후에 그들 중 두 사람이 걸어서 시골로 갈 때에 예수께서 다른 모양으로 그들에게 나타나시니 두 사람이 가서 남은 제자들에게 알리었으되 역시 믿지 아니하니라

세계 제2차 대전 때 악명 높던 아우슈비츠에 갇혀 있던 유대인들은 결코 포기하지 않고 언제나 삶에 대한 희망을 갖고 있었습니다. 수용소에서는 하루 한 잔의 물이 배급되었는데, 그중 반은 마시고 반 컵의 물로 세수를 하고 유리조각을 가지고 면도까지 하며 살았다는 기록이 전해지고 있습니다. 그런데 전쟁이 거의 끝나가는 1944년 크리스마스가 지나고 갑작스레 많은 유대인들이 죽게 되었습니다. 그 이유는 질병이나 고문의 후유증 때문이 아니었습니다. 당시 수용소 안에는 크리스마스가 되면 독일군들이 수감자들을 석방시킨다는 소문이 파다하게 퍼져 있었습니다. 수감자들은 그 소문

310 마가복음 강해서 4 하나님의 아들, 예수 그리스도

을 믿으며 고된 수용소에서 힌 잔의 물을 마시면서도 조금만 기다리면 가족들도 만나고 자유를 얻겠구나 하며 하루하루를 버텼지만, 막상 크리스마스가 지나도 석방 소식이 없자 급기야 절망하고 낙심하게 되었던 것입니다. 크리스마스가 지나고 그 다음 해 4월까지 아우슈비츠 수용소에는 2차 세계 대전 기간 중 가장 많은 유대인들이 죽어 나가게 됩니다. 더욱 기가 막힌 것은 그 해 5월 8일 히틀러가 연합군에 무조건 항복을 선언하며 수용소의 모든 유대인들이 석방된 것입니다.

유명한 기독교 철학자 키에르케고르는 그의 유명한 저서 『죽음에 이르는 병』에서 '죽음이 최대의 위험일 때 사람은 살 것을 원한다. 그러나 그것보다 한층 더 무서운 위험에 부딪치면, 사람은 죽음을 원한다. 그리하여 죽음이 희망이 될 만큼 위험이 클 때, 그때에 죽는 것조차도 바랄 수 없는 상태, 그것이 바로 절망인 것이다. 이러한 의미에서 절망은 죽음에 이르는 병이다.' 라는 말을 했습니다. 다시 말하면 어떤 불치병이나 고난에서도 인간은 살려고 하는 희망을 잃지 않지만 절망이라는 병, 낙심의 병에 걸리면 스스로 목숨을 버리게 되는 가장 치명적인 상태에 빠지게 된다는 것입니다.

오늘 본문은 주님께서 낙심 중에 엠마오 마을로 가던 두 제자를 만나서 확신을 심어준 미담을 소개하고 있습니다. 저자 마가는 어떤 사건을 기록할 때 간단 명료하게 기록합니다. 본문 12절은 **"그 후에 그들 중 두 사람이 걸어서 시골로 갈 때에 예수께서 다른 모양으로**

그들에게 나타나시니"라고 기록합니다. 그러나 누가는 이 기사를 현장감 있게 아주 상세하게 그리고 구체적으로 기록하고 있습니다(눅 24:13-35).

엠마오로 가는 두 제자

엠마오(예루살렘에서 약 2리-11km)로 가는 두 제자들은 글로바와 누가였을 것으로 추정합니다. 그 이유는 다른 복음서에는 이 기사가 간단하게 언급되거나 없는 경우도 있는데 누가는 이 기사를 너무나 상세하게 다루고 있기 때문입니다. 그들은 예수님의 육성 설교도 듣고 그들의 눈으로 온갖 이적과 기사를 다 경험했습니다. 벳새다 광야에서 오병이어(보리떡 다섯 개와 물고기 두 마리)의 기적으로 만든 떡도 먹었고, 예수님이 갈보리의 십자가에 매달려 죽으실 때에도 멀리서 지켜보았습니다. 일부 제자들이 무덤에 갔다 와서는 무덤이 비었으며 그리스도가 다시 살아나셨다고 천사들이 전한 메시지도 들었습니다(눅 24:22-24). 그럼에도 그들은 실의에 찬 모습으로 고향 마을 엠마오로 귀향하고 있었습니다. 두 제자는 평소에 주님을 따라다녔지만 스승이신 주님이 어떤 분인가 그리고 어떻게 인류 구원을 이루실 것인가에 대한 본질적 사역을 이해하지 못했고 믿지 못했기 때문에 예수님께서 십자가에 처형되자 낙심하여 시골, 자기들이 성장한 엠마오 마을로 내려간 것입니다.

두 제자는 당시 십자가 사건을 설명할 수 있었고, 예수님이 어디서 왜 죽었고, 누가 죽였는지 잘 알았습니다. 누가복음 24장 21절을 보면 예수님께서 이스라엘을 속량해 주길 바라는 믿음도 있었습니다. 하지만 그들은 십자가 사건을 지식으로만 받아들였습니다. 그래서 절대로 "예루살렘을 떠나지 말라"는 말씀도 어겼습니다. 견고한 믿음이 없으니, 제자들 중 가장 먼저, 불과 사흘 만에 귀향하고 말았습니다. 결국 주님에 관해 알고 듣고 보았지만, 체험적이고 견고한 믿음이 없으니 낙심할 수밖에 없었습니다. 낙심과 절망은 누구에게나 해당됩니다. 그리스도인인 우리들도 낙심합니다. 남녀노소, 빈부의 격차에 상관없이 우리 모두가 걸릴 수 있는 병이 낙심의 병입니다. 그리고 한번 낙심하는 사람은 반복적으로 낙심합니다. 낙심의 병은 고질병이고 끈질긴 병이고 또한 전염병입니다. 지식적으로 알고 있던 자리에서 이제 경험적인 것과 더불어 확신의 자리, 믿음의 자리로 나아가야 합니다. 그렇게 해야 절망하지 않고 주님 가신 그 길을 걸으면서 부활의 증인으로 살 수 있습니다.

두 제자를 찾아가신 예수님

그들의 기대와 바람에 부응하지 못하고 십자가에 못 박혀 처형당하시는 주님의 모습을 보면서 실망하고 고향으로 돌아가던 제자들을 주님께서 찾아가신 것입니다. 그들과 길을 같이 가는 동행자가 되었지만 그들은 알아보지 못했습니다. 본문은 **"예수님께서 다른 모양으로 그들에게 나타나시니"**라고 기록하고 있습니다. 아마 부활하신 주님의 외형적인 모습이 달랐던 것 같습니다. 평소에 입고 있던 옷도 아니고 모습도 더 영광스럽게 변화되었기 때문에 주님으로 인식하지 못했을 수도 있습니다. 당연히 죽어 끝났다고 생각하고 있었기 때문에 꿈에도 주님이 살아났을 것으로 여기지 못했습니다. 작년에 동기생 목사님이 주일예배에 우리 교회를 아무 연락없이 방문을 하셨는데 소개 시간에 저의 아내가 오 목사님이라고 뒤에서 사인을 보내는데 저는 호주에서 목회하는 오 목사님이 이곳에 오심을 꿈에도 생각하지 못하고 소개를 못 시킨 안타까운 순간이 있었습니다. 호주에 계시는 분이 어떻게 연락도 없이 주일 대 예배에 참석할 수 있었는가를 상상조차 못 한 것입니다. 제자들도 그와 같은 생각을 했을 것이라고 충분히 짐작이 됩니다.

지혜로운 신앙인과 미련하고 어리석은 신앙인의 차이가 무엇인지 아십니까? 그것은 주님과 동행하심을 느끼며 사는가 그렇지 않는가에 달려 있습니다. 미련한 신앙인은 옆에서 직접 대화하고 은혜를 받으면서도 주님의 동행을 모릅니다. 그러나 지혜로운 신앙인은 언제 어디서 누구와 무엇을 해도 주의 동행을 느끼고 살아갑니다. 엠마오로 내려가는 두 제자의 모습이 오늘 우리의 모습은 아닙니까? 그동안 우리는 주님을 믿고, 주님을 따라간다고 하였습니다. 예수님을 믿고 신앙생활을 하고는 있지만, 아직도 우리들은 우리와 동행하시는 부활의 주님을 확실히 인식하지 못하고, 실의와 좌절에 빠져 내리마이 인생 길을 걷고 있는지 모릅니다. 그러나 분명한 사실은 비록 우리들이 눈이 가리워져 우리와 동행하시는 부활의 주님을 알아보지 못한다 할지라도 부활의 주님은 우리들의 인생 여정, 그 순례의 길에 계속해서 동행하신다는 사실입니다. 그렇습니다. 부활하신 주님은 우리들이 절망할 때도, 실망하고 좌절에 빠져 있을 때에도, 그리고 우리가 의심하거나 믿음이 없을 때에도 동행해 주시는 줄 믿습니다.

어떻게 하면 예수 그리스도의 동행하심을 항상 인식하며 살아갈 수 있습니까? 우리의 영적인 눈이 가려지지 말아야 합니다. 누가복음 24장 16절을 보면 엠마오로 가는 두 제자는 눈이 가리어져 있었습니다. 여기서 '가리어지다(에크라톤토–$\epsilon\kappa\rho\alpha\tau\text{ouv}\tau\text{o}$)' 라는 말은 '무엇인가에 고정되어, 움직이지 않다' 라는 뜻입니다. 결국 우리의 시각과 삶이 세상에 고정되어 있거나 다른 것에 관심을 가지고 있으면 내 곁에 항상 함께 하시는 주님의 동행하심을 알 수 없습니다.

누가복음 24장 15-17절에 "그들이 서로 이야기하며 문의할 때에 예수께서 가까이 이르러 그들과 동행하시나 그들의 눈이 가리어져서 그인 줄 알아보지 못하거늘 예수께서 이르시되 너희가 길 가면서 서로 주고받고 하는 이야기가 무엇이냐 하시니 두 사람이 슬픈 빛을 띠고 머물러 서더라"라고 기록하고 있습니다. 두 제자는 예수님의 제자로서 예수님을 따라다녔고 말씀을 직접 들었으며, 그분의 기적과 십자가에 못 박히심도 모두 직접 목격한 자들이었습니다. 이들이 주님께서 돌아가신 지 3일밖에 되지 않았는데도 주를 알아보지 못했습니다. 주님께서는 두 제자에게 물으셨습니다. "너희가 길 가면서 서로 주고받는 이야기가 무엇이냐?" 그때에 두 제자 중에 글로바라고 하는 사람이 이렇게 대답했습니다. "당신은 예루살렘에 살면서 최근에 예루살렘에서 일어난 일을 모른단 말입니까?" 그러자 주님께서는 다시 한번 그들에게 "무슨 일이냐?"고 물으셨습니다. 글로바는 주님에게 최근에 예루살렘에서 일어난 사건에 대해서 다음과 같이 설명하였습니다. **"우리가 오면서 하던 이야기는 나사렛 사람 예수라는 사람에 대한 일입니다. 그 분은 하나님과 모든 백성 앞에서 말과 일에 능력 있는 선지자였습니다. 그러나 산헤드린 공회가 그 분에게 유죄선고를 한 후에 그 분을 십자가에 못박히게 만들었습니다. 사실 우리는 그 분이 우리가 그 동안 기다려왔던 메시아, 즉 이스라엘을 구속할 분이라고 믿었습니다"**(눅 24:17-20). 오늘은 그분이 십자가에 못 박히신 지 사흘째 되는 날입니다. 그런데 오늘 우리는 매우 놀라운 소식을 들었습니다. 근간에 일어난 부활에 대한 단편적인 소식도 들었다고 했습니다(눅 24:22-24).

주님께서는 여기까지 듣고 나서 두 제자에게 이렇게 말씀하셨습니다. **"미련하고 선지자들이 말한 모든 것을 더디 믿는 자들이여! 성경에 메시아가 이러한 고난을 받고, 다시 자기 영광에 들어갈 것이 이미 기록되어 있지 않느냐?"** 그리고 나서 주님은 계속해서 그들에게 모세 오경과 선지서, 그리고 다른 성경에 예언된 메시아에 대한 내용을 자세하게 풀어 설명해 주셨습니다(눅 24:25 27). 예수님은 평소에 성경이 자기에 대해서 증거하는 것이라고 제자들에게 말씀하셨습니다. 요한복음 5장 39절에 **"너희가 성경에서 영생을 얻는 줄 생각하고 성경을 연구하거니와 이 성경이 곧 내게 대하여 증언하는 것이니라"** 라고 했습니다.

예수님은 도마에게 한 것처럼 내 손과 옆구리를 만져 보라고 하지 않고, 구약의 말씀을 풀어서 그들의 마음에 확신을 심어주셨습니다. 보고 경험하는 것도 중요하지만 말씀이 그 마음에 심겨지는 것이 우리의 실망한 마음을 돌이키는 양약이 됩니다. 신앙생활을 하다 보면 나의 기대에 못 미치는 일들이 일어나 낙심하는 경우가 허다합니다. 그럴 때일수록 우리는 말씀을 더 가까이해야 회복될 수 있습니다.

두 제자는 이러한 주님의 설명을 듣는 동안 어느덧 엠마오에 도착했습니다. 주님께서는 엠마오를 지나 다른 곳으로 가려고 하셨습니다. 그러나 두 제자는 날이 저문 것을 보고 자기 집에서 유숙하시라고 예수님을 붙잡았습니다. 예수님께서는 그 요청을 받아들였습니다. 예수님은 두 제자와 함께 앉아서 저녁 식사를 하시면서 떡을 들고 하나님께 감사 기도를 드리시고, 그 떡을 떼어서 두 제자에게 주셨습니다. 그들과 함께 식사할 때에 누가는 **"그들의 눈이 밝아져 주님을 알아보게 되었다"**고 기록하고 있습니다(눅 24:31).

문제는 그렇게 열린 길이 있는데, 세상에 고정되어서 그곳을 향하지 못함에 있습니다. 눈이 가려지고, 마음이 가려지고, 영혼이 가려져서, 주님과 동행함을 깨닫지 못합니다. 세상에 고정되어 있기에 주와 동행하면서 누리고 받아야 할 것이 남의 것이 되고 말았습니다. 지혜로운 사람은 눈이 가려져 있지 않고, 열려 있기에 더 많은 것을 보고 얻을 수 있습니다. 그러나 어리석은 사람은 눈앞의 것만 보기에, 정말 얻어야 할 것을 누리지 못합니다. 신앙인이 전능하신 하나님과 동행하는 복을 누리려면 무엇보다 영적 눈이 열려야 합니다. 영적 눈이 열리면, 세상이 줄 수 없는 것을 보고, 듣고, 알고, 누릴 수 있습니다. 영적 눈이 열리면, 세상 그 어떤 일에도 쉽게 요동하지 않는 견고함이 생기기 때문입니다.

아람의 군대가 이스라엘을 공격할 때마다, 엘리사 때문에 항상 실패했습니다. 이에 아람 왕은 엘리사가 있는 도단 성을 포위하여 그를 죽이려 출정했습니다. 아침에 도단 성이 포위된 것을 본 엘리사의 사환 게하시는 너무 놀라고 두려웠습니다. 그러나 똑같은 상황에서도 엘리사는 전혀 두려워하지 않고 오히려 더 당당했습니다. 엘리사가 게하시를 위해 기도한 후, 가려진 게하시의 눈이 열리자 놀라운 것을 보게 됩니다. 알고 보니 도단 성을 포위하고 있는 아람 군대보다, 아람 군대를 포위하고 있는 하나님의 군대, 불말과 불병거가 훨씬 더 많았습니다. 문제는 현실의 고통이 아니라, 그 고통에 동행하시는 하나님을 보지 못하는 가려진 시각입니다.

현대 신앙인은 과거 그 어느 때보다 더 많은 것을 보고 듣고 체험할 수 있는 환경에 삽니다. 문제는 눈이 가려져서 정말 봐야 할 것을 못 보고, 귀가 가려져서 정말 들어야 할 것을 못 듣고 삽니다. 그래서 전체가 아닌 일부만 보고, 그것이 전부인 것처럼 착각하고 살아갑니다. 영적으로 소경이 되면, 이 땅의 것만 보고 그것이 다인 양 착각합니다. 영적 눈이 가려지면, 말씀도 안 들리고, 내가 다 잘 안다는 착각 속에 살아갑니다. 결국 가려진 눈이 열려야 이 땅과 천국을 모두 볼 수 있고, 나와 항상 동행하시는 주님을 알 수 있습니다.

누구라도 주님과 더 동행하려면, 삶의 방향이 더 하나님께 향하도록 해야 합니다. 내 발걸음과 시선, 선택과 결정, 그리고 모든 것이 세상이 아닌 하나님께 고정되어야 합니다. 동행은 멀리 있을 때 느끼는 것이 아니라, 가까이 있을 때, 가까이 다가갈 때 느끼는 것입니다. 세상이 아닌 주님과 동행할 때, 닫히고 막힌 것, 애매한 것늘이 다 주의 능력으로 설립니다. 바쁘고 분주해도 한 빌자국, 한 번 더 주님께, 말씀과 기도, 예배 처소로 다가와야 합니다. 다가오면 주와 동행하여 승리할 수 있지만, 멀어지면 패배로 끝날 수 있습니다. 아무리 세상의 일이 분주하고 눈코 뜰 사이 없이 바빠도 영적 눈이 열려 주님과 동행하며 승리하시길 소원합니다.

사명자로 변화된 두 제자

예수님께서 말씀하실 때 성령께서 그들의 눈을 열어 부활하신 주님을 바라보게 해주셨습니다. 영적인 눈이 열리자 예수님을 알게되있을 뿐 아니라 자신들의 어리석음을 볼 수 있었고, 마음 속에 있던 실망과 절망감 대신 새로운 희망을 가지게 되었습니다. 이 세상에서 가장 무서운 것이 바로 좌절감과 기대하는 바에 미치지 못했을 때 찾아오는 낙심입니다. 이것은 어떤 조건이 충족된다고 해서 바뀌는 것이 아닙니다. 부활하신 주님을 체험한 순간 모든 슬픔과 절망의 마음을 털고 새로운 희망을 가지게 됩니다.

또한 두려움과 공포가 사라지고 죽음도 불사할 수 있는 용기가 생기게 됩니다. 그들이 엠마오로 가게 된 이유 중에 하나도 유대 지도자들의 눈을 피하여 안전한 곳으로 가기 위함이었을 수 있습니다. 예루살렘에 있으면 신변에 위험을 느낄 수 있기 때문에 고향에 가서 피신하고 싶었습니다.

부활의 신앙을 가지면 죽음도 두려워하지 않게 됩니다. 그 이유는 죽어도 살아날 수 있다고 생각하기 때문입니다. 믿음의 사람들은 부활의 주님을 만나 그 신앙으로 박해와 죽음을 담대하게 맞을 수 있습니다. 스데반은 부활 신앙으로 그리스도를 전하다가 순교의 자리에까지 나아가게 되었습니다. 그리고 사명에 대한 불타는 마음을 가지게 됩니다. 예수님께서 두 제자에게 성경을 풀어주실 때에 마음이 뜨거워졌습니다. 성경 말씀만이 사람을 변화시킬 수 있습니다. 누가복음 24장 27절에 보면 "이에 모세와 모든 선지자의 글로 시직하여 모든 성경에 쓴 바 자기에 관한 것을 자세히 설명하시니라"고 말씀하십니다. 예언의 말씀을 읽고 듣고 지켜 행하면 반드시 변화의 역사, 축복의 역사가 일어납니다. 우리 삶 속에서 축복의 역사가 일어나지 않는 이유는 우리가 말씀에서 벗어나 있기 때문입니다. 죄를 짓는 이유도 말씀의 길로 걷지 않기 때문입니다. 병을 치료하기 위해서는 의사가 하는 말을 잘 들어야 합니다. 공부를 잘하기 위해서는 선생님의 말씀을 잘 들어야 합니다. 하나님 말씀대로 살면 놀라운 변화가 일어납니다. 죄인이 의인으로 바뀔 수 있습니다. 그 말씀대로 살면 선한 삶, 거룩한 삶, 생명의 삶, 빛의 삶을 살 수 있습니다. 사람을 변화시키는 가장 위대한 힘은 바로 하나님의 말씀이라는 것을 늘 기억해야 합니다.

미국에서 실제 있었던 이야기입니다. 두 사람의 양 도둑이 있었는데 양을 훔쳐간 사람에게는 이마에 양 도둑의 약자인 S.T.(Sheep Thief)라는 낙인을 찍었습니다. 일생 동안 다른 데 가서도 양 도둑질을 못하도록 하는 너무도 잔혹한 청교도적 형벌이었습니다. 두 사람이 다 양 도둑질을 해서 이마에 화인을 받았습니다. 둘 중 한 사람은 회개하지 않고 먼 곳으로 도망 다니면서 못된 짓을 했습니다. 그러나 또 한 사람은 마을 사람에게 불행한 일이 생기면 가서 도와주고 대신 아파해주고 대신 매맞아 주었습니다. 그래서 그 동네와 이웃 마을에서는 그 사람이 없으면 살맛이 없어질 정도로 그는 동네의 주인이 되었습니다. 목사님보다 더 존경을 받았습니다.

그는 친 아버지처럼 존경을 받았습니다.

나이가 많아지자 양 도둑질을 하던 때 그에게 낙인을 찍었던 사람들이 다 죽고 그들의 2세들만 남게 되었습니다. 그런데 이 사람만은 장수를 합니다. 2세들이 자라서 그 할아버지를 존경하고 초등학교나 중학교 입학식 때에는 의례히 훈사를 하는 유명한 분이 되었습니다. 당시에 이마에 낙인을 찍는 풍속은 없어졌습니다. 어린이들이 할아버지 이마에 어째서 S.T.가 붙었느냐고 묻습니다. 양 도둑의 약자와 성자(Saint)라는 말의 약자는 같지 않습니까? 너무나도 그분이 거룩해서 성자라는 낙인을 찍었다고 사람들이 대답했습니다. 도둑놈이 성자가 된 것입니다. 그렇게 변할 수가 있습니다. **"그런즉 누구든지 그리스도 안에 있으면 새로운 피조물이라 이전 것은 지나 갔으니 보라 새것이 되었도다"**(고후 5:17).

누가복음 24장 32절에 보면 **"그들이 서로 말하되 길에서 우리에게 말씀하시고 우리에게 성경을 풀어주실 때에 우리 속에서 마음이 뜨겁지 아니하더냐"**라고 말씀합니다. 여기 '뜨겁지' (카이오메네- καιομενη)라는 단어는 난외주에 '불타지' 혹은 '타오르지' 로 번역될 수 있습니다. 불이 활활 타오르는 뜨거움을 의미합니다. 말씀은 마음이 낙심 되고 차가워진 것을 뜨겁게 하여 생명력을 불어넣어 줍니다. 사명은 머리로만 이룰 수 없고, 가슴이 뜨거워질 때 성취할 수 있습니다. 두 제자는 부활의 주님으로부터 말씀을 듣고 확신하게 되어 다시 예루살렘으로 가서 자기에게 주어진 사명을 잘 감당했습니다. 그것은 무엇보다 부활하신 예수님을 다른 제자들에게 증거하는 일이었습니다. 그러므로 우리는 성령님께서 말씀을 통해서 우리의 눈을 열어달라고 항상 기도해야 합니다.. 우리는 성령의 도움 없이는 부활하신 주님을 발견할 수 없습니다. 그리고 부활하신 주님을 만난 사람은, 주님을 만나고 예루살렘을 향해 달려가던 두 제자와 같이 기쁨과 생명력이 넘치게 될 것입니다. 주님을 만난 기쁨과 감격을 가질 때 다른 사람들에게 복음을 담대하게 전할 수 있는 부활의 증인이 됩니다.

부활한 주님은 실망하고 낙심하여 삶에 좌절감을 가지고 귀향하던 두 제자를 찾아가서 자신의 부활을 입증했습니다. 그로 인하여 그리스도의 부활을 부활 되게 한 것입니다. 엠마오로 가는 두 제자에게 나타나 자신의 부활을 보여주시고 가려진 눈을 열어 주시므로 마음이 뜨거워지고 안목이 열려 다른 사람들에게 부활을 전하는 증인이 되게 하셨습니다. 부활은 그리스도로 끝나는 것이 아니라 모든 사람의 부활로 번져가노록 하는 불쏘시개가 되었습니다. 한 불씨가 바람을 타고 모든 산을 삼키듯 우리가 전하는 복음의 핵심은 그리스도의 죽음과 부활을 통해 온 세상을 하나님의 나라로 변화시키는 것입니다. 부활의 목격자 된 성도는 부활의 삶을 살면서 아직 알지 못하는 자들에게 전하는 증인이 되는 것입니다. **"태초부터 있는 생명의 말씀에 관하여는 우리가 들은 바요 눈으로 본 바요 자세히 보고 우리의 손으로 만진 바라"**(요일 1:1).

Chapter 21

부활 후 열한 제자에게
나타나신 예수님

(The Appearance of Jesus Christ to the Disciples)

마가복음 16:14-18

그 후에 열한 제자가 음식 먹을 때에 예수께서 그들에게 나타나사 그들의 믿음 없는 것과 마음이 완악한 것을 꾸짖으시니 이는 자기가 살아난 것을 본 자들의 말을 믿지 아니함일러라 또 이르시되 너희는 온 천하에 다니며 만민에게 복음을 전파하라 믿고 세례를 받는 사람은 구원을 얻을 것이요 믿지 않는 사람은 정죄를 받으리라 믿는 자들에게는 이런 표적이 따르리니 곧 그들이 내 이름으로 귀신을 쫓아내며 새 방언을 말하며 뱀을 집어올리며 무슨 독을 마실지라도 해를 받지 아니하며 병든 사람에게 손을 얹은즉 나으리라 하시더라

믿음과 신뢰는 서로 간의 관계에서 이루어지는 자연스러운 결과로써 무형의 재산입니다. 그것은 하루아침에 형성되는 것이 아니라 서로 알아가는 교제와 나눔을 통해 마음속에 축적되어가는 열매입니다. 믿음과 신뢰성이 생기지 않는 것은 상대방을 믿지 못하는 점이 있든지 아니면 그것을 형성하는 어떤 방해 요소와 걸림돌이 있

기 때문입니다. 젊은이들이 서로 사랑하면서 장래를 약속한 상태에서 하루아침에 돌아서게 되는 이유도 신뢰성이 깨어지고 더 이상 믿을 수 없기 때문입니다. 제자들의 경우에도 예수님의 말씀을 신뢰하지 못했고, 외부적인 악조건이 결국 신뢰를 깨뜨리면서 예수님의 부활 자체를 믿지 못한 것입니다.

부활하신 예수님은 엠마오로 가는 두 제자를 만나 부활에 대한 확신과 사명을 재 다짐하게 하셔서 신뢰를 회복시켜 주셨습니다. 그 후에 예수님께서는 두 제자가 열한 제자를 찾아가서 자신들에게 일어난 일을 알린 직후에 제자들에게 나타나셔서 자신을 알리시고 사명을 주시는 것을 우리는 볼 수 있습니다. 세상 사람들은 한번 배신하거나 나 몰라라 하고 떠난 사람에 대해 더 이상 미련을 갖지 않습니다. 배신자로 취급하기 때문입니다. 그러나 부활하신 예수님은 불신하여 떠나간 사람들과 당신을 저버린 열한 제자를 찾아가셔서 다시 확신과 믿음 그리고 제자들의 본연의 사명을 불러일으켜 주셨습니다. 배신자들을 두 번 다시 보지 않고 만나려고 하지 않는 것이 일반 사람들의 경향이라면 예수님의 모습은 그 자체가 용서요 사랑입니다. 의인을 불러 구원하기 위해 이 땅에 오신 것이 아니라 죄인을 구원하기 위해 오셨다는 예수님의 말씀은 진리입니다.

예수님은 이 모든 상황을 다 알고 계시면서도 역반응하지 않으시고 믿음 없음을 꾸짖으시며 부름 받을 때의 그 자리로 돌아가 최선을 다할 것을 주문하십니다. 사랑에는 늘 칭찬과 위로만 있는 것이 아니라 하나님과 예수님과의 관계 속에 본질이 흐려지는 약함에 대해서는 꾸중과 책망도 뒤따르게 되는 것입니다. 예수님의 제자들은 꾸중을 듣고 믿음의 확신에 거하는 은혜를 누리게 됩니다.

불신앙의 제자들

본문 14절에서 주님은 제자들의 어떤 점을 꾸짖으셨습니까? 주님의 부활에 대한 '믿음이 없는 것'과 '마음이 완악한 것'을 꾸짖으셨습니다. 이 구절을 보면 '믿음이 없는 것'(아피스티안-$\alpha\pi\iota\sigma\tau\iota\alpha\nu$ unbelief)과 '마음이 완악한 것'(스클레로카디안-$\sigma\kappa\lambda\eta\rho\sigma\kappa\alpha\rho\delta\iota\alpha\nu$ -hardness of heart)은 같은 의미를 가지고 있음을 알 수 있습니다. 직역 성경은 이 두 단어를 '불신앙'과 '뻣뻣함'으로 번역하고 있습니다. 제자들은 여러 부활의 증인들이 예수님께서 살아나셨다는 것을 이야기했음에도 불구하고 믿지를 못했습니다. 왜 그랬을까요? 이제까지의 지식과 경험이라는 고정관념이 영적인 일을 이해하는 데 걸림돌이 되었기 때문입니다. 제자들은 예수님의 부활에 대한 말씀과 다른 사람들이 전해주는 부활 사실을 하나의 이야기로만 이해했지 그것이 현실적으로 가능한 것이라고 받아들이지 못했기 때문입니다.

실제 평범한 삶에는 믿음이 큰 역할을 하지 않는 것처럼 보이지만 큰 일을 만나게 되면 믿음은 엄청난 역사를 일으킵니다. 만일 제자들이 부활한 주님을 믿었더라면 두망가거나 배신하거나 의기소침하지 않았을 것입니다. 믿음이 없었기 때문에 너무 쉽게 낙심하고, 쉽게 포기하고 절망에 빠져 새로운 일을 시작하지 못한 것입니다. 주님께서는 그런 모습을 기뻐하시지 않습니다. 주님은 세상 끝날까지 우리와 함께 하시겠다고 약속하셨습니다(마 28:20). 그 믿음 하나만 분명히 가져도 우리의 삶은 획기적으로 달라질 것입니다. 그래서 주님께서 제자들에게 가장 많이 요구하시는 것이 믿음이었습니다. 사실 모든 실패의 원인을 추적하면 결국 믿음이 없는 것에 기인합니다.

우리가 부활하신 주님을 믿으면 그 부활의 능력이 우리에게도 주어질 것입니다. 오늘 본문 14절, 16절, 17절에서 계속 믿음을 강조하고 있습니다. 그중에서 본문 17절 말씀을 보십시오. **"믿는 자들에게는 이런 표적이 따르리니"** 이 말씀은 짧은 구절이지만 우리에게 중요한 메시지를 줍니다. 먼저 믿어야 표적이 주어진다는 것입니다. 우리가 복음 선파의 사명을 인식하고 믿음으로 나가면 하나님께서 표적을 주신다는 말씀입니다. 그러나 사람들은 어떻게 합니까? 모세가 처음 하나님의 부르심을 받고 바로에게 나가기 전에 표적을 구했던 것처럼 먼저 표적을 보여주시면 세상으로 가겠다고 합니다. 그러나 하나님은 먼저 믿고 나가면 표적을 주시겠다고 합니다. 믿음이 얼마나 중요합니까? 믿음은 사명을 가진 자에게 가장 기본적으로 있어야 하는 것입니다.

그러면 우리가 믿어야 할 것은 무엇이며 우리에게 있는 믿음의 부족한 부분은 어떤 것이라고 생각하십니까? '믿음이 무엇이냐' 고 묻는다면 한마디로는 대답할 수 없지만, 분명한 것은 우리가 가져야 할 가장 중요한 것이 믿음이라는 것입니다. 영국의 유명한 신학자 알리스터 맥그래스(Alister Mcgrath)는 믿음에는 세 가지 요소가 있다고 하면서, '첫째, 하나님을 신뢰하는 것이다. 하나님의 존재뿐만 아니라 그분의 신실하심과 성실하심을 신뢰하는 것이다. 둘째, 하나님과 예수 그리스도 그리고 인간의 본성과 운명에 대해 더 깊이 이해하는 것이다. 왜냐하면 믿음은 그 본질상 이해를 추구하는 것이기 때문이다. 셋째, 믿음은 순종이다' 라고 했습니다.

주님께서는 제자들을 꾸짖은 것은 예수님의 존재, 즉 정체성에 대해 이해하지 못한 부분이었습니다. 그분이 하나님이시고, 죽음에서 부활하여 영원히 살아 계시는 분임을 이해하지 못했습니다. 믿음은 관념이나 자기 확신에 의한 미신 또는 맹신이 아니라 사실을 이해하고 있는 그대로 받아들이는 것입니다.

믿음이 부족하고 성장하지 못하는 요인 중 하나는 성경에서 말하는 하나님과 그리스도 그리고 우리의 정체성과 미래에 대한 운명을 이해하지 못하기 때문입니다. 더 연구하고 깊이 이해함으로 믿음의 성숙 단계로 나아갈 수 있습니다. 믿음은 하나님의 말씀을 더 깊이 알아가는 가운데 진리를 경험함으로 생기는 것입니다. 왜냐하면 믿음은 전적으로 하나님과의 관계에서 비롯되기 때문입니다. 그 관계가 깊어지면 깊어질수록 믿음이 돈독하게 되고 멀어지거나 소원하게 되면 믿음이 식어집니다. 믿음은 진리를 계속 배워 가면서 자신의 변화를 그리스도안에서 계속 체득하므로 하나님의 진리에 굳게 서는 것을 말합니다. 어떤 감정적인 느낌이 없으면 믿음이 없다고 생각하는 것은 위험합니다. 신앙의 경험을 감정과 느낌으로 측정해서는 안 됩니다. 고린도후서 5장 7절에 **"이는 우리가 믿음으로 행하고 보는 것으로 행하지 아니함이로라"**고 했습니다. 믿음은 보는 것이나 느끼는 대로 행동하는 것이 아니라 약속의 말씀에 의해서 사는 것입니다. 오직 성경으로 우리의 믿음이 참 성령의 역사에 기초한 것인지 거짓 영에 기초한 것인지 분별해야 합니다. 물론 우리가 믿음을 가질 때 마음에 감동이 생기고 콧등이 시큰해지며 눈물도 흐릅니다. 그러나 그러한 감정에 의지해서 믿음을 측정해서는 안 됩니다. 믿음은 하나님의 말씀에 깊이 뿌리를 내림으로써 인격적인(지정의) 반응을 일으키는 원동력입니다.

그러므로 말씀을 깊이 이해하고 알지 못하면 믿음이 견고해 질 수 없습니다. 믿음은 감정의 문제가 아니라 말씀에 의한 의지의 문제이기 때문입니다. 얼마나 알고, 믿으며, 순종하는가에 의해 성숙도가 좌지우지 되기 때문입니다. 말씀에 기초한 믿음이 없이는 삶의 에너지를 얻지 못하고 세상에 대해서 두려워하며, 허약한 삶을 살 수밖에 없음을 고백함으로, 부활하셔서 지금도 역사하고 계시는 우리 주님을 전적으로 신뢰하고 말씀을 따라 순종하는 큰 믿음의 대장부들이 되었으면 합니다.

부활에 대한 확신

누가복음은 마가복음에서 말하고 있는 환경이 어떤 것인지 좀더 자세하게 이야기하고 있습니다. 누가가 전한 부활의 증언을 살펴봅시다. 열한 제자들과 엠마오에 다녀온 두 제자가 함께 모여 부활의 주님을 만난 일에 대해 이야기하고 있을 때, 예수님께서 그곳에 갑자기 나타나셔서 **"너희에게 평강이 있을지어다"**라고 인사하셨습니다 (눅 24:36). 그러나 제자들은 평안하지 못했습니다. 아직 그들은 부활이라는 낯선 사실에 당황해 하고 있었습니다. 제자들은 갑작스러운 예수님의 등장에 놀라고 두려워하며 혹 귀신(a ghost)이 아닌지 의심하기까지 했습니다(눅 24:37).

예수님은 제자들의 마음속에 있는 두려움과 의심을 제거해 주시기 위해 손과 발을 보여주시며 만져 보라고 말씀하셨습니다. **"예수께서 이르시되 어찌하여 두려워하며 어찌하여 마음에 의심이 일어나느냐 내 손과 발을 보고 나인 줄 알라 또 나를 만져 보라 영은 살과 뼈가 없으되 너희 보는 바와 같이 나는 있느니라"**(눅 24:38-39). 제자들은 매우 기뻐하면서도 여전히 믿지 못하고 놀라기만 했습니다. 그래서 예수님은 먹을 것을 달라고 요청하셔서 제자들이 내놓은 구운 생선 한 토막을 맛있게 드셨습니다(눅 24:41-43). 예수님께서는 분명 유령이 아니라 살아있는 몸을 가지셨음을 다시 확인해 주신 것입니다. 제자들은 점점 확신을 갖기 시작했습니다. '예수님께서는 부활하셨다. 그분께서는 진정 하나님의 아들이시다' 라고 말입니다. 예수님익 부활은 우연히 발생한 사건이 아닙니다. 예수님의 수난과 죽음 그리고 부활은 성경에 기록된 예언의 성취였습니다. 예수님께서는 제자들이 신비한 현상에 몰두하지 않도록 다시 성경으로 되돌아가셨습니다. **"또 이르시되 내가 너희와 함께 있을 때에 너희에게 말한 바 곧 모세의 율법과 선지자의 글과 시편에 나를 가리켜 기록된 모든 것이 이루어져야 하리라 한 말이 이것이라 하시고"**(눅 24:44).

예수님께서는 분명 구약의 모든 말씀이 그리스도인 자신을 향해 기록된 것이라고 말씀하셨습니다. 우리는 성경 전체에서 그리스도 예수를 발견해야 합니다. 우리는 성경을 통해 예수 그리스도를 만나야 합니다. 모든 성경은 곧 메시아, 예수 그리스도에 관한 이야기이기 때문입니다. 제자들은 점점 깊은 깨달음으로 나아가고 있었습니다. 그들의 마음이 열리기 시작했으며 그동안 자신들이 알고 있던 성경 말씀이 이해되기 시작했습니다. 그리고 앞으로 무엇을 해야 할 것인지에 대해서도 깨닫게 되었습니다. **"또 이르시되 이같이 그리스도가 고난을 받고 제삼일에 죽은 자 가운데서 살아날 것과 또 그의 이름으로 죄사함을 받게 하는 회개가 예루살렘에서 시작하여 모든 족속에게 전파될 것이 기록되었으니"**(눅 24:46-47).

예수님의 부활은 이제 구약을 뛰어넘어 구원에 관한 새로운 국면이 열리게 됨을 의미합니다. 이제는 오직 예수 그리스도의 이름을 통해서만 죄 사함을 얻을 수 있습니다. 자기 용서나 자기 깨달음이 아니라 예수 그리스도의 십자가 은혜를 통해서만 회개할 수 있습니다.

예수님은 부활을 통해 스스로가 이러한 능력과 권세가 있는 하나님이심을 보여주셨습니다. 회개의 복음은 이제 처음 부활을 목격한 제자들에 의해 예루살렘에서부터 시작하게 됩니다. 제자들은 이 모든일의 증인이 되어야 합니다(눅 24:48). 그러나 지금 당장은 아닙니다. 그들에게 필요한 것이 있습니다. 단지 본 것을 증언하는 것만 가지고는 부족합니다. 그들에게 능력이 있어야 효과 있게 증거하고 열매를 거둘 수 있습니다. 복음 증인에게는 반드시 입술과 말에 권세가있어야 합니다. 그것은 성령에 의한 능력입니다. 성령의 권능을 받아야 가능합니다. 성령께서 제자들에게 충만하게 임하실 때까지 그들에게는 약속하신 시간의 때가 필요했습니다. 절대 인간적인 목적이나 자력으로 복음을 전해서는 안 된다는 기다림에 대한 말씀입니다.

부활에 대한 확신이 없이는 믿음과 우리의 전하는 것이 불가능하고, 혹 전한다 하더라도 그것은 헛수고로 끝날 소지가 많습니다. 그러므로 부활하신 주님의 명령에 순종하므로 각자에게 주어진 증인의 사명을 잘 감당할 수 있기를 주님의 이름으로 축복합니다.

복음의 증인

복음의 핵심은 예수 그리스도의 고난과 죽음 그리고 부활입니다. 이 내용을 전하는 것이 증인의 몫입니다. 본문 15,16절에서 예수님은 제자들에게 그들이 받은 사명을 재확인시키며 위탁하는 모습을 부게 됩니다. "너희는 온 천하에 다니며 만민에게 복음을 전파하라 믿고 세례를 받는 사람은 구원을 얻을 것이요 믿지 않는 사람은 정죄를 받으리라."

두 가지를 생각할 수 있습니다. 하나는 우리의 전도 영역이 한곳에 편중되지 않고 온 천하 즉 모든 민족(만민)에게로 확대되어야 하고, 다른 하나는 복음이 구원과 정죄의 시금석이 된다는 것입니다. 복음이 받아들여지는 사람과 지역은 구원의 역사, 즉 생명 얻는 귀한 열매들이 드러나게 될 것이고, 복음을 받아들이지 않고 반대하는 사람들은 정죄를 받아 멸망을 얻게 된다는 것입니다. 복음을 전하는 자들이 좌지우지하는 것이 아니라 복음 자체가 그러한 기능과 역할을 하기 때문에 우리가 해야 할 일은 전하는 일입니다. 그리고 전하는 복음 전도자들에게는 놀라운 하나님의 능력이 주어져서 현장에서 표적과 이적이 두드러지게 일어나게 되는 것입니다.

본문 17절에서 예수님께서는 증인의 전도 현장에 여러 가지 표적이 따르게 될 것을 약속하고 계십니다. 어떤 표적입니까? 이 표적이란 우리가 흔히 생각하는 초자연적인 기적만을 의미하는 것은 아닙니다. 마태복음 12장에서 서기관과 바리새인들이 예수님께 표적을 보여달라고 요구하는 장면이 나옵니다. 그때 예수님께서 "**악하고 음란한 세대가 표적을 구하나 선지자 요나의 표적 밖에는 보일 표적이 없느니라**"고 말씀하셨습니다(39절).

사실 예수님께서 평소에 엄청난 기적을 많이 행하셨습니다. 그렇다면 그냥 한번 표적을 보여주시지 왜 **"악하고 음란한 세대가 표적을 구하나, 나는 요나의 표적밖에 보일 것이 없다"**라고 말씀하셨습니까? 보통 병 고치는 이적이 아니라, 복음 전파를 통해서 믿지 않는 자들이 회개하고 하나님께로 돌아오는 구원과 관련된 표적을 말씀하시는 것이기 때문입니다. 하나님께서 우리에게 원하시는 표적은 무엇입니까? 무엇보다 구원받아 하나님의 백성이 되어 믿음으로 변화된 삶을 사는 것입니다. 우리 믿는 사람에게는 그런 표적이 있어야 합니다. 이 표적에 대해서 바르게 이해하지 못하면 오히려 사단의 미혹에 빠지게 됩니다. 그러므로 우리는 표적에 대해서 넓은 시야를 가지고, 특별히 변화된 삶을 믿지 않는 사람들에게 보여줄 수 있어야 합니다. 특별히 본문 17-18절 말씀에서 예수님은 우리에게 4가지 표적을 말씀하고 있습니다.

첫째, 주님의 이름으로 귀신을 쫓아내는 것입니다.

신이 무엇입니까? 사람들은 '귀신' 하면 달걀 귀신, 몽달 귀신, 처녀 귀신, 군대 귀신 같은 것만을 귀신인 줄 압니다. 그러나 실제로는 하나님을 대적하는 모든 인간적 활동이 귀신의 영향 아래 있다고 할 수 있습니다. 그런 의미에서 잘못된 취미생활, 못된 습관들, 나쁜 생각들도 큰 의미에서 귀신의 영향을 받는 것들 일 수 있습니다. 특히 반 성경적인 사상과 이념이 바로 사탄의 교묘한 전략이라고 할 수 있습니다. 그러나 복음이 전해지는 곳에는 그런 나쁜 것(주술, 사상, 이념)들이 다 사라지게 되는 것입니다.

334 마가복음 강해서 4 하나님의 아들, 예수 그리스도

둘째, 새 방언을 말하는 것입니다.

본문 17절 하반부에서 '새 방언을 말하는 것'은 사람들이 '알아듣지 못하는 소리를 하는 것'으로 언뜻 생각합니다. 물론 그런 뜻도 있겠지만 "새 방언을 말한다(They will speak in new tongues)"는 말뜻은 큰 의미로는 '언어가 바뀐다'는 의미가 있습니다. 사실상 복음을 가진 사람은 언어생활이 변합니다. 비판하는 말을 많이 하던 사람이 칭찬하는 말을 하고, 정죄하는 말을 하기 좋아하는 사람이 사랑하는 말을 하고, 그리고 "할 수 없다"라는 부정적 말을 하는 사람이 "할 수 있다"라는 긍정적인 말을 하기 좋아하는 자로 바뀌는 것입니다. 긍정적인 언어 생활을 통해서 믿지 않는 사람들에게 선한 영향력을 미쳐 그들로 하여금 하나님께로 돌아오게 하는 강력한 방편이 될 수 있다는 말씀입니다. 믿는 사람의 언어 생활과 삶 속에서 그런 표적이 있어야 합니다.

셋째, 뱀을 집으며 무슨 독을 마셔도 해를 받지 않는다는 것입니다.

좀 해석이 난해한 구절이며 삶에 적용하기 어려운 내용입니다. 실제 자신의 믿음을 시험하기 위해 진짜 뱀을 집어 들고, 농약을 마셔도 해를 입지 않는다는 문자적인 의미는 아니라고 생각합니다. 앤드류 워맥목사님은 이 구절을 다음과 같이 해석합니다. '뱀을 집어 올리더라도 초자연적인 보호를 받거나 마귀와 싸울 때에 보호를 받는다.' 그리고 바울의 예를 들어 배가 파선하여 한 섬에서 불을 피우다가 뱀에게 물렸을 때(행 28:3-5), 죽지 않고 살 수 있었습니다. 김서택목사님은 이 구절을 이렇게 해석합니다. '여기서 독이라는 것은 자기도 모르게 독이 든 물이나 음식을 먹거나 권세자들이 전도자들을 독살 시키려고 해도 잘 죽지 않도록 하나님이 지켜 주신다는 뜻입니다' 이어서 '우리는 복음 하나만 들고 가면 하나님이 다른 모든 것을 지켜 주실 테니까 두려워하거나 걱정하지 말라는 뜻입니다'. 그렇습니다. 복음 전도자에게는 어떤 위기 상황가운데서도 하나님께서 전적으로 책임져 주시겠다는 약속으로 그들이 전하는 복음이 온 천하에 전파되는데 걸림돌을 제거하실 것에 대한 약속으로 이해하면 될 것입니다. 이 말씀의 진의는 어떤 위기와 사망의 음침한 골짜기와 같은 위기 상황에서도 하나님께서 당신의 능력으로 지켜주시고 보호해 주실 것이라고 확신하는 증인의 믿음을 강조한 내용으로 해석하는 것이 옳습니다.

마지막으로, 병든 자에게 손을 얹은 즉 낫는다 것입니다.

복음에는 놀라운 치유의 능력이 있습니다. 베드로는 룻다를 방문하여 8년 동안 중풍병으로 누워있던 에니아를 예수님의 이름으로 치유하여 회복했고, 이어서 욥바에 가서 죽은 다비다를 살려내는 능력을 행했습니다. 그래서 룻다의 사람들과 욥바에 사는 많은 사람들이 예수님을 믿었습니다(행 9:32-43). 이렇게 복음이 증거 되는 곳에는 심령이 회복되고, 가정이 회복되고, 인간관계도 회복되고, 하나님 관계도 회복되고, 또한 어떤 뜻이 있어서 하나님이 예외로 하시는 경우를 제외하고는 건강도 회복되는 역사가 있게 됩니다.

하나님께서는 우리에게 복음 전파의 사명을 주셨습니다. 그 사명을 주시면서 믿는 사람에게 따르는 놀라운 표적을 주셨습니다. 우리가 그 사실을 믿고 세상으로 나가면 하나님께서는 우리를 통해 놀라운 초자연적인 역사를 이루실 것입니다. 항상 복음 전파의 사명을 인식하고 이행하면서 주님 오실 때까지 끝까지 충성하고, 끝까지 하나님의 동행하심의 축복을 얻어 누리시길 바랍니다. 예수님은 부활이요 생명이십니다. 십자가를 통해 이루어 놓으신 피 묻은 복음을 땅끝까지 전하는 주님의 제자로서 증인의 삶을 살아 내야 할 것입니다.

이것을 가능하게 하는 것은 성령의 기름 부으심입니다. 누가복음 24장 49절에는 **"볼지어다 내가 내 아버지께서 약속하신 것을 너희에게 보내리니 너희는 위로부터 능력으로 입혀질 때까지 이 성에 머물라 하시니라"**라고 오순절의 성령 강림을 약속했습니다. 사도행전 1장 4-5절에는 **"사도와 같이 모이사 그들에게 분부하여 이르시되 예루살렘을 떠나지 말고 내게서 들은 바 아버지께서 약속하신 것을 기다리라 요한은 물로 세례를 베풀었으나 너희는 몇 날이 못되어 성령으로 세례를 받으리라 하셨느니라"**라고 했습니다.

실제로 120명의 제자들은 오순절에 성령 강림을 통해서 온 천하에 다니며 복음을 전하는 증인들이 되었고, 가는 곳마다 예수님께서 약속하신 표적들이 나타났습니다. 새 방언이 터지고 귀신들이 떠나가고 초자연적인 역사가 일어나면서, 믿지 않는 자들이 그들을 보고 '그리스도인'이라는 명칭을 주면서 삶이 변화되었습니다.

오늘 우리도 피 묻은 복음을 전하기 위해 성령의 능력을 덧입어야 하는데 그것은 믿음과 기도의 무릎을 통해서 가능한 것입니다. 하나님의 살아 있는 말씀과 기도의 무기가 바로 모든 진을 파하는 강력한 병기가 됩니다. 성령의 기름 부으심과 강력한 역사를 체험함으로 이 모든 것이 가능하고 복음으로 승리하게 됩니다. 주님은 자신이 다시 살아난 모습을 제자들에게 보여주심으로 인하여 믿음이 견고해지기를 바랐습니다. 믿음이 없이는 증인의 사명을 감당할 수 없음으로 확실한 신뢰를 바탕으로 주어진 사명을 잘 감당할 수 있습니다.

요한일서 5장 4절에 **"무릇 하나님께로부터 난 자마다 세상을 이기느니라 세상을 이기는 승리는 이것이니 우리의 믿음이니라"**고 하였습니다. 무디(D.L. Moody)는 "믿음은 최대의 것을 얻게 하며, 사랑은 최대의 역사를 이루게 하고, 겸손은 가장 많은 것을 보존하게 한다"고 했습니다. 믿음은 하나님의 나라를 세웁니다. 믿음 없는 자가 되지 않기를 바랍니다. 간절히 기도할 때 하나님과의 관계가 더 돈독해지고 하나님의 나라를 위해 헌신할 수 있습니다. 우리가 받은 복음이 나 자신뿐만 아니라 교회와 가정을 살리고 더 나아가 민족과 열방을 치유하게 됩니다. 결국 하나님의 나라가 이루어집니다. 믿음 없고 완악한 마음을 고쳐 부활의 증인으로 사시는 여러분들이 되시기를 주님의 이름으로 축복합니다.

Chapter 22

예수 그리스도의 승천
(The Ascension)

마가복음 16:19-20

주 예수께서 말씀을 마치신 후에 하늘로 올려지사 하나님 우편에 앉으시니라 제자들이 나가 두루 전파할새 주께서 함께 역사하사 그 따르는 표적으로 말씀을 확실히 증언하시니라

이제 마가복음 강해가 마지막 장인 16장의 끝자락에 도달했습니다. 마기는 예수님에 관한 미지막 기복을 이수 짧게 두 분장에 담고 있는데(19-20), 곧 예수님이 승천하신 내용입니다(행 1:2). '승천'(昇天)의 뜻을 표준 국어대사전에서는 '예수가 부활한 뒤 제자들에게 나타나 40일 동안 하나님 나라의 일을 말하고 하늘(天)에 오른(昇) 일'이라고 정의하고 있습니다. 세속적인 사전의 정의이지만 정말 정확한 설명이 아닐 수 없습니다. 예수님은 "고난 받으신 후에" 제자들에게 "확실한 많은 증거로 친히 살아 계심을 나타내" 보이셨고, "사십 일 동안 그들에게 보이시며 하나님 나라의 일을 말씀"하

셨습니다(행 1:3). 제자들이 보고 듣고 만져볼 수 있도록 자신을 드러내어 확증하셨고, 말씀을 풀어 설명하심으로 그들의 마음을 열어 자신이 하나님께서 약속하신 그리스도임을 알고 믿도록 하셨습니다. 승귀 사건은 그 어떤 인간 종교의 창시자에게서도 볼 수 없는 유일무이한 사건으로서 사실이며 진리입니다. 죽음에서 부활한 사실도 기적이지만 하늘로 복귀하신 승천은 그 누구도 흉내 내거나 부인할 수 없는 사건입니다.

앞장에서 살펴본 것처럼 예수님은 제자들을 복음의 증인으로 삼으셨습니다(15절, 너희는 온 천하에 다니며 만민에게 복음을 전파하라). 그리고 그 사역을 위해 위로부터 능력을 덧입게 해주실 것이고, 기적(초자연적 기사)이 뒤따를 것을 약속하셨습니다(막 16:16-18). 사도행전에는 이렇게 기록되어 있습니다. **"예루살렘을 떠나지 말고 내게서 들은 바 아버지께서 약속하신 것을 기다리라 요한은 물로 세례를 베풀었으나 너희는 몇 날이 못되어 성령으로 세례를 받으리라"**(행 1:4-5).

성령 하나님께서 그들에게 임하셨고, 그들은 권능을 받고 예루살렘과 온 유대와 사마리아와 땅끝까지 이르러 담대하게 예수님을 증거하게 될 것입니다. 대 사명을 제자들에게 부탁하신 후, 예수님은 그들을 떠나실 준비를 하셨습니다. 예수님은 그들에게 마지막으로 말씀하시고(축복), 그들 앞에 놀라운 기적(승천)을 보이셨습니다. 그리고 제자들은 큰 기쁨으로 예루살렘에 돌아와서 보내주시기로 약속하신 성령을 기다렸습니다. 그리고 목숨을 다하여 성령의 능력으로 기적을 일으키며 복음의 증인으로 살았습니다. 정말 멋진 장면입니다.

마지막 축복의 말씀을 하신 예수님

19절의 **"주 예수께서 말씀을 마치신 후에"**라는 말씀을 마태와 마가는 감람 산과 베다니에서 축복의 말씀으로 기록하고 있습니다. 하늘로 올라가시기 전에 마지막으로 예수님은 "손을 들어 그들에게 축복"하셨습니다. 이것이 예수님이 제자들에게 남긴 마지막 말씀입니다. 아쉽게도 누가는 축복의 말씀을 여기에 기록하고 있지 않습니다. 하지만 몇 가지 추측해 볼 수는 있습니다. 먼저 손을 들고 백성을 축복하는 장면은 구약 레위기에서 제사장이 백성을 축복했던 장면과 유사합니다(레 9:22, 민 6:23-26). 여호와 하나님은 제사장 가속인 아론과 그 아들들에게 백성을 이렇게 축복하라고 명하였습니다. **"여호와는 네게 복을 주시고 너를 지키시기를 원하며 여호와는 그의 얼굴을 네게 비추사 은혜 베푸시기를 원하며 여호와는 그 얼굴을 네게로 향하여 드사 평강 주시기를 원하노라"**(민 6:24-26).

예수님께서 손을 들어 제자들을 축복하신 내용도 이와 유사할 것입니다. "하나님이 너희와 항상 함께하시기를 원하노라. 너희에게 복 주시고, 너희를 지키고 은혜와 평강을 주시기를 원하노라" 누가가 기록한 두 번째 책인 사도행전에는 마지막으로 예수님이 하신 말씀이 기록되어 있는데, 구약의 축복과 유사한 면이 많습니다. "**오직 성령이 너희에게 임하시면 너희가 권능을 받고 예루살렘과 온 유대와 사마리아와 땅 끝까지 이르러 내 증인이 되리라 하시니라**"(행 1:8).

이 구절의 마지막 동사인 "되리라"(에세스데-$\acute{\epsilon}\sigma\epsilon\sigma\theta\acute{\epsilon}$)에서 "되라"는 명령어이기도 하지만, "될 것이라"는 약속이기 도합니다. "되라"는 '너희가 이렇게 하라' 는 말이지만, "되리라"는 '내가 이렇게 하겠다' 는 의지적인 선언입니다. 성령이 임하고 나면 복음의 증인으로 만들어 주시겠다는 확고한 약속입니다. 마태복음의 말씀을 덧붙이면 예수님이 하신 축복의 말씀이 더 명확해 집니다. "**하늘과 땅의 모든 권세를 내게 주셨으니 … 내가 세상 끝날까지 너희와 항상 함께 있으리라**"(마 28:18, 20). 한마디로 예수님은 이렇게 그들을 축복하신 것입니다. "보라, 내가 세상 끝날까지 너희와 항상 함께 있을 것이다. 너희에게 약속한 성령을 통해 내 능력으로 너희를 지키고 은혜와 평강을 베풀며 담대하게 나를 증거할 수 있게 할 것이다."

구약의 제사장들은 "하나님께서 그렇게 하시기를 원하신다' 고 축복했지만, 예수님은 하나님으로서 "내가 그렇게 하겠다"고 자의적으로 축복하셨습니다. 기원하는 형식의 바람과 그렇게 하겠다는 약속은 본질적인 면에서 확연히 다릅니다. 실제로 사도들이 사도행전의 기록을 보면 정말 놀랍게 예수님을 선포합니다. 예루살렘에서

342 마가복음 강해서 4 하나님의 아들, 예수 그리스도

시작하여 엄청난 환난과 핍박을 당했지만, 유대아 사마리아로 피해 거기서도 예수님을 증거합니다. 바울을 보십시오. 땅끝까지 이르러 온갖 반대와 어려움을 만나도 끝까지 주님을 증거합니다. 그들이 대단해서도 아닙니다. 예수님이 약속하신 성령의 능력으로 한 것입니다. 그래서 '사도행전'이 아니라 '성령행전'이라고 부르는 것이 더 합당 한지도 모릅니다. 사도들이 신실하게 순종하여 예수님을 증거한 것은 사실이지만 그 모든 것을 이루신 분은 그리스도가 보내신 성령님이십니다.

현재 예수님의 증인으로 부름 받은 우리에게도 주님은 같은 축복의 말씀을 해 주셨습니다. 예수님께서 우리를 통해 자기에 대한 복음을 알지 못하거나 이해하지 못한 분들, 특히 아직 정확하게 예수님에 대해 들어본 적이 없는 분들에게 복음을 전하게 하실 것입니다. 하늘과 땅의 모든 권세를 가지고 우리와 영원히 함께하시는 성령을 통해 예수님의 증인이 되게 만드실 것입니다. 복음을 전하는 일이 힘들고 어려운 이유는 내 힘과 능력으로 예수님을 전해야 한다고 생각하니 그렇습니다. 그래서 우리에게 예수님이 마지막으로 남긴 축복의 말씀이 절실히 필요합니다. 내가 아니라 내 안에 계신 성령의 능력으로 담대하게 예수님을 증거할 수 있어야 합니다. 두려워하지 마십시오. 주님이 함께하십니다. 예수님이 여러분의 삶에 복을 주시고 은혜와 평강을 베푸시며 여러분을 지키십니다. 예수님이 제자들에게 남긴 마지막 축복의 말씀을 아침마다 마음에 새기십시오. 그리고 주님 주신 성령의 능력을 힘입어 주가 주신 사명 대로 매일매일 예수님을 담대하게 선포하시기 바랍니다.

마지막 기적: 승천

"하늘로 올려지사 하나님 우편에 앉으시니라"(19)고 아주 짧게 기록하고 있습니다. 마지막 말씀인 축복을 마치시고 예수님은 그들에게 마지막 기적을 보여주셨습니다. 그것은 승천이었습니다. 예수님은 제자들에게 마지막 말씀을 하신 후 하늘로 올려 지셨습니다. 사도행전의 기록을 보면, 하늘로 올라가신 예수님을 구름이 가려서 더 이상 볼 수 없었다고 분명하게 알려주고 있습니다(행 1:9). 점점 그들의 시선에서 멀어져 갔습니다. 이제 더 이상 이 땅에서는 예수님을 뵐 수 없게 되었습니다. 그분의 말씀과 약속만이 그들의 마음에 남게 되고 예수님을 속히 뵐 것이라는 기대와 소망으로 가득하게 되었습니다. 본문에서는 예수님의 원래 계셨던 천국으로의 복귀를 **"하나님 우편에 앉으시니라"**(19)고 묘사하고 있습니다. 예수님께서 지상의 구원 사역을 다 마치고 이제 제 2격인 성자로서 하나님의 우편에 앉으시므로 승리의 장면을 보여주시는 것입니다. 하늘에 원래 계셨던 위치와 자리로 복귀하신 것입니다.

사람이 땅에서 올려져 하늘로 간다는 것은 초자연적인 일, 즉 기적입니다. 이 세상에 그 누구도 예수님이 보여주신 '승천'을 보여

준 사람은 없습니다. 성경 전체에서 이런 장면은 구약의 에녹(창 5:24)과 엘리야(왕하 2:11) 선지자에게서만 찾아볼 수 있습니다. 두 사람도 하나님에 의해서 이루어진 것이지 자신들 스스로에 의해서 하늘로 올라간 것이 아님을 성경은 분명하게 말씀하고 있습니다. 하나님의 절대적인 권한이며 인간의 그 어떤 것도 가미될 수 없는 초자연적인 사건입니다.

그러나 예수님의 승천은 에녹과 엘리야에게 일어난 것과 비교할 수 없습니다. 왜냐하면 예수님은 단지 이 땅에서 들려져 하늘로 올려 지신 것이 아니라, 아버지 하나님의 보좌 우편에 앉아 하늘에 있는 자들과 땅에 있는 자들 그리고 땅 아래 있는 자들을 다스리시는 권세를 받았기 때문입니다(빌 2:9-11). 이렇게 예수님의 승천은 단지 하늘로 올라간 것만이 아니라 더 중요한 의미를 담고 있습니다. 미국의 존 맥아더 목사님은 누가복음 주석에 예수님의 승천이 담고 있는 의미를 11가지나 제시하고 있는데, 몇 가지만 소개해드리면 다음과 같습니다.

첫째, 예수님의 승천은 예수님의 이 땅에서의 구원 사역이 종료되었다는 것을 의미합니다. 구원을 위해 필요한 모든 일이 완료되었다는 것입니다.

둘째, 예수님의 승천은 예수님의 자기 비움이 종료되었고, 이제 모든 능력과 권세를 받으셨다는 것을 의미합니다(앞에서 소개했듯이). 땅에서 하늘로 자리를 옮기셨을 뿐 아니라 종의 형체로 자기를 비우신 모습에서 하늘 보좌로 높임을 받으셨습니다.

셋째, 예수님의 승천은 곧 예수님께서 성령을 보내실 것을 확증합니다(요 16:7). 예수님은 내가 떠나는 것이 너희에게 실상 유익이라고 말씀하셨습니다. 현재 성령께서 우리와 함께하시는 이유도 예수님이 승천하셨기 때문에 가능한 일이었습니다

넷째, 예수님의 승천은 제자들과 함께할 거처를 마련하신다는 의미를 갖습니다(요 14:1-3). 예수님은 거처를 마련하기 위해 제자들을 떠나고, 거처를 마련하고 나면 제자들을 다시 데리러 오신다고 약속하셨습니다. 지금 예수님이 하늘에 계신 이유 중 하나는 우리와 함께할 거처를 마련하기 위한 것입니다.

다섯째, 예수님의 승천은 이제 예수님이 이 땅에서 하셨던 일, 복음 선포의 일이 제자들에게 위탁되었다는 것을 의미합니다. 주님 다시 오시는 날까지 우리에게 맡겨진 사명입니다.

여섯째, 예수님의 승천은 예수님께서 이제 교회의 머리가 되셨다는 것을 의미합니다(엡 1:20-23).

일곱째, 예수님의 승천은 예수님께서 사탄을 이기셨다는 것을 확증합니다(요일 3:8).

여덟째, 예수님의 승천은 예수님께서 아버지 보좌 옆에서 모든 자비로 우리를 동정하며 신실하게 중보하시는 대제사장 역할을 하신다는 것을 의미합니다(히 2:17, 4:15, 7:25).

마지막으로 예수님의 승천은 승천하신 그대로 다시 오실 것을 약속합니다(행 1:11).

이처럼 승천은 제자들에게 참 많은 의미를 가져다 주는 놀라운 기적이었습니다. 그리고 잘 생각해보면 어떤 의미에서 승천의 기적은 2천 년 전에 그 능력이 끝나버린 것이 아니라 지금도 계속됩니다. 예수님은 지금도 교회의 머리로 계시며, 대제사장으로서 아버지 하나님 보좌 우편에서 우리의 신실한 중보자가 되십니다.

히브리서 7장 25절에 **"자기를 힘입어 하나님께 나아가는 자들을 온전히 구원하실 수 있으니 이는 그가 항상 살아 계셔서 그들을 위하여 간구하심이라"**고 기록하고 있습니다. 이는 그리스도의 제사장 직분이 소멸될 수 없기에 우리의 구원이 보장된다는 의미입니다. 만약 예수 그리스도께서 성도들을 위해 영원히 중보하시지 않는다면, 우리의 구원은 보장이 될 수 없을 것입니다. 그것은 우리의 연약함 때문입니다.

예수님은 우리와 함께할 처소를 지금도 예비하고 계시고, 그 처소에 들어갈 백성들을 우리를 통해 성령의 능력으로 불러 모으고 계십니다. 이런 면에서 승천의 기적은 주님이 다시 오실 그날까지 계속 그 능력을 강력하게 발휘하고 있는 것입니다. 사도 바울은 초대교회 핍박과 이단들의 교묘한 술책으로 신앙이 흔들리고 있었던 골로새 교회 성도들을 향하여 **"너희가 그리스도와 함께 다시 살리심을 받았으면 위의 것을 찾으라 거기는 그리스도께서 하나님 우편에 앉아 계시느니라"**(골 3:1)고 말합니다. 주님의 통치하심을 신뢰하고, 참고 견디며 승리해야 할 것을 권면하고 있습니다. 그러므로 진정 우리는 예수님의 이 놀라운 기적에 함께 참여하는 자들입니다. 성령의 능력으로 우리는 사람들을 제자로 삼아 아버지와 아들과 성령님과 삼위 하나님의 이름으로 세례를 베풉니다. 복음을 전파하여 모든 족속을 제자 삼는 사역은 주님께서 예비하고 계신 그 아름다운 천국 처소에 함께 살아갈 백성들을 주님의 명령에 따라 불러 모으고 훈련하고 양육하는 값어치 있는 최고의 사역입니다. 그러므로 성도들은 승천 후 제자들이 능동적으로 복음의 삶을 살았던 것처럼, 아직 복음을 알지 못하는 사람들에게 예수님을 전하고 제자의 삶을 살도록 인도해야 합니다. 예를 들면, 주부는 가정에서 자녀들에게, 남성들은 직장과 사회에서, 학생들은 학교와 캠퍼스에서 성령님의 공급해 주시는 힘으로 이 일을 잘 감당하는 것이 도리이며 책임이자 사명입니다. 이 일을 위해 보좌 우편에 앉아 기도하시며, 주의 백성들이 살 처소를 건설하고 계시는 주님을 깊이 생각하며 성령님의 도우심으로 하루하루 사명자로서의 삶을 살아가야 할 것입니다.

제자들의 반응: 증인의 삶

"제자들이 나가 두루 전파할 새 주께서 함께 역사하사 그 따르는 표적으로 말씀을 확실히 증언하시니라"(막 16:20). "그들이 [그에게 경배하고] 큰 기쁨으로 예루살렘에 돌아가 늘 성전에서 하나님을 찬송하니라"(눅 24:52-53).

이제 예수님께서 제자들에게 명령하신 복음의 증인으로 살아라는 것에 대한 그들의 반응을 살펴보겠습니다. 마가와 누가의 관점이 조금 다른 것 같지만 본질적인 면에서는 같은 것입니다. 사실 승천은 놀라운 기적이지만 한편으로 매우 슬픈 일이 아닐 수 없습니다. 그것은 예수님께서 아끼고 사랑하시던 제자들과 이별하는 일이기 때문입니다. 사도행전의 기록을 보면 그들은 구름 속으로 사라진 예수님을 찾으려는 듯 하늘을 자세히 살펴보았습니다(행 1:10). 제가 당시 제자들 중 하나였다면 마음이 공허 하기도 하고 쓸쓸하기도 하고 무척 슬펐을 것입니다. 종종 삶이 힘들면 예수님이 승천하신 장소를 찾아와 하늘을 바라보며 예수님께 답답한 마음을 털어놓지 않았을까 하는 생각이 듭니다.

하지만 제자들의 반응은 그렇지 않았습니다. 그들은 예수님께 경배했고 **"큰 기쁨으로 예루살렘에 돌아"**(눅 24:52)갔습니다. 왜 그랬을까요? 천사가 그들에게 이렇게 말했기 때문입니다. **"어찌하여 서서 하늘을 쳐다보느냐 너희 가운데서 하늘로 올려지신 이 예수는 하늘로 가심을 본 그대로 오시리라"**(행 1:11).

제자들은 예수님이 곧 다시 올 것이라 확신했습니다. 그들이 크게 기뻐한 이유는 주님께서 곧 오실 것이 분명했기 때문입니다. 그들은 주님께서 곧 오신다는 소망으로 가득 차 있었기 때문에 큰 기쁨으로 늘 성전에서 하나님을 찬송하며 기다릴 수 있었습니다. 그들은 예수님이 맡기신 사명에 뛰어들 준비를 하였습니다. 먼저 마음을 같이하여 오로지 기도하는 일에 힘썼습니다(행 1:14). 언제든 성령이 오시면 그 능력으로 예수님을 선포할 준비를 하였습니다. 그리고 며칠이 못 되어 성령이 그들에게 임했을 때, 얼마나 폭발적으로 모든 제자들이 가는 곳마다 예수님을 담대히 증언했는지 누가가 기록한 두 번째 책 사도행전에 생생하게 기록되어 있습니다.

왜? 우리는 매주 드리는 예배에 감격과 기쁨이 넘치지 않을까요? 왜 마음을 같이하여 기도에 힘쓰기 어려울까요? 왜 찬송하는 일에 주저할까요? 왜 힘있게 예수님을 증거하는 삶을 능동적으로 살지 못할까요? 아마 주님께서 다시 오신다는 사실을 믿지 못하고 세상에 푹 빠져 있기 때문인지도 모릅니다. 물론 머리로는 알지만 실제로는 믿지 않는 것입니다. 지금 살고 있는 세상에 우리 마음이 빼앗겨 버린 이유도 있을 것입니다. 하지만 바울은 우리에게 말합니다. **"우리의 시민권은 하늘에 있는지라 거기로부터 구원하는 자 곧 주 예수 그리스도를 기다리노니"**(빌 3:20). 우리의 힘은 주님을 기뻐하는 것이며, 다시 오실 주님을 소망 가운데 기뻐하는 것입니다. 예수님은 우리에게 성경의 마지막 책에서 이렇게 말씀하십니다. **"내가 진실로 속히 오리라"** 여러분은 어떻게 대답하시겠습니까? **"아멘 주 예수여 오시옵소서"**(계 22:20)라고 응답할 수 있어야 할 것입니다.

승천하신 예수님이 우리를 만나러 다시 오시면 얼마나 기쁠까요? 다시는 눈물이 없는 하늘나라이지만 너무 기쁘고 벅차서 눈물이 날지도 모릅니다. 사랑하는 주님의 손과 발을 보며 정말 감사의 눈물을 흘릴 것입니다. 그리고 어린양의 혼인 잔치가 벌어지면 정말 최고의 기쁨을 맛볼 것입니다. 그런데 그 전에 결산이 있다는 걸 잊지 마십시오. 주님이 우리에게 주신 달란트, 시간과 물질과 재능과 은사, 많은 기회를 통해 주변에 있는 영혼에게 얼마나 주님을 신실하게 나타냈는지 결산하게 될 것입니다. 그것이 주님이 제자들을 떠나기 전 마지막으로 맡기신 사명이고, 주님이 제자들을 다시 만나 결산하실 일입니다. 만약 오늘 예수님이 오신다면 그분을 기쁨으로 맞이할 준비를 갖추고 항상 유비무환의 자세를 가지고 살 수 있기를 주의 이름으로 축복합니다.

"이것들을 증언하신 이가 이르시되 내가 진실로 속히 오리라 하시거늘 아멘 주 예수여 오시옵소서"(계 22:20)

마가복음 강해서 ④

하나님의 아들, 예수 그리스도

■
초판 1쇄 인쇄 / 2022년 4월 15일
초판 1쇄 발행 / 2022년 4월 20일

■
지은이 / 안 병 만
펴낸이 / 김 수 관
펴낸곳 / 도서출판 영문
03401 서울시 은평구 역말로 53(역촌동)
☎ (02)357-8585
FAX • (02)382-4411
E-mail • kskym49@daum.net

■
출판등록번호 / 제 03-01016호
출판등록일 / 1997. 7. 24

파본은 교환해 드립니다.
본 출판물은 저작권법으로 보호 받는
저작물이므로 출판사나 저자의 허락없이
무단 전재나 무단 복제를 할 수 없습니다.

정가 15,000원
ISBN 978-89-8487-354-4 03230
Printed in Korea